KB262507

영웅,
남자에게
답하다

그들은 무엇을 취하고, 무엇을 버렸는가
세계를 건국한 영웅의 선택!

영웅, 남자에게 답하다

김상훈 지음

위즈덤하우스

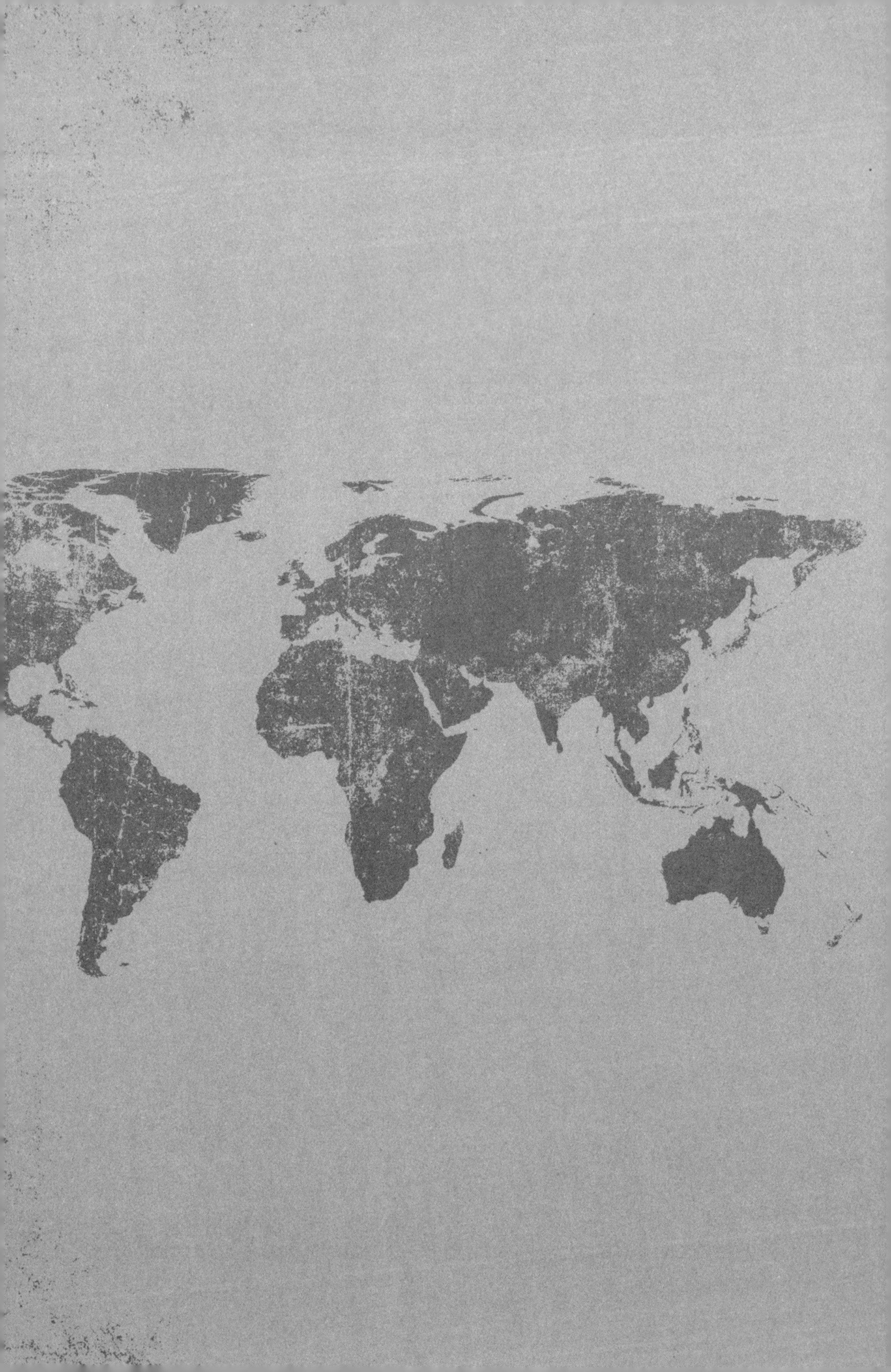

역사History는 지금까지 수많은 문학과 예술 작품의 소재가 되어 왔습니다. 영화나 드라마에서도 역사를 소재로 한 작품이 상당히 많습니다. 심지어 신문 칼럼에서도 역사를 소재로 한 글이 적지 않습니다. 서점 진열대에도 역사를 소재로 한 책이 참 많습니다. 역사 속 영웅을 다룬 몇몇 책은 베스트셀러가 되고, 다시 영화나 드라마로도 만들어집니다. 이처럼 요즘에는 역사적 사실에서 모티브를 얻은 창작물들이 꽤나 인기를 얻고 있습니다.

근현대사가 가뜩이나 복잡했던 우리 민족에게 역사는 극복해야 할 질곡桎梏이기도 합니다. 일본이란 나라를 보면서 역사부터 떠올리는 사람도 아직 많은 것 같습니다. 네, 그렇습니다. 대한민국에서 살아가는 우리, 현대인은 역사를 외면할 수 없습니다.

요즘에는 역사를 다른 각도로 바라보는 시도도 많습니다. 대표적인 시도가 역사 속에서 리더십을 찾아내려는 겁니다. 주로 경제경영 분야에서 이런 시도가 많이 있는 것 같습니다. 국내의 내로라하는 기업이나 유명한 다국적 기업들도 사업적 관점에서 역사적 인물의 리더십을 연구하는 것 같습니다. 물론 남들보다 비범한 삶을 산 영웅들이기에 이런 시도는 적절하다고 생각합니다.

이를테면 칭기즈칸에서 리더십을 찾아내고, 카이사르에서 리더십을 발견하는 식입니다. 이런 책을 읽다 보면 '어? 의외로 흥미로운데?'라고 생각하곤 합니다. 이런 책은 역사적인 인물의 삶에서 배울 게 많을 것이란 전제에서 만들어졌을 겁니다. 저는 전적으로 이런 견해에 동의합니다. 역사를 바꾼 인물에게서 배울 점이 어디 한둘이겠습니까? 더 많은 현대인이 그들에게 리더십을 배워, 자신의 삶에 접목시킨다면 이보다 좋을 수 없을 겁니다.

다만 아쉬운 점도 있습니다. 이런 책의 상당수가 '인물'만 다룬다는 겁니다. 세계 역사가 어떻게 흘러가고 있는지, 이 영웅의 행적을 왜 배워야만 하는 것인지, 쉽게 말해 이 영웅이 세계사적으로 어떤 의미가 있는 인물인지에 대한 이야기가 빠져 있다는 뜻입니다.

이 때문에 역사를 바꾼 영웅의 리더십만 이해하려 들면 안 됩니다. 세계 역사에서 그 영웅의 행적이 어떤 의미가 있는지도 함께 알아둬야 합니다. 그러려면 통사通史로서의 세계사에 대한 지식도 어느 정도 갖추고 있어야 합니다.

필자는 이 점을 가장 염두에 뒀습니다. 통사로서의 세계사, 역사 속 영웅의 리더십, 어느 하나도 놓치지 않으려 했습니다. 또한 가정과 사회에서 가장으로서, 리더로서 삶의 해답을 찾는 남자들에게 역사 속, 그중에서도 세계를 건국한 영웅들의 행적은 어떤 책보다도 통찰력 있는 답을 제시해주리라 기대합니다.

총 열 개의 이야기를 수록했습니다. 열 개의 이야기는 각각 세계사적으로 정말 중요한 나라(왕조)의 건국 이야기입니다. 세계 최초로 다문화 제국을 건설한 아케메네스 왕조의 건국 이야기에서부터 처음으로 진정한 의미의 민주공화국을 건설한 미국의 건국 이야기까지……. 가급적 모든 시대를 망라했습니다.

이 책 한 권만으로 세계사 전체 흐름을 꿰찰 수 있도록 하기 위해 이야기를 선정하는 데 많이 고심했습니다. 동양과 서양을 배합했고, 고대와 중세, 근대를 적절히 섞었습니다. 물론 '세계를 바꾼 역사'가 아니면 수록하지 않았습니다. 한국사에서 나름대로 의미가 있는 고려 왕조 건국 이야기도 넣었습니다.

이 열 개의 이야기는 시간순으로 수록했습니다. 가장 먼저 아케메네스 제국 이야기를 다뤘습니다. 이어 로마 제국, 한 제국, 프랑크 왕국, 이슬람 제국, 고려 왕국, 몽골 제국, 에도 바쿠후, 스페인 제국, 미국 순으로 배치했습니다.

역사는 과거의 기록입니다. 그러나 미래를 위한 이정표이기도 합니다. 그렇기 때문에 현재에서 역사는 더욱 중요한 가치가 있습니다. 더불어 역사 속에서 구현된 리더십을 다시 한 번 돌아보는 것도 자아성찰에 큰 도움이 되리라 믿습니다.

차례

제1장

페르시아 제국을 일군 관용과 소통
— 키루스 2세와 다리우스 1세

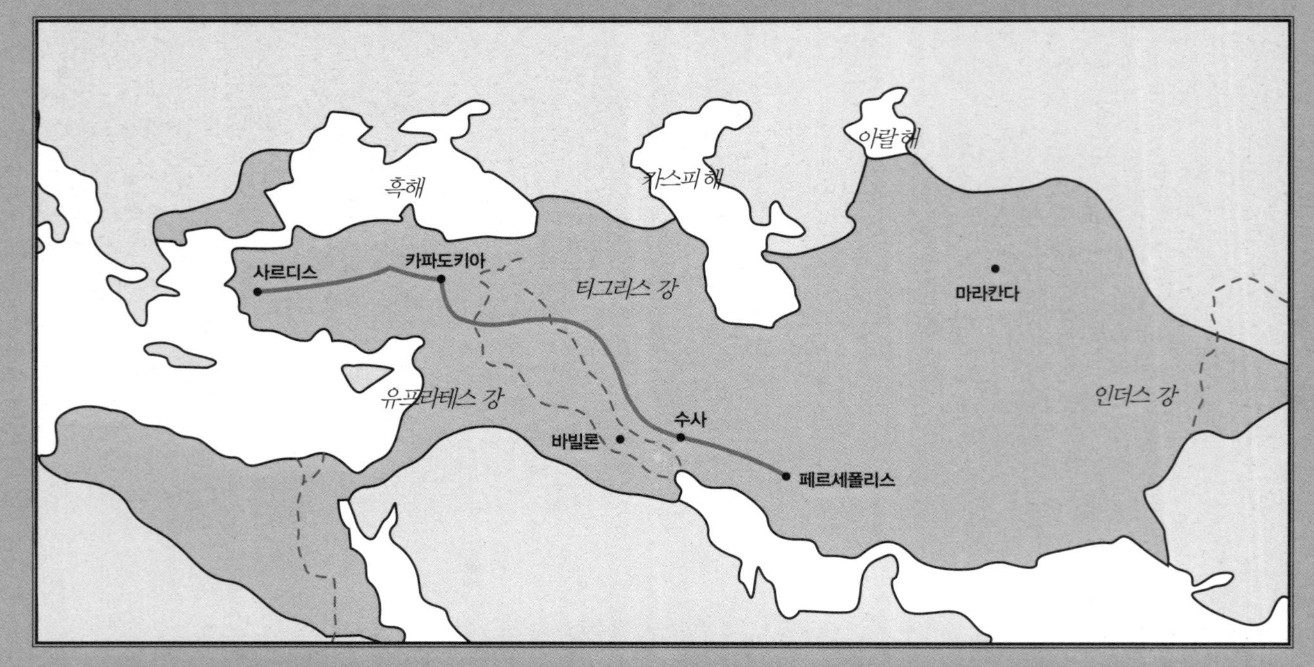

● 아케메네스 왕조 페르시아의 영토 :
키루스 대왕이 창건한 아케메네스 왕조의 페르시아 제국은 다리우스 대왕 때 최고의 전성기를 맞았다.
페르세폴리스에서 사르디스까지는 '왕의 길'을 건설하기도 했다.

'황금의 제국'으로 유명한 페르시아. 페르시아Persia는 오늘날 이란 남서부의 도시 파르스Pars에서 비롯됐다. 당시 그리스인들이 이 도시 명을 따서 페르시아라 불렀다. 정작 페르시아인들은 이 단어를 좋아하지 않는다. 그들은 '아리아의 땅'이라는 뜻의 '이란'을 더 애용한다. 고대 페르시아 제국의 발상지가 바로 이란이다.

페르시아 제국의 첫 통일 왕조는 아케메네스 제국이다. 아케메네스 제국은 오리엔트 지역을 통일한 역사상 첫 '다문화 제국'이었다. 오늘날의 중동 지역을 고대 그리스인들은 오리엔트라고 불렀다. 사실 아케메네스 제국이 처음으로 오리엔트를 통일한 것은 아니었다. 첫 통일의 주역은 아시리아였다. 그러나 아시리아는 채 100년을 채우지 못하고 멸망했다.

아시리아는 왜 번영하지 못했을까? 반면 그의 뒤를 이은 아케메네스 제국은 어떻게 번영을 누릴 수 있었을까? 핵심은 바로 통치 리더십에 있다. 아시리아는 잔인했고, 아케메네스는 관대했다. 차이는 바로 관용과 포용의 리더십이다. 아케메네스 제국의 키루스 2세와 다리우스 1세의 통치기에 이 리더십은 빛을 발했다. 더불어 제국은 절정기를 맞을 수 있었다. 이것이 바로 그들의 리더십을 배워야 할 이유다.

혼돈의 땅 오리엔트에 종지부를 찍다

드넓은 평원과 그곳을 흐르는 티그리스 강과 유프라테스 강. 메소포타미아 일대는 도시를 세우기에 최적의 조건을 갖추고 있었다. 사람들이 몰려들었다. 덕분에 4대 고대 문명 발상지 중에서도 가장 일찍 문명의 싹을 틔울 수 있었다.

많은 부족 국가들이 명멸明滅했다. 역사가 복잡할 수밖에 없다. 아케메네스 왕조 페르시아가 등장하기 이전까지 메소포타미아 일대는 혼돈의 땅이었다. 메소포타미아 문명은 아케메네스 제국에 의해 종결된다. 그렇다고 해서 아케메네스 제국이 파괴자라는 뜻은 아니다. 이른바 '발전적 해체'에 가깝다. 아케메네스 제국은 메소포타미아 문명을 계승해 더욱 눈부신 문명을 꽃피웠다.

이 때문에 아케메네스 제국 이전의 메소포타미아 문명 역사를 개괄적으로 이해할 필요가 있다. 아케메네스 제국의 역사를 메소포타미아 역사와 떼어내 생각하는 것은 옳지 않다. 아니, 불가능하다. 역사는 늘 그 이전의 역사와 상호 관계를 맺으며 발전하는 게 아니겠는가.

기원전 8000년경, 오늘날의 이라크 남부에 여러 도시가 생겨났다. 그 가운데 주목할 도시가 바로 수메르다. 평화를 사랑한 수메르인들은 기원전 3500년경 문명을 태동시켰다. 이 문명이 메소포타미아 문명의 첫 작품이다.

그러나 이 문명은 머지않아 북쪽에서 쳐들어온 아카드인들에 의해 무너졌다. 다행히 아카드인들은 수메르 문명을 계승했다. 아카드 왕국의 왕 사르곤 1세(재위 기원전 2350~2294년)는 메소포타미아를 중심으로 사방으로 영토를 넓혔다. 이 때문에 그에게는 '사계四界의 왕'이라는 별명이 붙었다.

사르곤 왕은 역사를 새로 쓴 정복 군주였다. 정복지마다 총독을 파견했고, '제국'의 통치를 위해 도량형을 통일했다. 강력한 중앙집권 체제를 구축하려는 시도는 성공하는 듯했다. 이래서 수메르-아카드 문명은 절정에 이르렀다.

그러나 아카드 왕국도 쇠락하기 시작했다. 기원전 2200~2150년 무렵 메소포타미아 북동쪽 이란 고원에서 구티족이 쳐들어왔다. 아카드 왕국은 무릎을 꿇었다. 구티족은 메소포타미아의 지배자가 됐다.

구티족은 수메르, 아카드족과 뿌리가 다른 민족이었다. 정복당한 민족은 항거했다. 이 저항은 100여 년간 계속됐다. 기원전 2100년을 전후로 도시 국가 우르Ur가 저항의 선봉에 섰다. 저항이 결실을 맺었다. 우르 제3왕조 우르남무(재위 기원전 2124~2107년) 왕이 마침내 구티족을 완전히 몰아내는 데 성공했다.

우르 왕국은 수메르, 아카드 문명을 계승했다. 메소포타미아 문명의 명맥이 끊어지지 않고 이어졌다. 우르남무 왕은 자신의 이름을 딴 법전을 만들었다. 이 우르남무 법전은 현존하지는 않지만, 인류 역사상 처음으로 만든 성문법전이라는 평가를 받고 있다. 우르남무 왕은 높이가 수십 미터에 이르는 거대한 지구라트를 건축한 것으로도 유명하다.

우르 왕국의 운명도 앞선 왕국들과 비슷했다. 기원전 1970년경 아모리인들의 침략으로 우르 왕국은 무너졌다. 아모리인들은 바빌론에 수도를 정한 뒤 문명을 발전시켰다. 이 문명을 바빌로니아 문명이라 부른다. 새로운 민족이 문명의 주역이 됐으니 메소포타미아 문명도 새 국면으로 접어든 셈이다. 물론 넓은 의미로 보면 메소포타미아 문명의 일부로 분류된다.

절대 강자가 없다면 혼란은 피할 수 없다. 바빌로니아는 신흥 강국이었지만 당장 아카드의 사르곤 1세 왕과 같은 절대 강자는 등장하지 않았다. 바빌로니아의 혼란은 제1왕조의 6대 왕 함무라비(재위 기원전 1792~1750년)가 등장하면서 비로소 종식됐다.

함무라비 왕은 사르곤 1세와 닮은꼴이었다. 왕성한 정복 활동을 벌여 메소포타미아 일대를 통일했고, 강력한 중앙집권 체제를 구축했다. 사르곤 1세 통치기 아카드가 전성기를 누렸던 것처럼 함무라비 통치기에 바빌로니아가 최대 전성기를 맞이했다.

함무라비 왕은 또 다른 업적도 남겼다. 기원전 1800년쯤, 함무라비는 높이 2.5미터의 돌 비석에 법을 새기도록 했다. 이것이 바로 현존하는 최고의 성문법전인 함무라비 법전이다. 이 법전은 현재 프랑스 루브르 박물관에 보관되어 있다.

바빌로니아는 결말까지도 아카드와 비슷했다. 사르곤 1세가 세상을 떠난 후 아카드 왕국이 기울었듯이 바빌로니아 왕국도 함무라비 왕의 죽음 이후 약해지기 시작했다. 결국 기원전 1530년경 바빌로니아는 히타이트 족의 침략을 견디지 못하고 멸망했다. 그 후 메소포타미아 일대는 다시 혼란의 구렁텅이로 빠져들었다. 이 혼란을 끝낸 민족은 아시리아였다.

아시리아는 수메르만큼이나 역사가 오랜 민족이었다. 수메르가 문명을 태동시킨 기원전 3000년경 메소포타미아 북동부에 아슈르를 건설한 이들이 아시리아의 조상이었다. 그들은 오랜 세월 몸을 낮추고 살았다. 물론 생존을 위해서였다. 그러다 아모리인들이 바빌로니아를 건설할 무렵 메소포타미아 북부를 장악하면서 두각을 나타내기 시작했다.

그러나 아시리아의 번영은 오래가지 못했다. 바빌로니아 함무라비 왕이 등장했기 때문이다. 함무라비 왕은 아시리아를 정복했고, 그 후 100여 년간 아시리아는 바빌로니아의 식민지로 남아야 했다.

기원전 1530년경 바빌로니아가 히타이트에게 멸망했다. 아시리아에 비로소 독립의 기회가 찾아온 것이다. 그러나 아시리아는 이 기회도 놓치고 말았다. 이번에는 히타이트 왕국과 일인자 자리를 놓고 겨루던 미탄니 왕국이 아시리아를 점령했다. 지배자만 바뀌었을 뿐, 아시리아의 식민 생활은 끝나지 않았다.

200여 년의 시간이 흘렀다. 드디어 아시리아에 영웅이 출현했다. 바로 아슈르 우발리트 1세(재위 기원전 1365~1330년)다. 아슈르 우발리트 1세는 독립의 야망을 품고 있었다. 그는 히타이트를 활용하는 전략을 짰다. 히타이트는 미탄니와 전쟁을 치르고 있었다. 아슈르 우발리트 1세는 히타이트를 지원했고 그의 전략은 적중했다. 두 나라의 전쟁에서 히타이트가 승리함으로써 아시리아는 마침내 독립을 쟁취할 수 있었다.

아시리아가 기지개를 켜기 시작했다. 바빌로니아 영토를 대부분 차지할 만큼 강대해졌다. 당시 오리엔트의 최고 강자로 여겨졌던 이집트 파라오 제국과 겨뤄도 전혀 밀리지 않았다. 마침 기원전 1200년 무렵

소아시아의 절대 강자 히타이트마저 몰락했다. 이런 금상첨화錦上添花
가 또 있겠는가? 기원전 11세기 초반 아시리아는 팽창에 팽창을 거듭
하며 페르시아 만에서 지중해에 이르는 넓은 영토를 장악했다.

그러나 아시리아는 또 몰락하고 말았다. 정복지 백성들이 반란을 일
으켰기 때문이다. 아시리아의 통치는 잔혹했다. 관대함이나 자비는 찾
을 수 없었다. 민심 이반 현상이 심하게 나타날 수밖에 없었고, 기원전
10세기 무렵, 아시리아는 또다시 군소 왕국으로 전락하고 말았다.

아시리아의 잠재력은 실로 대단했다. 다시 비상의 날갯짓을 시작하
더니 기원전 9세기 무렵 메소포타미아 일대를 또 장악했다. 놀라운 속
도의 팽창! 기원전 721년경에는 바빌로니아까지 정복해 흡수해버렸
다. 서아시아를 오롯이 차지한 것이다.

이 무렵 이집트 파라오 제국은 혼란스러웠다. 이민족이 이집트를 장
악하고 있었다. 이집트의 제23왕조와 제24왕조는 리비아인들이, 제25
왕조는 이집트 남쪽 누비아인들이 세운 왕조였다. 제25왕조 통치기에
아시리아가 칼을 빼들었다. 기원전 671년 아시리아와 이집트는 운명
을 건 한판 승부를 벌였다. 결과는 아시리아의 승리. 이집트 군대는 황
급히 철수할 수밖에 없었다.

아시리아는 더 이상 과거의 아시리아가 아니었다. 이제 아시리아에
대항할 국가는 적어도 오리엔트 일대에서는 찾을 수 없었다. 이런 상황
에서 아시리아 최고의 정복 군주가 등장했다. 바로 아슈르바니팔(재위
기원전 669~627년)이다.

기원전 664년, 아슈르바니팔은 이집트로 진군했다. 제25왕조의 파
라오를 제거하고 새로이 제26왕조를 창건했다. 아슈르바니팔은 꼭두

각시 파라오를 앉히고 귀환했다. 이로써 이집트도 수중에 넣었다.

아시리아의 영토를 보자. 메소포타미아는 물론 소아시아와 이집트까지……. 그랬다. 아시리아는 사상 처음으로 오리엔트를 통일한 것이다. 아슈르바니팔은 아시리아의 절정기를 이끌었다. 아시리아의 수도 니네베에는 역사상 첫 도서관을 세우기도 했다. 번영도 잠시, 아슈르바니팔이 사망하자 아시리아는 급격하게 추락했다. 내분으로 한 번, 이민족의 반란으로 또 한 번 휘청거렸다. 특히 칼데아인의 저항이 거셌다.

칼데아인은 바빌로니아 남부에 살던 민족이다. 정서적으로 과거 바빌로니아를 건설한 아모리인과 가까웠다. 기원전 625년 칼데아인 나보폴라사르(재위 기원전 625~605년)가 "바빌로니아의 영광을 재현하겠다!"며 아시리아에서 독립을 선포했다.

기원전 612년 나보폴라사르는 이웃한 메디아 왕국과 연합해 아시리아를 공격했다. 연합군의 승리. 아시리아의 수도 니네베는 폐허가 되어 버렸다. 나보폴라사르는 바빌로니아 제국이 재건됐음을 만천하에 공포했다. 이 나라가 바로 신新바빌로니아다. 칼데아 왕국이라고 부르기도 한다.

이윽고 신바빌로니아의 영광이 시작됐다. 나보폴라사르 왕은 이집트와의 전투에서 승리해 시리아와 팔레스타인을 빼앗았다. 그의 뒤를 이어 신바빌로니아의 2대 왕에 오른 아들 네부카드네자르 2세(재위 기원전 604~562년)는 과거 바빌로니아의 영광을 완벽히 재현했다. 메트로폴리스 규모의 수도 바빌론을 둘러싼 성벽 길이만 무려 17킬로미터를 넘었고, 성 안에 20만 명이 모여 살았다.

네부카드네자르 2세의 통치는 아시리아 왕의 통치와 비슷했다. 관용은 찾아볼 수 없었다. 그는 신바빌로니아가 이집트와 전투를 벌일 때 유대인이 이집트 편을 든 것에 대한 보복을 시작했다. 유대 왕국을 멸망시키고, 유대인들을 모두 바빌론으로 끌고 갔다. 이 사건이 바로 '바빌론 유수'다.

네부카드네자르 2세가 죽고 난 후의 신바빌로니아는 과거 바빌로니아 역사와 똑같았다. 변변찮은 왕들이 즉위했고, 관용 없는 통치로 일관했다. 그 결과 신바빌로니아는 기원전 539년 멸망하고 말았다.

신바빌로니아를 무너뜨린 나라가 바로 아케메네스 왕조 페르시아였다. 아케메네스 제국으로 인해 오리엔트의 혼란은 비로소 종지부를 찍었다. 더불어 메소포타미아 문명은 한 단계 성장하는 계기를 맞았다. 새로이 페르시아의 문명이 시작됐다. 아케메네스 제국은 오리엔트의 구세주였다.

관용 리더십으로 첫 세계 제국 일구다

지금까지 메소포타미아 문명이 탄생한 기원전 3500년 무렵부터 아케메네스 왕조 페르시아가 오리엔트를 다시 통일한 기원전 525년까지의 중동 역사를 살펴봤다.

이 지역은 오늘날 중동中東이라 불린다. 엄밀하게 말하면 중동은 서아시아만을 가리키는 지명이다. 그렇지만 종교나 문화적인 측면에서 동질성을 가진 부분이 많아 아프리카 북부까지 포함해 중동으로 분류하는 것이다.

오늘날에도 이 지역에는 다 열거할 수 없을 만큼 많은 민족이 살고 있다. 쉽게 말하면 다문화 사회다. 이미 살펴봤던 대로 이 다문화 사회를 최초로 통일한 제국은 아시리아였다. 그러나 아시리아를 기억하는 이는 그리 많지 않다. 밝음(통일 대업)보다 어둠(리더십 부재)이 더 강한 탓이다. 아시리아가 잊혀진 제국이 된 과정을 따라가 보자. 실패 요인을 정확하게 아는 것이야말로 성공의 조건이 아니겠는가.

아시리아가 사상 처음으로 오리엔트를 통일할 수 있었던 비결은 강력한 군대와 확실한 기강이었다. 리더십으로 치자면 철저한 상명하복上命下服이다. 아시리아 병사들은 휴전 기간에도 훈련을 중단하지 않았다. 일단 전투에 임하면 물러서는 법이 없었다. 승리와 정복이라는 목표 하에 일사불란하게 움직였다. 전차를 사용함으로써 기동력을 높였다. 다른 민족은 갖추지 못한 강력한 금속 무기를 사용해 군사력에서 적을 압도했다.

요컨대 아시리아는 목표를 위해 조직(군대)이 총력을 쏟는 시스템을 채택하고 있었다. 이 시스템의 효과는 컸다. 특히 전쟁 중에는 빛을 발했다. 아시리아가 몇 차례의 몰락 위기를 맞았으면서도 매번 오뚝이처럼 일어났고, 마침내 오리엔트를 통일할 수 있었던 것은 분명 이 군인 정신, 그것도 철저하게 상명하복을 따르는 '무자비한' 군인 정신 덕분이었다.

그러나 전쟁을 뺀 나머지 분야에서 이 리더십은 독毒이었다. 아시리아는 항복한 병사들까지 몰살하는 잔인함을 보여줬다. 아시리아 통치자들의 식민지 통치도 잔혹했다. 가혹할 정도로 과중한 세금이 정복지의 백성들에게 부과됐다. 아시리아 통치자들은 정복지의 종교를 깡그리 무시했고, 오로지 자신의 신들만 섬기라고 강요했다. 저항하는 백성들은 모두 처형했다. 귀족들의 통치 또한 안정적이지 못했다. 왕위 자리를 놓고 항상 권력투쟁이 벌어졌다.

약자에 대한 관용이나 포용은 눈을 씻고 찾아봐도 볼 수 없었다. 민심은 아시리아에 등을 돌렸다. 얼마나 아시리아에 화가 났으면 바빌로니아-메디아 연합군이 수도 니네베를 완전히 파괴해버렸겠는가. 이 파괴 행위에는 성난 백성들의 민심이 고스란히 반영된 셈이다.

그렇다면 아시리아의 뒤를 이은 신바빌로니아는 덜했을까? 아니다. 신바빌로니아의 통치자들은 아시리아 통치자를 그대로 답습했다. 결국 또다시 잔인한 통치가 이어졌다.

훌륭한 지도자는 역사에서 철학을 배우고 리더십을 터득한다. 아케메네스 제국의 제왕들이 그러했다. 그들은 아시리아의 통치자들과 차원이 달랐다. 그들은 다문화 사회에서 어떤 리더십을 구사해야 하는지를 잘 알았고, 실제로 실천했다. 그것은 바로 관용 리더십이었다. 이 리더십이 사라지는 순간 아케메네스 제국도 역사 속으로 사라졌다.

아주 오래전의 일이다. 아리아인들이 중앙아시아에서 태동했다. 그들은 기원전 2000년 무렵 민족 이동을 시작했다. 일부는 인도 지역으로, 일부는 이란 지역으로 남하했다. 또 다른 무리는 이란을 거쳐 유럽으로 향했다. 20세기 중반, 독일의 히틀러가 "게르만족만이 고유한 아리안 혈통이다"라고 주장한 것도 이러한 역사적 사실이 근거가 됐다. 물론 터무니없는 주장이지만…….

어쨌든, 기원전 700년경 오늘날의 아제르바이잔 주변에 머물던 아리아인 무리가 남하했다. 그들은 곧 안잔(지금의 페르세폴리스) 일대에 정착했다. 기원전 691년, 테이스페스란 인물이 안잔 일대를 평정하고 아

● 키루스 2세(Cyrus II) 메디아 왕국과 5년여의 긴 전쟁 끝에 아케메네스 왕조 페르시아 제국을 건국했다.

케메네스 왕조를 창건했다. 그러나 이때의 아케메네스 왕조는 자그마한 부족 국가 수준에 불과했다. 또한 메디아 왕국의 지배를 받고 있었다. 심지어 테이스페스가 사망한 후에는 남과 북으로 분열되기까지 했다. 제국이라는 이름은 고사하고 지지리 궁상에 가깝다. 테이스페스의 아들 키루스 1세, 키루스 1세의 아들 캄비스세 1세가 통일을 추진했지만 성공하지는 못했다.

이런 상황에서 기원전 559년, 캄비세스 1세의 아들 키루스 2세(재위 기원전 559~529년)가 아케메네스 왕국의 왕이 됐다. 키루스 2세는 야심만

만한 인물이었다. 독립국 건설을 위해 본격 시동을 걸었다. 마침 메디아 왕국은 왕의 독재와 귀족들의 권력 다툼으로 혼란스러운 상태였다. 키루스 2세는 치밀하게 메디아와의 전투를 준비했다.

기원전 555년, 키루스 2세가 마침내 반란을 일으켰다. 메디아 왕국과의 전쟁은 무려 5년이나 계속됐다. 끈기의 승리! 키루스 2세는 메디아 왕국의 수도 엑바타나를 정복하는 데 성공했다. 키루스 2세는 그곳에서 아케메네스 왕조 페르시아(기원전 559~330년)의 건국을 선포했다. 이로써 아케메네스 왕국이 비로소 나라다운 나라로 우뚝 섰다. 이 때문에 역사가들은 키루스 2세를 아케메네스 제국의 사실상 창건자로 평가하고 있다.

고대 세계에서는 멸망한 나라의 왕과 귀족, 군인들은 죽음을 면할 수 없었다. 아시리아의 사례에서 이 점은 충분히 증명됐다. 정복자들은 으레 그랬듯이 그들을 처형했다. 단칼에 목을 베면 그나마 양반이다. 야수의 먹이로 던져주거나 가죽을 벗기는 식으로 잔인하게 죽였다. 살인의 방식이 잔인하면 잔인할수록 정복자들의 쾌감은 배가됐다. 설령 죽지 않는다 해도 노예로 전락해 죽을 때까지 강제노동을 해야 했다.

메디아의 왕과 귀족들은 벌벌 떨었다. 그런데 뜻밖의 조치가 떨어졌다. 키루스 2세는 메디아의 왕을 극진히 보살피도록 했다. 그가 나이가 들어 죽을 때까지 평생 연금을 주기도 했다. 귀족과 장수들의 신분도 그대로 유지해줬다. 또한 그들 모두를 아케메네스 제국의 일원으로 영입했다.

사람에게 이렇게 관대했으니, 정복한 도시를 벌할 이유는 더더욱 없다. 키루스 2세는 메디아의 수도 엑바타나를 파괴하지 않았다. 신바빌로니아와 메디아 연합군이 아시리아를 무너뜨릴 때 수도 니네베를 파괴한 것과 극명하게 대조적이다. 키루스 2세는 오히려 엑바타나를 아케메네스 제국의 여름 수도로 활용했다.

이 대목만 보더라도 키루스 2세의 관용 리더십이 어떠했는지 짐작할 수 있다. 그러나 이는 시작에 불과하다. 그의 관용 리더십은 통치 기간 내내 꺼지지 않았다.

기원전 545년, 키루스 2세는 소아시아의 리디아를 정복했다. 몇몇 도시들이 반란을 일으키기는 했지만 쉽게 제압할 수 있었다. 소아시아 일대를 정복한 아케메네스 제국은 메소포타미아의 신바빌로니아를 노렸다. 네부카드네자르 2세가 죽고 난 후 약해지긴 했다지만 신바빌로니아는 전통적인 강자였다. 치열한 전투가 예상되는 순간, 막상 뚜껑을 열자 결과는 싱거웠다. 신바빌로니아 나보니두스 왕의 독재 정치에 질린 백성과 장수들이 성문을 활짝 열어 키루스 2세의 군대를 받아들였던 것이다. 키루스 2세는 보무도 당당하게 신바빌로니아의 수도 바빌론에 입성했다.

아케메네스 제국은 기원전 539년 신바빌로니아를 완전 정복하는 데 성공했다. 이는 실로 역사적 의미가 큰 사건이었다. 당시 신바빌로니아는 많은 영토를 보유하고 있었다. 바로 그 신바빌로니아를 얻음으로써 키루스 2세는 시리아와 팔레스타인 주변의 영토까지 거저 얻게 됐다. 영토 확장보다 더 중요한 사건이 있다. 바빌론에 입성한 키루스 2세가 이른바 '키루스의 원통Cyrus Cylinder'이라 부르는 선언문을 발표한 것이다.

오늘날 역사가들은 키루스 2세를 키루스 대제 또는 키루스 대왕이라고 부른다. 그가 아시리아에 이어 두 번째로 많은 민족을 통일해 다문화 제국을 건설했기 때문일까? 물론 그럴 수도 있다. 그러나 더 중요한 요인은 따로 있다. 바로 이 선언문이다. 키루스의 원통 선언문에는 아케메네스 제국과 키루스 대제가 추구하는 관용의 정신이 고스란히 담겨져 있다. 결국 대왕 칭호는 정복 군주로서의 키루스 2세가 아니라 관용의 대왕 키루스 2세에게 바친 존경의 상징인 셈이다. 키루스 원통 선언문의 내용을 살짝 엿보자.

> 세계의 왕이자 전지전능한 왕, 바빌로니아의 왕이자 수메르와 아카드의 왕인 나 키루스는 그 어떤 민족도 위협하지 않을 것이다. 내가 정복한 백성들의 전통과 종교를 존중할 것이다.

인권의 개념이 없던 시절이었다. 그런 상황에서 키루스 대왕의 이 선언은 그야말로 파격 그 자체였다. 이 때문에 이 선언문은 역사상 처음으로 탄생한 인권 선언이라는 평가를 받고 있다. 실제로 그의 관용 정신은 선언문 곳곳에서 발견된다. 선언문의 내용을 조금 더 살펴보자.

> 그 누구도 다른 민족, 다른 사람을 억압해서는 안 된다. 그들의 권리와 자유, 그 어느 것도 침범해서는 안 된다. 돈을 갚지 못한다고 강제로 노예로 삼아서도 안 된다. 나 키루스는 절대 백성을 무력으로 통치하지 않으리라.

백번 양보해서 이 선언을 정치적으로 해석할 수도 있다. 정복자의 위엄을 드러내기 위해 마련한 극적 장치로 볼 수도 있다는 이야기다. 그렇다면 선언은 선언으로 그치게 된다. 자신의 선언을 이행하지 않는다 한들 누가 정복자를 타박할 수 있겠는가? 그러나 키루스 대왕은 선언으로 그치지 않았다. 선언을 그대로 이행했다. 유대인이 가장 먼저 혜택을 받았다.

기원전 597년 신바빌로니아의 네부카드네자르 2세 왕은 이집트와의 전투에서 유대인이 이집트 편을 든 데 대한 보복으로 유다 왕국의 왕을 수도 바빌론으로 끌고 갔다. 10년 후인 기원전 587년에는 아예 유다 왕국을 멸망시키고, 남아 있는 유대인을 전부 바빌론으로 끌고 갔다. 앞에서 말한 바와 같이 이를 바빌론 유수라고 한다.

바빌론 유수 이후로 유대인들은 노예와 다름없는 생활을 해야 했다. 키루스 대왕이 바빌론에 입성한 기원전 539년까지도 바빌론 유수는 끝나지 않은 상태였다. 70여 년에 걸친 고난의 삶, 그 족쇄를 키루스 대왕이 끊었다. 키루스 대왕은 유대인을 해방시켰다. 나아가 그들의 소원을 모두 들어줬다.

당시 유대인들은 그들의 고향 예루살렘으로 돌아갈 것을 간절히 원했다. 키루스 대왕은 기꺼이 그들의 바람을 들어줬다. 나아가 그들이 예루살렘에서 유대교를 믿을 수 있도록 허용했다. 종교의 자유를 준 것도 모자라 성전을 새로 쌓는 것도 허락했다. 유대인들은 키루스 대왕을 '사면의 왕'이라며 숭배했다. 이때의 일로 키루스 대왕은『구약 성경』의 한 페이지에도 이름을 올렸다.『구약 성경』중「에스라」에 나오는 '고레스' 왕이 바로 키루스 대왕이다.

키루스 대왕은 광대한 영토를 통치할 때에도 관용을 첫 번째 원칙으로 삼았다. 키루스 대왕은 제국을 여러 개의 속주로 나눈 뒤 속주마다 '사트라프'라고 부르는 태수(총독)를 파견했다. 사트라프는 자신이 통치하는 지역 안에서는 왕에 버금가는 권력을 부여받았다. 키루스 대왕이 속주의 자치권을 인정했던 것이다. 그 지역의 종교와 전통, 문화를 그대로 인정했음은 물론이다.

당시 아케메네스 제국은 여전히 정복 전쟁 중이었다. 매일 피 튀기는 전투가 벌어졌다. 적에게 아량을 베풀기가 쉽지 않은 상황이었다. 그런 데도 키루스 대왕은 적국의 백성들에게 관용을 베풀었다. 키루스 대왕의 관용 리더십이 더욱 눈이 부신 이유다.

오늘날 이란 사람들은 키루스 대왕을 건국자로 칭송하고 있다. 그러나 이란 사람들만 그를 존경하는 것은 아니다. 키루스 대왕만큼 민족에 상관없이 존경과 찬사를 받은 제왕은 없다. 실제로 고대 그리스의 대표적 역사가 크세노폰은 "키루스 대왕은 가장 이상적인 지도자일 뿐 아니라 가장 자비로운 군주다"라고 평하기도 했다. 또 다른 그리스 역사가 헤로도토스도 "키루스 대왕은 아버지처럼 자상한 제왕이다"라고 했다.

대를 이은 관용, 그리고 소통의 리더십

키루스 대왕은 오리엔트 통일을 눈앞에 두고 세상을 떠났다. 스키타이족 정벌을 위해 아랄 해로 원정을 떠났다가 불의의 죽음을 맞은 것이다. 그의 아들 캄비세스 2세(재위 기원전 530~522년)가 아케메네스 제국의 왕에 올랐다.

기원전 525년 캄비세스 2세가 이집트의 문을 뚫었다. 또다시 새로운 역사의 한 페이지가 만들어지는 순간, 페르시아가 아시리아에 이어 오리엔트 전역을 통일한 것이다. 비로소 아케메네스 제국은 서아시아와 소아시아, 북아프리카에 이르는 세계 제국으로 우뚝 섰다.

비록 캄비세스 2세가 대업을 이루기는 했지만, 그 공의 90퍼센트 이상은 키루스 대왕에게 있다. 만약 키루스 대왕의 관용 리더십이 없었더라면 아케메네스 제국은 번영하지 못했을 수도 있다. 캄비세스 2세가 오리엔트 통일의 대업을 이룰 수 없었을지도 모른다. 그만큼 키루스 대왕의 관용 리더십의 영향은 컸다.

캄비세스 2세는 이집트로 군사 원정을 떠났다가 본국에서 반란이 일어났다는 소식을 들었다. 반란의 주모자는 메디아의 종교 지도자였던 가우마타였다. 가우마타는 자신이 캄비세스 2세의 동생이며, 왕위를 넘겨받기로 왕과 합의했다고 주장했다.

상황이 급박하게 돌아가고 있었다. 자칫 눈뜨고 왕위를 찬탈당할 수도 있었다. 캄비세스 2세가 급히 군대를 돌렸다. 그러나 그는 이집트의 한 도시에서 죽음을 맞고 말았다. 가우마타의 반란을 진압한 인물은 캄비세스 2세와 함께 군사 원정을 수행한 다른 왕족이었다. 그 왕족은 반란의 주동자를 제거한 뒤 스스로 왕에 올랐다. 이 인물이 바로 다리우스 대왕이라 불리는 다리우스 1세(재위 기원전 522~486년)다.

다리우스 1세를 대왕이라 부르는 이유와 키루스 2세를 대왕이라 부르는 이유는 다르지 않다. 다리우스 대왕 또한 관용의 제왕이었다. 동시에 다리우스 대왕은 제국의 절정기를 이끈 제왕이기도 하다. 그가 죽고, 아들 크세르크세스 1세가 왕위에 오른 후부터 아케메네스 제국이 쇠퇴할 기미를 보이기 시작했다.

이런 다리우스 대왕이지만 왕위에 오를 당시의 상황은 그에게 우호

● 다리우스 1세(Darius I)
반란을 일으킨 가우마타를
죽인 후 왕위에 올라
페르시아 제국의
중앙집권 체제를 구축했다.

적이지 않았다. 우선 그가 키루스 대왕에서 캄비세스 2세로 이어지던 적통이 아니라는 점이 문제가 됐다. 물론 과거로 거슬러 올라가면 다리우스 대왕 또한 아케메네스 가문에 속해 있지만, 어쨌든 방계 혈통이라는 사실은 부인할 수 없다. 바로 이 점 때문에 아케메네스 제국에 복속되어 있던 일부 민족과 왕국들이 그를 제왕으로 인정하지 않으려 했다. 바빌로니아와 메디아, 엘람 왕국은 그 혼란을 틈타 독립하려는 움직임을 보이기도 했다. 곧 광활한 제국 이곳저곳에서 반란이 일어났다. 다리우스 대왕은 제국의 해체를 용인하지 않았다. 1년 만에 모든 반란을 진압했다.

키루스 대왕은 분열된 왕국을 통일했고, 메디아로부터 독립을 쟁취했다. 그다음 정복 전쟁을 본격화했다. 다리우스 대왕의 행보도 크게 다르지 않았다. 쿠데타를 진압해 아케메네스 제국을 지켰고, 그 후 도처에서 일어난 반란을 진압했다. 그리고 다리우스 대왕도 제국의 팽창을 위한 정복 전쟁에 돌입했다.

먼저 동쪽으로 진격해 인더스 지방에 이르렀다. 서쪽으로는 흑해 북쪽에 있었던 스키타이를 정벌했다. 비록 스키타이를 완전히 정복하지는 못했지만 이 원정을 계기로 본격적인 유럽 정벌을 시작했다. 그의 군대는 소아시아를 넘어 트라키아와 마케도니아를 정복했다. 에게 해 주변에 산재해 있던 그리스 폴리스들을 복속시키기도 했다. 지중해 남쪽의 북아프리카로도 세력을 넓혀 리비아를 합병했다.

다리우스 대왕의 정복 활동으로 아케메네스 제국은 서아시아는 물론 인도 대륙과 중앙아시아, 북아프리카, 동유럽까지 장악한 대제국이 됐다. 역사상 이렇게 광활한 제국은 존재하지 않았다. 이런 업적은 다리우스 대왕이 탁월한 전략가가 아니었다면 불가능했을 것이다. 그러나 그가 군사적으로만 탁월한 정복 군주라고 생각해서도 안 된다. 이미 말했던 것처럼 다리우스 대왕 또한 키루스 대왕처럼 관용의 통치를 했다.

다만 제국의 통치 방법에 있어서는 키루스 대왕과 노선을 약간 달리했다. 키루스 대왕이 제국의 속주마다 파견된 사트라프에게 자율권을 줬지만 다리우스 대왕은 권력을 제한했다. 권력이 지나치게 커지면 아무래도 부정과 부패가 속출하고 독재에 대한 욕심이 생기게 마련이다. 다리우스 대왕은 바로 그 점을 우려했다. 다리우스 대왕은 사트라프에게서 군사권과 징세권을 빼앗았다. 또 사트라프를 감시하도록 수시로 일종의 암행어사인 감찰관을 보냈다.

이것을 다른 각도로 해석하면 다리우스 대왕에 이르러 아케메네스 제국은 중앙집권 체제에 훨씬 가까웠다는 이야기가 된다. 그렇다면 대왕의 권력은 키루스 대왕 때보다 더 강했으리라는 추측도 가능하다. 이 또한 다리우스 대왕의 큰 업적 가운데 하나다. 그전까지는 이토록 넓은 영토를 중앙의 왕이 통제하기가 어려웠다. 혹시나 군대에 의존한다면 모를까, 너그러운 통치로는 꿈도 꾸지 못할 일이었다.

강력한 중앙집권 체제는 역사가 발전하는 과정에서 나타나는 자연스런 정치 형태다. 지방의 제후 세력이 강력한 봉건제로는 새로운 시대를 감당할 수 없다. 유럽의 역사만 봐도 그렇다. 15세기 이후 중세 봉건제 질서를 대체한 것은 중앙집권 체제였다. 유럽보다 훨씬 이전에 중앙집권 체제를 구축한 중국과 한국의 경우 이 체제는 19세기까지 이어졌다. 바로 이 중앙집권 체제를 다리우스 대왕이 구축한 것이다.

다리우스 대왕은 어떻게 중앙집권 체제를 구축할 수 있었을까? 그것도 관용의 리더십을 유지하면서. 이 대목에서 다리우스 대왕의 새로운 덕목이 추가된다. 바로 소통의 리더십이다.

다리우스 대왕은 중앙과 지방이 소통할 수 있는 최적의 해법을 찾아냈다. 바로 도로였다. 다리우스 대왕은 중앙 정부와 정복지의 주요 지점을 그물망처럼 연결했다. 이 도로는 소통의 인프라 역할을 했다. 대표적인 도로가 이른바 '왕의 길'이다. 수도인 페르세폴리스와 수사, 그리고 리디아 왕국의 수도인 사르디스까지 연결된 도로였다. 도로의 길이만 무려 2,700여 킬로미터에 이르렀다.

길만 닦는다고 해서 원활한 커뮤니케이션이 이뤄지지는 않는다. 신속한 소통을 위한 장치가 필요하다. 다리우스 대왕은 이 문제도 해결했다. 도로의 중요 길목마다 역을 세우고, 그 역에는 관리들을 배치했다. 이 관리들은 중앙에서 지방으로 왕명을 전달하는 사자가 도착하면 식량과 탈것, 숙박 문제를 해결해주었다.

이 시스템은 제대로 작동했다. 왕의 사자는 수월하게 목적지에 도착했다. 왕명은 속주 총독, 즉 사트라프에게 전달됐다. 만약 사트라프가 다른 언어를 쓴다면 그 속주에 근무하는 통역 요원이 왕명을 번역했다. 속주는 다시 현지 언어로 왕명을 번역해 속주 백성들에게 공표했다.

이 소통 리더십은 아케메네스 제국의 정복지 지배를 수월하게 했다. 게다가 다리우스 대왕은 키루스 대왕의 관용 리더십을 그대로 계승하지 않았는가. 이 관용의 정신은 특히 종교 분야에서 두드러졌다.

다리우스 대왕은 키루스 대왕과 마찬가지로 페르시아 종교인 조로아스터교 신도였다. 그렇지만 다른 종교에 대해 관용을 베풀었다. 다리우스 대왕은 정복지 민족이 반란을 일으키거나 왕의 통치에 반발하지만 않는다면 자신들의 종교를 믿도록 내버려뒀다. 때로는 사재를 털어 그 종교를 지원하기도 했다. 대표적인 사례가 유대인이 성전을 세울 수 있도록 돈을 대준 일이다. 덕분에 유대인들은 기원전 516년 성전을 완성할 수 있었다. 이 때문에 키루스 대왕에 이어 다리우스 대왕도 『구약성서』 「에스라」에 이름을 올렸다.

다리우스 대왕은 엘람에 가면 엘람의 종교 의식을 따랐고, 이집트에 가면 이집트 종교 의식을 따랐다. 종교 사제들을 보호해줬고, 이집트에서는 이집트 신을 기리는 사원도 건립했다.

다리우스 대왕이 종교만 지원한 것은 아니었다. 당시 여러 곳에서 대규모 토목 사업이 진행되고 있었는데, 다리우스 대왕은 이 모든 행사를 경제적으로 지원했다. 여기에 투입된 인력 또한 여러 지역에서 차출했다. 일종의 '다문화' 노동자들인 것이다. 다리우스 대왕은 건축물이 완성되면 여러 언어로 기념비를 새겼다. 이 또한 그 지역의 언어 문화를 존중한다는 뜻이었다.

대왕은 그리스 문화에도 관심이 많아 그리스인들을 대거 등용하기도 했다. 많은 그리스인들이 다리우스 대왕을 위해 관직을 맡았다. 상황이 이렇다 보니 키루스 대왕에 이어 다리우스 대왕도 민족의 경계를 넘어 존경을 받았다. 심지어 그리스의 핵심 폴리스인 아테네와 스파르타에서도 다리우스 대왕의 추종자가 생겨났다.

그리스 정치가들은 위기감을 느꼈다. 그들은 아테네와 스파르타의 친親 페르시아 인사들을 모조리 추방했다. 이윽고 소아시아 서해안 일대의 그리스 폴리스들을 선동했다. 당시 이 폴리스들은 아케메네스 제국에 복속되어 있었다. 이 폴리스들의 반란으로 대도시였던 사르디스가 불바다가 되기도 했다. 다리우스 대왕은 분노했다. 이 분노가 결국은 큰 전쟁으로 이어졌다. 바로 페르시아 전쟁(기원전 492~448년)이다.

관용이 사라지니 제국도 무너졌다

기원전 492년, 다리우스 군대는 반란을 배후에서 조종한 그리스 본토의 폴리스들을 치기 위해 다르다넬스 해협을 떠나 그리스 북부로 진격했다. 아케메네스 제국의 군대는 그곳의 폴리스들을 초토화시킨 뒤 목적지인 아테네로 내쳐 달렸다. 그러나 그리스 정벌의 꿈은 이뤄지지 않았다. 아토스 곶을 지나갈 무렵 폭풍우가 닥치는 바람에 함선 300척이 박살났고, 2만 명의 병사가 목숨을 잃었다. 본격적인 전투는 치르지도 못한 셈이다. 이 때문에 이 전투를 페르시아 전쟁의 전초전으로 보는 학자들도 많다.

2년 후인 기원전 490년, 페르시아 함선 600척이 키클라데스 제도를 따라 올라간 뒤 에레트리아에 상륙했다. 페르시아군대는 곧장 아테네로 진격했고, 아테네군대는 아테네 동북쪽 40킬로미터 거리에 있는 마라톤 평원에서 기다렸다. 페르시아 병력은 2만 명이었고, 아테네 병력은 1만 명이었다.

페르시아의 승리가 예상되는 상황, 그러나 결과는 예상과 다르게 페르시아의 패배였다. 아테네군사령관 밀티아데스의 전술에 넘어간 것이다. 밀티아데스는 중앙부에 약한 병사를 배치해 페르시아 병사들을 유인했다. 계략이 숨어 있는지도 모르고 페르시아군은 아테네군의 중앙부를 집중 공략했다.

페르시아 병사들이 깊숙이 들어오자 밀티아데스의 신호가 떨어졌다. 곧 아테네 주력 부대가 측면 공격을 개시해 중앙부로 들어온 페르시아 병사를 전멸시켰다. 아테네의 대승! 아테네 병사는 승리를 알리기 위해 아테네까지 40킬로미터를 달렸다. 여기에서 마라톤이 유래한 것으로 전해지고 있다.

이 1차전의 패배가 다리우스 대왕을 상심하게 한 것일까? 기원전 486년 다리우스 대왕은 세상을 떠나고 말았다. 그의 뒤를 이어 아들 크세르크세스 1세(기원전 486~465년)가 왕위에 올랐다.

기원전 480년, 페르시아가 다시 보병 100만 명, 함선 1,000척을 이끌고 그리스로 진격했다(이 부분은 그리스 역사가들의 기록에 따른 것이다. 실제로 페르시아 병사는 10~20만 명 정도였을 것이다). 그리스는 스파르타가 육군을, 아테네가 해군을 지휘해 맞서기로 했다.

스파르타의 왕 레오니다스는 정예 부대인 300인대를 이끌고 테르모필레 계곡에서 맞섰다. 그들의 목숨을 건 저항에 페르시아군대가 주춤했다. 좀처럼 전선을 뚫지 못했지만 결국에는 300인대를 섬멸할 수 있었다. 이와 동시에 페르시아 해군은 아테네를 공격했다.

이번에도 페르시아는 아테네의 계략에 넘어갔다. 아테네군사령관 테미스토클레스는 아테네 주변의 살라미스 섬이 폭이 좁고 물살이 거세다는 것을 잘 알고 있었다. 그런 곳에 큰 배가 무더기로 들어오면 낭패를 당할 게 뻔하다. 테미스토클레스는 바로 그곳으로 페르시아 함대를 유인했다. 자만에 빠진 페르시아 함대는 멋도 모르고 깊숙이 들어갔다가 대패하게 되었다.

2차전도 페르시아의 패배였다. 이듬해 페르시아는 3차 침략을 단행했지만 또다시 패했다. 이로써 페르시아 전쟁은 비공식적으로 막을 내렸다. 페르시아와 그리스는 수십 년이 지난 기원전 448년 칼리아스 화약을 체결함으로써 공식적으로 전쟁을 끝냈다.

이 페르시아 전쟁을 치르면서 아케메네스 제국은 급격하게 기울었다. 꼭 전쟁에 패해서만은 아니다. 아케메네스 제국의 트레이드 마크였던 관용 리더십을 잃었기 때문이다. 다리우스 대왕의 아들로, 왕위를 이은 크세르크세스 1세는 전제 정치를 강화했다. 이집트에서 반란이 일어났을 때는 인정사정 보지 않고 무자비하게 진압했다. 정복지의 제도를 모두 페르시아식으로 바꿨다. 정복한 민족의 문화와 전통도 더 이상 존중하지 않았다. 선왕들이 쌓아온 공든 탑이 와르르 무너지고 말았다.

더 이상 아케메네스 제국은 관용의 제국이 아니었다. 혼돈이 아케메네스 제국을 뒤덮었다. 페르시아 전쟁에서 패한 후 크세르크세스 1세는 사치를 일삼는 군주로 변했다. 왕궁의 질서도 엉망이었다. 후궁들은 비정한 권력 암투를 벌이고 있었다. 그 와중에 크세르크세스 1세도 암살되고 말았다.

그 후 아케메네스 제국은 부활하지 못했다. 왕위를 둘러싼 권력투쟁은 더욱 격해졌고, 내분도 심해졌다. 페르시아 전쟁이 끝나고 약 100년이 지난 기원전 330년, 결국 아케메네스 제국은 마케도니아의 알렉산드로스에 의해 멸망하고 말았다. 관용 리더십을 잃은 대가는 실로 컸다.

제2장

로마 제국을 완성한 소신과 겸양
— 카이사르와 아우구스투스

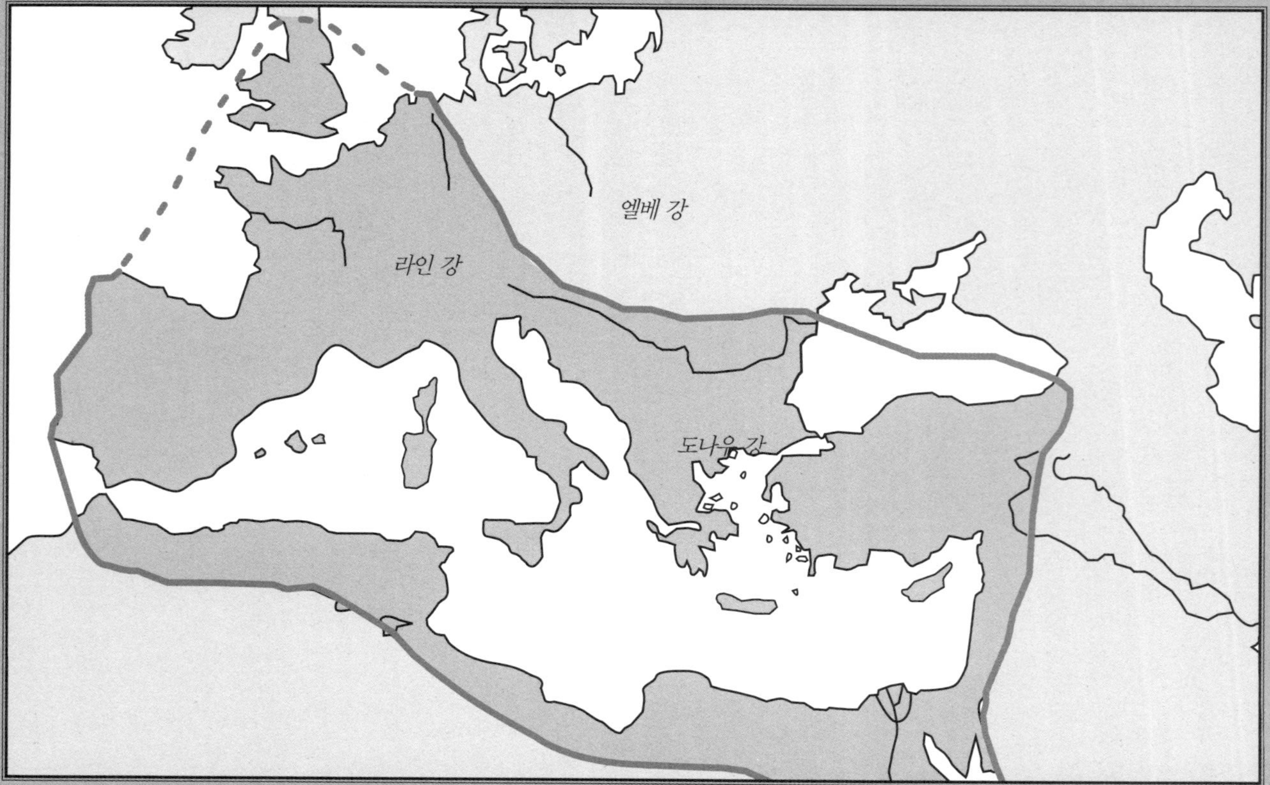

● 로마 제국의 최대 영토 :
로마 영토가 가장 넓었을 때는 2세기 초반, 트라야누스 황제 때다.
그러나 카이사르가 게르만 원정 때 브리타니아까지 진출함으로써 그 기초를 만들었다고 봐야 한다.

로마는 고대 유럽의 전부였다. 훗날 동·서로마로 분리되고, 서로마가 게르만 용병에게 무너진 후에도 로마의 맥은 1,000년을 더 이어갔다. 비잔틴 제국으로 더 많이 불리는 동로마가 유럽 동쪽에 건재했기 때문이다.

초기 로마는 공화정이었다. 정체正體가 제정帝政으로 바뀐 것은 기원 전후 무렵이다. 이때 등장한 인물이 카이사르와 아우구스투스였다. 민중이 중심이 되는 공화정에서 황제를 중심으로 하는 제정으로 바뀌었으니 역사가 후퇴한 것으로 여겨질 수도 있으나, 꼭 그렇게 볼 수만은 없다. 만약 이 두 인물에 의해 로마가 제국으로 성장하지 않았다면 오늘날 우리가 아는 로마는 존재하지 못했을 것이다. 물론 로마의 영광도 없다.

2009년 11월 미국 경제전문지 「포브스Forbes」에 이색적인 기사가 실렸다. 미국 국무장관을 지낸 바 있는 헨리 키신저의 주도하에 역사상 가장 강력했던 인물을 꼽는 기사였다. 1위는 바로 카이사르였다.

카이사르는 삶 자체가 리더십이라는 평을 받는다. 그의 뒤를 이은 아우구스투스 역시 현실 정치 감각이 뛰어나다는 평을 받고 있다. 카이사르는 무無에서 유有를 창조해냈고, 아우구스투스는 뼈대에 살을 붙여 로마 제국을 완성했다. 전형적인 창업과 수성의 리더십이라고 할 수 있다.

로마 제국은 이 두 영웅이 있었기에 존재할 수 있었다. 따라서 이들의 리더십을 이해하지 않고서는 로마를 이해할 수 없다. 더불어 이들의 리더십은 현대인들에게도 의미심장한 이정표가 되고 있다.

공존 리더십의 실종, 로마 공화정의 위기

기원전 8세기 중반, 전설적인 인물 로물루스와 레무스가 이탈리아 반도 중서부 테베레 강변에 정착했다. 그들은 팔라티노(팔라티누스) 언덕에 도시를 건설했다. 이를 시작으로 주변의 여섯 개 언덕에 도시가 건설됐다. 이 일곱 개의 언덕이 로마의 시작이다. 이는 기원전 753년의 일이다.

로마 왕국이 세워질 무렵, 이탈리아 중북부에는 로마보다 강한 에트루리아 왕국이 있었다. 당시 이탈리아 반도에서 가장 강력한 세력이었다. 물론 문명 수준도 로마를 크게 앞지르고 있었다.

로마 왕정(기원전 753~509년)에 대한 역사 기록은 그다지 많지 않다. 기원전 390년 갈리아인의 침략 때 사료들이 모두 불탔을 것으로 역사학자들은 보고 있다. 이 때문에 당시 상황은 역사 기록보다 전승(傳承)으로 추측해야 한다.

전승에 따르면 왕정 시절 로마는 총 일곱 명의 왕을 배출했다. 이 가운데 후반부의 왕 세 명이 에트루리아인이다. 로마가 에트루리아의 지배를 받았다는 뜻이다. 그러나 약 100년에 걸친 에트루리아의 식민 통치 기간이 온전히 잃어버린 시간은 아니었다. 로마는 우수한 에트루리아 문화를 리트머스 용지처럼 흡수했다. 그들에게 금은 세공술과 선박 건조기술, 토목기술을 배웠다. 로마 문자도 에트루리아 문자를 업그레이드한 것이다.

로마인들은 기원전 509년 에트루리아 왕을 몰아냈다. 왕좌가 다시 로마인에게 돌아온 걸까? 아니다. 로마인은 왕정을 폐지해버렸다. 이로써 로마 공화정(기원전 509~63년)의 역사가 시작됐다.

로마인들이 왕정에 질려 공화정으로 돌아선 것일까? 물론 그럴 수도 있다. 그러나 원로원과 민회, 집정관 등 공화정을 이끌 기구와 관료가 존재하지 않았다면 공화정의 시대를 열지 못했을 것이다. 공화정을 가능하게 한 국가 체제를 이미 왕정 시대에 갖췄다는 뜻이다. 바로 이 대목에 초기 로마의 역사에서 배워야 할 리더십이 숨어있다. 바로 공유와 공존의 리더십이다.

자, 다시 로마가 탄생하던 시점으로 돌아가 보자.

앞서 얘기한 대로 로마를 창건한 왕은 로물루스다. 로마Roma라는 이름 또한 로물루스Romulus에서 유래했다. 건국 신화에 따르면 로물루스에게는 레무스라는 쌍둥이 동생이 있었다. 당시 통치자는 형제의 할아버지였다. 그런데 할아버지의 동생, 즉 작은할아버지가 왕위를 찬탈했다. 새 왕은 왕위를 빼앗길지도 모른다는 두려움에 손자들을 죽이려 했다. 다행히 목숨을 건진 형제는 들판에 버려져 늑대의 젖을 먹고 자랐다.

장성한 형제가 복수에 나섰다. 그들은 작은할아버지를 몰아내고 왕국을 되찾았다. 호사다마好事多魔라 했던가. 예상치 못한 문제가 생겼다. 한때 동지였던 형제가 세력 다툼을 벌이기 시작한 것이다. 군사력은 형인 로물루스가 강했다. 그러나 로물루스는 무력으로 사태를 해결하려하지 않았다. 로물루스는 공존을 택했다. 그리고 로물루스는 팔라티노 언덕, 레무스는 아벤티노(아벤티누스) 언덕에 도시를 세웠다. 이 두 개 언덕의 도시가 일곱 개 언덕 도시의 시발점이었다. 이로써 로마가 탄생한 것이다.

로물루스는 동생을 제거하고 모든 권력을 독차지할 수도 있었다. 그렇지만 그렇게 하지 않았다. 비록 세력이 커졌다고는 하지만 아직도 로마는 부족 국가 수준이 아닌가. 지금은 힘을 합쳐야 할 때였다. 그러니 기꺼이 공존을 취한 것이다. 그러나 레무스는 형의 리더십을 따르지 않았다. 수시로 형의 영역을 침범했다. 결국 공존의 원칙이 깨지고 로물루스는 레무스와의 전쟁에 돌입했다. 이 전투에서 로물루스가 승리를 거둠으로써 비로소 단일화된 로마가 출범했다.

로물루스는 공존의 리더십을 잊지 않았다. 로마의 단독 왕이 됐지만 여전히 국가의 구성원들과 함께 발전하는 전략을 구사했다. 그 결과물이 바로 원로원과 민회였다. 원로원은 100여 명의 귀족들로 구성됐고, 민회는 평민으로 구성됐다.

로물루스는 두 기관에 권력을 나눠줬다. 물론 아직까지 민회의 힘은 미약했다. 그러니 엄밀하게 말하면 로물루스 왕은 원로원과 권력을 나눠 가졌다고 할 수 있다. 어쩌면 이는 불가피했던 선택이었다. 당시만 해도 왕의 권력이 약했고, 귀족들의 협조가 절실했기 때문이다. 이런 현실적인 이유를 무시하고 로물루스가 권력투쟁을 고집했다면 결과는 어떻게 달라졌을지 모른다. 어쩌면 로마는 성장하기도 전에 파산 선고를 받았을 수도 있다. 이 점만 보더라도 로물루스의 공존 리더십을 폄하해서는 안 된다.

로물루스의 공존 리더십을 볼 수 있는 대목은 또 있다. 로마 건국 직후였다. 당시 로마에는 여자가 부족해 노총각으로 늙어가는 남자들이 많았다. 그들은 이웃 국가 사비니에서 여자들을 약탈하기 시작했다. 이것이 발단이 돼 로마와 사비니 사이에 자주 전투가 벌어졌다.

로물루스는 이 전투가 로마에 결코 도움이 되지 않는다는 사실을 잘 알고 있었다. 이때 그가 내린 해법도 공존이었다. 사비니와 전략적 제휴를 맺은 것이다. 사비니 귀족을 원로원으로 끌어들였고, 사비니 백성들을 로마 백성들과 동등하게 대했다. 로물루스는 왕위를 사비니인인 누마 폼필리우스에게 물려주기까지 했다. 적을 우리 편으로 끌어들인 로물루스의 선택은 현명했다. 로마는 큰 골칫거리를 없앴고, 성장 가도를 달릴 수 있었다. 사비니는 훗날 로마에 병합된다.

로마가 공화정 체제로 바뀐 이후에도 평민의 신분은 여전히 낮았다. 민회의 권력도 약했다. 귀족들이 모든 권력을 장악했다. 공화정보다는 귀족정이 진실에 더 가깝다. 그런데 평민들이 각성하기 시작했다. 평민들은 잇단 투쟁을 통해 귀족들에게 권력을 빼앗아왔다. 그 첫 사건이 바로 기원전 494년의 '성산 사건'이다.

당시 평민들은 귀족들에 반발해 짐을 싸 로마를 빠져나왔다. 이윽고 로마 북동쪽에 새로운 도시를 건설했는데, '신성한 산'이란 뜻의 성산聖山이라 불렀다. 어느 나라나 생산의 주체는 평민이다. 이 알맹이가 빠져버렸으니 로마 귀족들은 당황했다. 귀족들은 평민들과 협상을 벌였고, 그들의 요구를 받아들일 수밖에 없었다. 이때 생긴 직책이 바로 호민관이다.

공화정에서 원로원은 정책 자문 기구였다. 사실상 최고의 직위는 집정관이다. 보통 두 명을 뽑으며 임기는 1년이다. 그러나 평민은 집정관에 출마하는 게 불가능했다. 그러니 평민의 요구가 정치권에 전달되기가 쉽지 않았던 것이다. 호민관은 일종의 평민 집정관이다. 호민관은 정책에 대해서도 거부권을 행사할 수 있었다. 성산사건 이후 귀족과 평민의 결혼도 허용이 됐다.

이처럼 평민의 권력이 커진 데는 로마군대도 한몫했다. 로마 공화정은 이후 여러 전쟁에서 승리를 거두었다. 그 결과 기원전 272년에는 북쪽의 루비콘 강에서 남쪽의 메시나 해협까지 이탈리아 반도를 모두 정복할 수 있었다. 이 승리의 원동력이 바로 강력한 로마군대였다. 군대는 평민들로 구성되어 있었다. 그러니 사실상 평민이 승리를 이끈 주역인 셈이다. 게다가 평민들은 무기를 모두 스스로 준비했다. 평민 권력이 커지는 것은 지극히 당연했다.

그 후 로마 공화정의 성장은 실로 비약적이었다. 당시 지중해의 최고 해상 강국이었던 카르타고와도 한판 승부를 벌였다. 약 80년간 계속된 이 전쟁을 포에니 전쟁(기원전 264~146년)이라고 부른다. 카르타고의 명장 한니발과 로마의 명장 스키피오의 명승부가 이 전쟁에서 펼쳐지기도 했다. 물론 최종 승자는 로마였다. 로마는 카르타고를 완전히 파괴하고 포로를 모두 노예로 삼았다.

지중해를 완전 장악한 로마는 알렉산더 대왕(알렉산드로스 3세)이 건설한 헬레니즘 제국으로 눈을 돌렸다. 먼저 마케도니아 혈통의 셀레우코스 왕국이 타깃이 됐다. 기원전 63년에는 셀레우코스 왕국의 핵심 도시인 시리아를 정복했고, 이집트를 중심으로 한 프톨레마이오스 왕국은 기원전 30년 흡수했다. 이어 알렉산더 대왕의 조국 마케도니아도 속주로 편입시켰다. 이제 유럽에서는 갈리아(오늘날의 프랑스 일대)와, 그 위쪽의 게르마니아(독일 일대)만 남았다. 동쪽으로는 아케메네스 왕조 페르시아의 뒤를 이은 파르티아 왕조가 버티고 있었다.

이런 성장은 분명 공존의 리더십이 제대로 작용했기에 가능했다. 문제는 너무 놀라울 정도로 로마 공화정이 성장했다는 것이다. 부작용이 속출했다. 우선 식민지와 속주에서 막대한 전리품과 조공이 수입됐다. 로마는 부유해졌다. 귀족, 평민 가리지 않고 흥청망청 식의 문화가 퍼졌다. 로마의 근검절약 정신이 사라지기 시작했다.

게다가 전쟁이 많아지면서 많은 농지가 황폐해졌다. 귀족들은 농지를 헐값에 사들여 대농장(라티푼디움)을 건설했다. 유일한 재산이었던 땅을 잃은 평민들은 대농장에서 일하기 시작했다. 그들을 프롤레타리아라고 불렀다. 신분상 노예는 아니었지만, 노예와 다를 바 없는 삶을 살아야 했다. 이제 귀족과 평민은 더 이상 공존할 수 없는 사이가 됐다. 둘 중 한쪽은 사라져야 하는, 극단의 권력투쟁이 본격화되면서 공존의 리더십은 붕괴되었다.

기원전 133년, 29세의 젊은 호민관인 티베리우스 그라쿠스는 귀족의 토지 독점을 막기 위한 법을 제정하려 했다. 그러나 귀족의 암살단에게 무참히 살해됐다. 10년 후 그의 동생 가이우스 그라쿠스가 다시 호민관에 올라 개혁을 추진했지만, 그 역시 실패하고 스스로 목숨을 끊었다.

귀족과 평민의 갈등이 일촉즉발─觸即發의 지경에 이르렀다. 이런 상황에서 기원전 107년 농민 출신으로 평민파(민중파)의 거두가 된 가이우스 마리우스(기원전 156~86년)가 집정관에 올랐다.

마리우스는 그 후로도 총 여섯 차례 더 집정관을 지냈다. 그동안 로마군대를 개혁하는 등 크고 작은 성과가 나왔다. 그러나 그는 자신이 호랑이 새끼를 키우고 있다는 사실을 몰랐다. 그 호랑이 새끼는 바로 루키우스 코르넬리우스 술라(기원전 138~78년), 바로 마리우스 자신의 부관이었다.

술라는 하급 귀족 가문 출신으로, 귀족파(벌족파)를 대변하고 있었다. 그는 기원전 88년부터 본격적으로 마리우스와 대립하기 시작했다. 바로 이 해에 술라는 집정관에 선출됐다. 술라는 마리우스를 밀어내고 소아시아 폰투스 왕국과의 전투에서 총사령관 자리를 맡았다.

마리우스파의 저항도 만만찮았다. 술라가 자리를 비운 사이에 마리우스파의 호민관이 폭동을 일으켰다. 술라는 일단 몸을 피했다. 전열을 가다듬은 뒤 술라는 로마로 진격했다. 평민파와 귀족파의 유혈 충돌이 시작된 것이다. 로마 내전이다. 로마 공화정의 종말을 알리는 신호탄이었다.

술라는 마리우스파 인사들에 대한 '피의 숙청'을 단행하고, 다시 전쟁터로 돌아갔다. 대승을 거둔 술라는 곧 소아시아와 그리스 일대를 장악했다. 술라가 없는 사이 마리우스파가 다시 로마를 장악했다. 그러나 술라의 힘이 더 강했다. 기원전 83년, 술라는 또다시 로마로 진격해 평민파와 전투를 벌였다. 2년의 내전 끝에 평민파는 초토화되고 말았다. 술라는 그것도 모자라 살생부를 작성하기 시작했다. 무려 4,700여 명의 이름이 살생부에 적혔다.

로마에는 국가 비상시에 독재관(딕타도르)이란 직위가 있었다. 오늘날의 계엄사령관과 같은 존재로, 모든 권력을 장악한 일인자다. 임기는

6개월이었다. 그러나 술라는 기원전 81년, 원로원을 협박해 종신 독재 관에 올랐다. 민회도 거부하지 못했다. 민회는 꼭두각시처럼 찬성표를 던질 수밖에 없었다.

독재자 술라는 그라쿠스 형제가 추진했던 법을 모두 폐지했다. 평민 들은 재판 배심원이 될 수 없도록 했다. 자신의 말대로 움직이는 원로 원 의원 수는 대폭 늘렸다. 호민관의 권력은 제한했다.

술라에게 공존 리더십은 보이지 않았다. 그는 모든 권력을 혼자 움켜쥐 려 했다. 기원전 78년 사망한 그의 비석에는 "술라는 동지에게는 가장 좋 은 사람이지만 적에게는 가장 나쁜 사람이다"라는 묘비명이 새겨졌다.

술라 사망 이후 새로 실권을 잡은 인물은 그의 부관이었던 그나이우 스 폼페이우스 마그나스(기원전 106~48년)였다. 그는 세르토리우스의 반 란을 진압하면서 주목을 받기 시작했다. 이 반란도 귀족파와 민중파의 갈등으로 촉발된 로마 내전의 일부분이다.

술라는 집정관에 오른 기원전 81년, 에스파냐(스페인)의 총독 세르토 리우스를 해임한 바 있다. 세르토리우스가 마리우스파였기 때문이다. 분노한 세르토리우스는 이베리아 반도로 돌아가 병사들을 끌어모았다. 현지 원주민들까지 끌어들여 이베리아 반도에 '로마'를 세웠다. 이탈리 아 반도의 로마에 이어 제2의 로마가 들어선 셈이다. 세르토리우스는 로마에 대한 투쟁을 선언했고, 공공연하게 게릴라식 투쟁을 전개했다.

기원전 76년, 술라의 명을 받은 폼페이우스가 진압군을 이끌고 이베 리아 반도에 상륙했다. 진압군은 곧 반란군을 진압하는 듯했다. 그러나 전투는 길어졌다. 4년을 끌었다. 결과는 예상대로였다. 반란군은 항복 했고, 세르토리우스는 부하의 배신으로 기원전 72년 암살됐다.

반란을 성공적으로 진압한 폼페이우스는 보무도 당당하게 본국 로마로 향했다. 그러나 그때 또 다른 반란 소식이 들려왔다. 바로 스파르타쿠스의 반란이었다. 폼페이우스는 미소를 지었다. 또 하나의 공적을 추가할 수 있지 않은가.

스파르타쿠스의 반란은 폼페이우스가 세르토리우스의 반란을 완전히 진압하기 전에 일어났다. 기원전 73년, 이탈리아 카푸아의 검투사 수용소에 있던 검투사 스파르타쿠스가 동료 검투사 70여 명과 함께 수용소를 탈출했다. 그들은 스파르타쿠스의 지휘 하에 노예와 사회적 약자를 끌어들였다. 반란군은 곧 수만 명으로 불어났다. 로마의 두 개 정규 군단이 맞섰지만 노예 부대의 전투력이 더 막강했다.

스파르타쿠스의 반란군은 이탈리아 북부로 진격했다가 진로를 수정해 남쪽으로 향했다. 그 와중에 노예로 전락한 수많은 민족이 합세했다. 노예와 다를 바 없는 농민들도 가세했다. 반란군은 곧 12만 명으로 불어났다. 그들은 바다를 건너 시칠리아 섬으로 가려 했다. 그곳에서 자유의 삶을 누리려 했다.

기원전 71년, 루카니아에서 로마 정부군과의 마지막 전투가 벌어졌다. 이때 정부군을 이끈 인물은 마르쿠스 리키니우스 크라수스(기원전 115~53년)로 로마의 최고 부호 가운데 한 명이었다.

크라수스는 막대한 돈을 들여 병사와 무기를 보강했다. 반면 반란군은 지칠 대로 지쳐있었다. 반란이 길어지자 내부 규율도 많이 무너졌다. 전투의 결과는 불을 보듯 뻔했다. 반란군은 바다를 건너지 못했다. 자유의 꿈은 무산됐다. 크라수스는 '무자비한' 노예 반란을 진압하는 공적을 세웠다.

그러나 로마 시민들에게 이 스파르타쿠스 반란을 최종 진압한 영웅은 폼페이우스로 여겨졌다. 크라수스 군대와의 싸움에서 대패한 반란군이 북쪽으로 도망갔는데, 그 길목을 개선 중이던 폼페이우스가 지키고 서 있었던 것이다. 모든 반란군이 여기에서 전멸했다. 크라수스로는 아마 땅을 칠 만큼 원통했을 것이다.

폼페이우스는 대중의 인기에 영합할 줄 아는 인물이었다. 노예 반란의 사후 조치를 보면 이 점을 알 수 있다. 폼페이우스는 반란군을 십자가에 매달게 한 뒤 처형했다. 시신이 매달린 십자가는 아피아 가도를 따라 쭉 도열됐다. 승리의 이미지를 부각시키려는 의도였다.

두 영웅은 군대를 해산하지 않고 원로원과 민회를 압박했다. 그들이 원하는 것은 권력이었다. 결국 기원전 70년, 둘은 나란히 집정관으로 선출됐다. 당시 크라수스는 45세, 폼페이우스는 36세였다. 집정관은 40세가 넘은 사람만이 될 수 있었으니, 실로 파격이다. 폼페이우스의 권력이 얼마나 대단했는지 알 수 있는 대목이다.

권력을 잡은 폼페이우스와 크라수스는 술라가 만든 악법을 철폐했다. 원로원은 결사반대하고 싶었을 것이다. 그러나 둘의 군대가 무서워 입도 뻥긋하지 못했다. 이후 폼페이우스의 활약이 두드러졌다. 특히 군사적 분야에서의 업적은 타의 추종을 불허할 정도였다. 그는 기원전 66년 다시 소아시아 폰투스 왕국과 전쟁을 벌였다. 이 전쟁에서 로마를 지긋지긋하게 괴롭히던 미트리다테스 6세 왕을 죽음에 몰아넣었다. 이 전쟁의 승리로 오리엔트 지역은 완전히 로마의 영역으로 편입됐다. 로마 시민은 열광했다. 폼페이우스는 기원전 61년 화려한 개선식과 함께 로마로 돌아왔다.

소신과 타협의 조화, 청년 카이사르 로마 권력을 잡다

술라 시절로 다시 돌아가 보자. 당시 술라의 살생부에는 가이우스 율리우스 카이사르(기원전 100~44년)라는 이름이 적혀있었다. 이름이 가이우스이고, 율리우스와 카이사르는 성姓이다. 성이 두 개인 셈이다. 카이사르는 그가 속한 큰 가문을 나타내는 것이고, 율리우스는 그 안에 속한 작은 가문을 나타낸다. 귀족이 이처럼 여러 개의 가문을 본명에 올리는 것은 당시 흔한 일이었다.

종종 카이사르를 줄리어스 시저라고도 한다. 이름인 가이우스를 빼고 두 개의 성만 영어식으로 표기한 것이다. 이 가운데 시저Caesar는 여러 나라에서 갖다 쓰는 바람에 '보통명사'가 됐다. 독일에서는 카이저Kaiser라고 불렀고, 러시아에서는 차르Czar라고 했다. 그 뜻은 다름 아닌 '황제'다. 국적을 불문하고 제왕들에게 카이사르는 절대 권력의 상징으로 받아들여졌음을 알 수 있는 대목이다. 쉽게 말해, 서양에서 황제의 출발점이 바로 카이사르였다는 이야기다.

이처럼 후대의 제왕들에게 추앙을 받는 존재이지만 정작 카이사르는 황제가 되지 못했다. 그런데도 그는 절대 황제로 받아들여진다. 왜 그럴까? '로마 제국'의 역사가 실제로는 그에게서 비롯되었기 때문이다. 로마 제국의 역사를 거론하면서 카이사르를 뺀다면 핵심 없는 사변에 불과하다.

또 한 가지 알아둘 점이 있다. 오늘날 수많은 역사서와 소설, 영화, 게임 등이 카이사르를 소재로 하고 있다. 기업 경영자들의 리더십을 다룰 때도 카이사르는 단연 분석 대상 1호로 손꼽힌다. 그 이유는 명백하다.

● 율리우스 카이사르
(Gaius Julius Caesar)
폼페이우스, 크라수스와의
삼두정치를 통해 집정관
자리에 올라 로마 제국을
대대적으로 개혁했다.

그의 삶 전 과정에 우리가 리더십이라 부르는 모든 요소들이 골고루 들어있기 때문이다. 카이사르의 삶 자체가 리더십의 '보고寶庫'인 셈이다.

카이사르는 전통적인 귀족 가문 출신이었다. 그러나 어린 시절이 그리 행복하지는 않았다. 카이사르가 16세 때 아버지가 세상을 떠났다. 졸지에 가장이 된 카이사르. 그래도 의지할 곳이 없지는 않았다. 바로 고모부인 마리우스였다.

마리우스는 평민파의 거두였다. 나아가 카이사르는 또 평민파의 또 다른 거두 킨나의 딸과 결혼했다. 원래 카이사르의 가문은 귀족파에 속했지만 이제 사정이 달라졌다. 이후 카이사르는 사실상 평민파로 분류된다.

기원전 83년 평민파를 몰아내고 권력을 잡은 술라는 살생부를 작성했다. 카이사르도 그 명부에 속해있었다. 카이사르는 다행히 어리다는 이유로 숙청을 면할 수 있었다. 그 대신 술라는 킨나의 딸과 이혼할 것을 요구했다. 카이사르는 이를 거부하고 외국으로 도망갔다.

망명 생활 중 카이사르는 소아시아의 로마군대에 입대해 공을 세우기도 했다. 그러나 술라가 있는 한 본국으로 돌아올 수는 없었다. 이 망명 생활은 78년 술라가 사망하면서 끝이 났다.

로마로 돌아온 카이사르는 정치 입문 절차를 밟기 시작했다. 23세의 야심만만한 이 젊은이는 변호사 개업을 했다. 많은 소송에서 승소하면 민회와 백성들의 주목을 받을 수 있기 때문이다. 그러나 이 계획은 실패로 돌아갔다. 카이사르는 술라 파 거물의 부정부패를 공격했지만 패소하고 말았다. 암살의 위협까지 당했다.

결국 기원전 75년 카이사르는 다시 로마를 떠났다. 물론 이번에는 단순 도피가 아니었다. 제대로 정치를 하기 위한 준비 작업이었다. 웅변술을 배우기 위한 해외 유학이었다. 당대 최고의 웅변가들이 있는 로도스 섬이 목적지였다. 문제가 생겼다. 섬으로 가던 그의 배가 해적에게 나포된 것이다. 카이사르는 기죽지 않았다. 해적이 몸값으로 20달란트를 요구하자, 코웃음을 치며 액수를 50달란트로 올렸다. 그 대신 나중에 반드시 복수할 거라는 말을 덧붙였다. 인질이 이처럼 거만할 수 있을까? 해적들은 어이가 없었다.

해적들은 몸값을 받고 바다로 돌아갔다. 카이사르는 당초 '약속'대로 용병을 모아 해적을 추적해 붙잡았다. 카이사르는 해적들을 노예로 팔자는 소아시아 총독의 제안을 거절하고 모두 십자가에 매달아 죽였다. 카이사르의 배짱과 자기 소신을 굽히지 않는 성격을 엿볼 수 있는 대목이다.

3년 후 카이사르는 유학을 끝내고 로마로 돌아왔다. 이후 그는 정치에 입문했다. 마침내 기원전 69년 재무관(콰이스토르)에 선출됐다. 30대 초반에 그토록 원하던 정계 입문의 꿈을 이룬 것이다. 카이사르는 본격적으로 목소리를 내기 시작했다.

바로 그해, 아내 코르넬리아와 고모(마리우스의 미망인) 율리아가 세상을 떠났다. 장례식이 열렸다. 발언권을 얻은 카이사르는 고모부인 마리우스를 찬양하고, 그의 석상을 전시했다. 이는 원로원의 술라 파 귀족을 자극하는 행위였다. 그러나 카이사르는 개의치 않았다.

기원전 67년 시설을 관리하고 행사를 주관하는 조영관(아에딜리스)에 선출된 후에는 술라가 파괴했던 마리우스의 승전 기념탑을 복원했다. 원로원과 술라 파에 대한 도발이었다. 그들은 카이사르를 경계하기 시작했다. 반면 민중은 카이사르에 열광했다.

그 후로도 정치인 카이사르는 승승장구했다. 기원전 63년 대신관(폰티펙스 막시무스)에 선출됐고, 그다음 해에는 법무관(프라이토르)이 됐다. 법무관은 집정관(콘술)에 이은 이인자 자리다. 그야말로 승승장구, 고속 승진을 거듭한 셈이다.

기원전 61년, 카이사르는 법무관 임기를 끝내고 전직 법무관 자격으로 에스파냐 속주 총독으로 부임했다. 예상치 못한 일이 터졌다. 그에게 돈을 빌려준 사람들이 몰려와 돈을 갚으라고 독촉한 것이다. 이때 카이사르를 도운 인물이 바로 크라수스다. 크라수스는 카이사르의 빚을 대신 갚아주거나 보증을 서겠다고 했다. 경제적 후원자를 자처한 셈이다. 이때의 인연으로 둘은 훗날 제1차 삼두정치로 만나게 된다.

사실 카이사르가 에스파냐 속주 총독으로 부임한 것은 어쩔 수 없는 선택이기도 했다. 법무관을 내놓으면 신분은 일반 시민이 된다. 카이사르는 빚더미에 올라 있었다. 이런 카이사르를 정적들이 그냥 두겠는가? 그러나 위기는 기회가 되기도 한다. 에스파냐에서 카이사르는 여러 부족을 정복하는 등 맹활약을 했다. 덕분에 그는 군대에서 '임페라토르(최고 군사령관)'라는 칭호를 받기도 했다.

이제 30대 중반까지의 카이사르를 되짚어보자. 그는 분명 영웅의 자질을 갖추고 있었다. 감춰도 드러날 수밖에 없는 낭중지추囊中之錐였다. 자신의 소신을 밀어붙이는 모습이 특히 돋보인다. 바로 여기에 카이사르로부터 배울 첫 번째 리더십이 있다. 그것은 바로 '불의와 타협하지 않는 강한 소신'이다.

많은 사람들이 목적을 달성하기 위해 경쟁자와 타협한다. 물론 이런 타협과 제휴는 중요한 리더십 가운데 하나다. 그러나 경쟁자와 타도해야 할 적敵을 같이 봐서는 안 된다. 카이사르에게 술라 파와 원로원의 귀족은 타도해야 할 대상이다. 그들과의 타협은 야합에 더 가깝다.

바로 이 때문에 카이사르는 아내를 버리라는 술라의 지시를 이행하지 않고 망명을 택했다. 해적에 잡혔을 때도 배짱으로 밀고 나갔다. 원로원이 두 눈을 뜨고 지켜보고 있는데도, 평민파 우상인 마리우스의 명예회복을 시도했다. 이 모든 행동은 소신이 없으면 불가능하다. 그 결과 카이사르는 귀족들의 '확실한' 적이 됐다. 많은 적이 생긴 셈이다.

그러나 이득도 있었다. 귀족의 지지를 잃은 대신 광범위한 민중의 지지를 얻게 된 것이다. 굳이 따지자면 소신의 리더십은 카이사르에게 정치 발판을 만들어줬다고 할 수 있다.

어쨌든 기원전 60년 카이사르는 로마로 돌아왔다. 당시 로마의 최고 권력자는 집정관이다. 이인자인 법무관을 지낸 바 있으니 카이사르가 집정관을 노리는 것은 당연하다. 집정관은 민회에서 선출하며 임기는 1년으로 매년 두 명을 뽑았다.

원로원은 여전히 카이사르를 경계하고 있었다. 카이사르는 자신의 힘만으로는 집정관이 될 수 없다는 사실을 깨달았다. 파트너를 물색했다. 로마 시민의 인기를 한몸에 받고 있으며 정치적 영향력이 커 보수적인 원로원도 함부로 할 수 없는 인물, 바로 폼페이우스가 파트너로서는 최고의 적임자였다.

이 무렵 폼페이우스는 로마에서 단연 최고의 영웅이었다. 그는 술라의 부관 출신이었지만 평민파로 노선을 바꾼 상태였다. 카이사르가 제휴를 맺지 않을 이유가 없는 것이다. 카이사르는 폼페이우스에게 접근했다.

사실 폼페이우스도 동반자가 필요한 상황이었다. 그는 거대한 군대를 거느리고 있었다. 병사들의 충성심을 유지하려면 충분한 보상이 있어야 한다. 당시에는 토지가 가장 좋은 보상이었다. 폼페이우스는 은퇴한 자신의 부하들에게 동방 지역에 새로 개척한 농지를 주려 했다. 그러나 원로원의 반대로 뜻을 이루지 못하고 있었다. 카이사르가 자신의 숙제를 대신 해준다면 제휴를 마다할 이유가 있겠는가.

카이사르와 폼페이우스의 동맹이 성립됐다! 원하는 바를 이뤘지만 카이사르의 머리는 더 복잡해졌다. 대중적 인지도와 정치적 영향력 모두 카이사르는 폼페이우스에 뒤지는 상황이었다. 설사 집정관이 된다 한들 폼페이우스의 꼭두각시가 되지 않는다는 보장이 없지 않은가.

카이사르는 제3의 인물을 끌어들였다. 바로 카이사르가 에스파냐 총독으로 부임하기 전부터 경제적 후원을 해왔던 인물, 크라수스였다. 크라수스는 상당한 부호였지만 정치적 영향력은 그다지 크지 않았다. 만약 크라수스의 정치적 영향력이 컸다면 카이사르가 굳이 폼페이우스에게 손을 내밀지 않았을지도 모른다.

큰 그림은 모두 그렸다. 문제는, 크라수스와 폼페이우스가 기원전 70년 함께 집정관을 지낸 후부터 사이가 나빠졌다는 데 있었다. 그들은 앙숙을 넘어 적대적이었다. 아니나 다를까, 폼페이우스는 크라수스를 동맹에 끌어들이는 것을 좋아하지 않았다. 이 대목에서 카이사르의 또 다른 리더십이 빛을 냈다. 바로 타협과 설득의 리더십이다.

카이사르는 든든한 경제적 배경이 있어야 뜻을 이룰 수 있다며 폼페이우스를 설득했다. 폼페이우스는 카이사르의 설득에 넘어가고 말았다. 이제 세 명의 전략적 제휴가 성사됐다. 동맹을 확고히 하기 위해 카이사르는 자신의 딸 율리아를 폼페이우스에게 시집보냈다. 이로써 제1차 삼두정치가 시작됐다. 카이사르 나이 40세 때의 일이다.

카이사르의 입장에서 보면 삼두정치는 정치 거물과 경제 거물을 오른팔, 왼팔로 끌어들인 작품이다. 카이사르가 초보 정치인은 아니지만, 그래도 이런 조합을 탄생시키기는 쉽지 않다. 카이사르로서는 큰 성과를 얻은 셈이다. 결국 제1차 삼두정치는 카이사르의 설득과 타협의 리더십이 극대화된 작품이라고 할 수 있다. 카이사르는 두 사람에게 명백한 비전을 제시했다.

"로마의 낡은 정치를 개혁하려면 민중 위주의 공공사업을 펼쳐야 한다. 그렇게 하려면 돈이 많이 필요하다. 그러나 돈만 있다 해서 개혁이 완성되는 것은 아니다. 정치적 영향력이 커야 입법 싸움에서 승리할 수 있다."

어떤 학자들은 이 삼두정치를 밀실정치와 야합의 상징이라고 말한다. 그러나 꼭 그렇게 볼 수만은 없다. 무엇보다 당시 로마 상황을 감안하면 선택의 여지가 없었다는 걸 알 수 있다.

로마가 강대국으로 성장한 것은 분명 공화정 체제의 덕이었다. 독재자가 설 땅이 없었고, 모든 시민이 똘똘 뭉쳐 로마를 키웠다. 그러나 이 무렵 로마 공화정 체제는 사형선고를 받은 말기 암 환자와 비슷했다. 원로원을 중심으로 한 보수파와 민중파의 대립은 벌써 100년 넘게 계속되고 있었다. 건전했던 시민 의식도 퇴색한 지 오래였다. 이런 식의 공화정 체제로는 로마의 번영은 고사하고, 광활한 영토를 통치하는 것조차 불가능했다.

카이사르는 강력한 지배자가 등장해 시스템을 뜯어고쳐야 한다고 생각하고 있었다. 그 마음은 단순한 권력욕이 아니었다. 카이사르는 그 개혁을 자신에게 주어진 역사적 사명이라고 믿고 있었다. 이런 점 때문에 제1차 삼두정치는 공동의 목표 달성을 위한 전략적 타협이라고 보는 게 타당하다.

기원전 59년 선거가 치러졌다. 보수파도 이 세 명의 연합에 맞섰다. 힘겨운 싸움 끝에 마침내 카이사르는 집정관에 당선됐다. 또 한 명의 집정관 비블루스는 보수파였지만 카이사르는 개의치 않았다. 대대적인 개혁을 시작했다.

카이사르는 빈민들에게 공유지를 나눠주는 법안을 상정했다. 보수파의 반발은 거셌다. 그러자 폼페이우스의 병사들이 무력 시위를 벌였다. 카이사르는 무장 병사들을 시켜 반대파를 회의장 밖으로 쫓아내 버렸다. 마침내 법안은 통과됐다. 귀족들은 기원전 59년을 "율리우스와 카이사르가 집정관을 지낸 해다"라고 비아냥거렸다. 그러나 빈민과 민중들 사이에서 카이사르의 인기는 더욱 높아졌다.

집정관 임기가 끝나자 위기가 닥쳤다. 카이사르를 벼르던 반대파가 기소하려는 움직임을 보인 것이다. 게다가 반대파는 집정관 임기가 끝나면 속주 총독으로 발령을 내는 관행도 깨려 했다. 위협적인 카이사르의 손과 발을 묶으려는 속셈이었다. 다행히 폼페이우스의 도움으로 이 위기를 넘길 수 있었다. 카이사르는 전임 집정관 자격으로 갈리아의 카살피나 속주와 일리리쿰 총독으로 떠났다. 이 지역은 오늘날의 이탈리아 북부와 발칸반도 서쪽에 해당한다.

갈리아 전쟁에서 빛을 발한 카이사르의 리더십

당시 갈리아 지방의 중부와 남부는 로마의 속주에 속해있었다. 그러나 북부는 로마의 영향력 밖에 있었다. 카이사르가 부임한 곳은 군사적 충돌이 언제든지 발생할 수 있는 위험천만한 지역이었다. 물론 위험이 큰 만큼 얻는 열매도 많다. 군사원정에 성공할 경우 막대한 전리품을 챙길 수 있다.

갈리아의 여러 부족들은 이해관계에 따라 친親 로마와 반反 로마로 갈려 있었다. 부족 간의 대립도 심했다. 이 갈리아 부족들 간의 갈등이 전쟁의 계기가 됐다. 바로 그 유명한 갈리아 전쟁(기원전 58~51년)이다.

카이사르는 총독으로 부임한 이후 갈리아 전쟁의 전 과정을 지휘했다. 또한 『갈리아 전기』를 집필해 당시 상황을 기록으로 남겼다. 아무래도 카이사르 자신에게 유리한 쪽으로 기록했으리라. 그래도 이 『갈리아 전기』는 로마 시민을 열광하게 했다. 카이사르는 민중의 영웅으로 부상했다. 더불어 이 전쟁에서 최종 승리함으로써 로마의 영토를 서유럽 일대로 확장시켰다. 숨어있던 서유럽을 문명 세계로 끄집어낸 것이다. 이때부터 서유럽은 우수한 로마 문명을 받아들였고, 그 결과 훗날 유럽의 중심 자리를 차지하게 된다.

갈리아 전쟁을 수행하면서 카이사르의 리더십은 폭발적으로 나타난다. 이 리더십을 탐색하기 전에, 우선 갈리아 전쟁이 어떻게 시작됐는지부터 알아보자.

카이사르가 총독으로 부임하고 얼마 지나지 않은 시점이었다. 로마에 우호적인 갈리아의 한 부족이 다른 부족과의 전투에서 패한 뒤 도움을 요청해왔다. 다른 총독이었다면 어떻게 대처했을까? 귀찮아했을 수도 있고, 부하들을 시켜 대충 무마한 뒤 전리품을 요구했을 수도 있다. 그러나 카이사르는 달랐다. 그는 더 큰 그림을 그렸다. 혹시 이 작은 분쟁에 개입함으로써 갈리아 전역으로 전선을 확대할 수 있지 않을까? 그렇다면 갈리아 정복도 가능하다!

카이사르는 즉시 지원군을 보내 적을 몰아냈다. 그러나 로마군은 철수하지 않고 우호적인 갈리아 부족 진영에 남았다. 겨울이 되자 오히려 군대를 늘렸다. 로마에 적대적인 갈리아 부족들도 긴장하며 무장을 강화했다.

어쩌면 로마 병사들은 '야만족'의 내부 싸움에 개입해 위험해졌다며 볼멘소리를 냈을지도 모르겠다. 그러나 카이사르는 태연했다. 속으로 미소를 지었을 수도 있다. 애초에 의도했던 대로 흘러가고 있지 않은가. 카이사르는 군대를 보내 부족들을 하나씩 정복해나가기 시작했다. 기원전 56년 무렵, 카이사르는 북쪽으로는 오늘날의 벨기에와 프랑스 북부, 서쪽으로는 대서양 연안까지 영토를 늘렸다. 갈리아 지방의 대부분을 정복한 것이다.

바로 이 무렵 카이사르는 폼페이우스와 크라수스를 설득해 자신이 있는 키살피나의 루카로 불러들였다. 삼두정치의 후속 작업을 논의하기 위해서였다.

당시 로마 상황은 매우 안 좋았다. 공화정 말기 증상은 극도로 심해졌다. 카이사르는 그런 로마로 돌아가면 정치 생명이 위태로울 수 있다고 판단했다. 그렇다면 속주에 남아야 한다! 그는 속주 총독 임기를 늘리기 위해 두 명을 불러들인 것이다. 세 명은 이를 논의해 임기를 5년 더 늘리기로 합의했다. 크라수스와 폼페이우스는 다시 공동 집정관에 출마하기로 했다. 집정관을 끝내면 크라수스는 시리아, 폼페이우스는 스페인 속주 총독을 맡기로 했다. 이로써 꺼져가는 듯했던 삼두정치가 다시 살아났다.

이어 카이사르의 '북방 원정'이 재개됐다. 기원전 55년부터 라인 강을 넘어 게르만족의 땅(게르마니아)까지 진격한 것이다.

게르만족 원정 당시 카이사르는 북해를 건너 영국(브리타니아)으로 진격하기도 했다. 그러나 더 이상 앞으로 나아가지는 못했다. 때마침 겨울이 찾아왔기 때문이다. 영국 정복을 눈앞에 두고 물러나야 하는 카이사르의 마음은 착잡했을 것이다. 그러나 그는 무모한 인물이 아니었다.

갈리아로 돌아온 그는 봄을 준비하며 군대를 양성했다. 기원전 54년, 봄이 되자 대군을 이끌고 다시 북진했다. 2차 게르만 원정이 시작됐다. 이 원정에서도 카이사르는 게르만족을 완전히 복속시키지는 못했다. 다만 영국에서의 성과는 컸다. 그의 군대가 내륙 지방을 거쳐 북상했고, 오늘날의 스코틀랜드 어귀까지 진격했다. 이때를 기점으로 영국이 유럽의 일원으로 편입되면서 세상에 알려지게 됐다.

카이사르가 브리타니아에서 전쟁을 지휘하고 있을 때, 로마 본국에서 슬픈 소식이 들려왔다. 폼페이우스에게 시집간 딸 율리아가 출산 도중 죽었다는 것이다. 딸을 잃은 슬픔도 잠시, 카이사르는 삼두정치의 붕괴를 우려했다. 카이사르는 이미 다른 남자에게 시집간 조카딸 옥타비아를 이혼시키고, 폼페이우스에게 보내려 했다.

오늘날의 기준으로 보면 카이사르의 이런 행동은 실로 야비하기까지 하다. 그러나 당시 기준으로 보면 그런 식의 비난은 타당하지 않다. 귀족들의 정략결혼은 상당히 일반화된 관행이었다. 어쨌든 카이사르는 삼두정치를 이어가려 끝까지 최선을 다했다. 그러나 상황은 그의 바람대로 돌아가지 않았다.

일단 폼페이우스는 카이사르의 조카딸을 받아들이지 않았다. 게다가 삼두정치의 한 축이었던 크라수스가 기원전 53년 동방의 파르티아와의 전투 도중 사망했다. 폼페이우스가 노선을 바꿨다. 폼페이우스는 원로원과 손을 잡았다. 이제 권력을 나눌 필요가 없어졌다. 카이사르를 버렸다. 배신이다. 폼페이우스는 비상시국을 헤쳐 나갈 1인 집정관에 올랐다. 로마 제국의 계엄사령관이 된 것이다. 결국 삼두정치는 파산했다. 이제 권력은 폼페이우스에게 집중됐다.

이 무렵 카이사르는 갈리아인들의 반란에 직면해 어려운 시기를 보내고 있었다.

갈리아인들은 기원전 54년부터 산발적으로 반란을 일으켰다. 그리고 기원전 52년, 마침내 최후의 대규모 반란이 터졌다. 반란의 지도자는 베르킨게토릭스. 그는 갈리아의 영웅이었다. 반란이라기보다는 전쟁이란 말이 더 어울렸다. 베르킨게토릭스는 갈리아의 여러 부족을 통합해 로마에 맞섰다.

갈리아 전투력은 상당한 수준이었다. 카이사르는 전투에서 여러 차례 패하는 등 고전을 면치 못했다. 그러나 카이사르는 역전의 명수였다. 이듬해 베르킨게토릭스를 사로잡고 갈리아 전쟁을 끝냈다. 베르킨게토릭스는 로마로 이송돼 처형됐다. 이로써 갈리아 전역이 평정됐다.

로마가 갈리아 전쟁에서 승리를 거둘 수 있었던 것은 카이사르가 있었기 때문이다. 만약 갈리아 총독이 다른 인물이었다면 로마는 결코 전쟁에서 승리할 수 없었다. 카이사르는 큰 그림을 그릴 줄 알았다. 정세를 잘 읽어내는 탁월한 감각과 사령관으로서의 뛰어난 역량도 승리의 원동력이었다. 갈리아 전쟁 기간에 드러난 카이사르의 리더십을 세 가지로 요약할 수 있다.

첫째, 카이사르는 군사령관으로서 솔선수범의 리더십을 보여줬다. 카이사르가 참전한 전투에서는 어김없이 그의 붉은 망토가 휘날렸다. 그가 전투를 진두지휘하면 병사들의 사기는 하늘을 찔렀다. 카이사르는 부장副將들의 이름을 크게 부르면서 전투를 독려하기도 했다. 뒤로 빠지는 법도 없었다. 전세가 불리하다 싶으면 직접 칼과 방패를 들고 적진으로 달려들었다.

전쟁터는 목숨이 순식간에 날아가는 위험한 곳이다. 그렇기 때문에 사령관은 뒤로 빠져 보신을 꾀하는 게 보통이다. 그러나 카이사르는 후미에 서지 않았다. 이런 군대라면 병사들의 사기는 충만할 수밖에 없다. 로마 병사 9,000여 명이 전멸당하고, 카이사르 자신도 죽을 뻔한 전투도 있었지만 압승을 거둔 전투가 더 많았던 것도 이 때문이다. 베르킨게토릭스는 30만 명이 넘는 대군을 일으켰지만 로마군단에 패했다.

위기의 순간, 뒤로 한 발짝 물러나는 지도자는 존경을 받지 못한다. 카이사르는 그 점을 정확하게 인식하고 있었다.

둘째, 카이사르는 비전을 제시할 줄 아는 지도자였다.

로마 병사들에게 갈리아 북쪽의 게르만족은 야만인이자 두려운 존재였다. 그들은 신체 골격도 로마인보다 훨씬 굵고 컸다. 기원전 58년, 그들과 첫 전투를 앞두고 로마 병사들은 상당한 심적 압박을 느끼고 있었다. 바로 그때 카이사르가 승리 비전을 제시하는 연설을 했다. 웅변가로서의 타고난 자질이 큰 도움이 됐다.

"우리는 최강 로마군단이다. 우리는 갈리아인들을 굴복시켰다. 게르만인은 그 갈리아인에게도 이기지 못한 민족이다. 난 새벽에 출정한다. 여러분 가운데 아무도 나를 따라오지 않더라도 난 승리를 위해 전쟁터로 간다."

승리를 확신하는 그의 연설에 부관들은 기운을 되찾았다. 부관들은 카이사르에게 승리를 바치기 위해 자신의 부대를 독려했다. 승리의 주역이 되려는 부대 간의 경쟁이 치열했다. 이 전투는 결국 로마의 대승으로 끝났다.

셋째, 카이사르는 병사들을 진심으로 대함으로써 확고한 신뢰를 얻었다. 신뢰의 리더십이다. 카이사르는 자칫 부하들을 잃을 수 있는 상황이 되면 전투를 벌이지 않았다. 부하들이 전투를 원하더라도 카이사르는 그럴 수 없다며 말렸다. 당시 로마 병사들은 카이사르와 함께 출전하는 것을 큰 영광으로 여겼다. 카이사르에게 승리를 바치기 위해 목숨까지 기꺼이 바쳤다.

카이사르에게 잘 보이려고 병사들이 충성한 것은 아니었다. 여러 부대로 나뉘어 전투를 치를 때의 풍경에서 이를 잘 알 수 있다. 부장들은 "카이사르 사령관이 우리를 지켜보고 있다!"라며 병사들을 독려했다. 카이사르의 이름을 듣는 순간 병사들은 젖 먹은 힘까지 총동원해 적을 격파했다. 마음에서 우러나오는 신뢰가 없으면 불가능한 일이다.

카이사르는 정복한 갈리아인들도 아군으로 끌어들였다. 복속한 부족에 대해서는 자치권을 줬다. 그들이 농사를 지을 수 있도록 농사 기법도 전파했다. 그 결과 많은 갈리아인들이 카이사르를 신뢰하기 시작했다.

확고한 결단이 성공을 만든다

갈리아 전쟁을 승리로 이끈 직후인 기원전 50년, 원로원이 카이사르의 귀환을 명했다. 속주 총독 임기가 만료됐기 때문에 이 명령이 부당한 것은 아니었다. 문제는 원로원의 배후에 폼페이우스가 있는 것이었다. 카이사르에게 최대의 위기가 찾아왔다.

원로원의 명령을 이행하려면 군대를 해산하고 혈혈단신으로 귀환해야 한다. 그러나 혼자 귀환하면 당장 폼페이우스의 먹잇감이 될 게 뻔하다. 그렇다고 군대를 이끌고 귀환할 수도 없다. 그 경우 쿠데타로 간주하기 때문이다. 카이사르는 임기 연장을 요청했다. 거절당했다. 그러자 집정관 출마를 타진했다. 부재중인 상태에서 입후보하려는 의도였다. 원로원은 이도 불허했다. 카이사르는 폼페이우스와 자신의 군대를 동시에 해산하자고 제안했다. 이 역시 받아들여지지 않았다.

그럼 어떻게 해야 할까? 카이사르의 고민이 길어졌다. 그 순간에도 원로원은 당장 명령에 응하라고 독촉했다. 카이사르는 즉각 답변하지 않고 시간을 끌었다. 폼페이우스는 카이사르를 반역과 불복종 혐의로 고발했다. 카이사르의 심복이자 당시 호민관이었던 안토니우스가 부당하다고 항의했지만 소용이 없었다.

이 사실이 알려지자 카이사르의 부장들이 분노했다. 그토록 로마를 위해 헌신했는데, 배신자 낙인을 찍다니! 부장들은 카이사르에게 로마로 귀환하지 말라고 조언했다. 카이사르도 마음을 굳혔다.

기원전 49년 1월 10일, 카이사르와 한 개의 군단이 이탈리아의 북방 경계선인 루비콘 강을 건넜다. 카이사르는 이런 말을 남겼다. "주사위는 던져졌다."

원로원과 폼페이우스는 카이사르 군대의 용맹을 익히 알고 있었다. 군대의 규모는 폼페이우스가 더 컸지만 용맹함은 카이사르 군대를 따를 수 없었다. 게다가 카이사르는 민중의 폭넓은 지지를 받고 있었다. 로마로 진격하는 사이에 많은 도시들이 카이사르에게 항복했다. 폼페이우스는 그런 카이사르와 맞서 싸운다는 것은 무모하다고 생각했다.

결국 원로원 귀족들과 함께 해외로 도주하는 길을 택했다.

로마에 무혈 입성한 카이사르는 서두르지 않았다. 폼페이우스가 달아난 그리스로 진격하지 않았다. 그 대신 폼페이우스의 근거지인 스페인을 공략하기로 했다. 양분을 제거해버리면 식물은 자랄 수 없는 법이다.

카이사르 군대는 손쉽게 스페인을 공략했다. 비로소 폼페이우스가 있는 그리스로 출격했다. 썩어도 준치라 했던가. 폼페이우스 군대가 디라키움(지금의 알바니아)의 첫 전투에서 카이사르의 군대를 대파했다. 그러나 곧 전열을 정비한 카이사르는 기원전 48년 파르살루스(지금의 그리스 테살리아) 전투에서 멋있게 복수했다. 카이사르의 대승이었다.

폼페이우스는 이집트 알렉산드리아로 다시 피신했다. 폼페이우스의 마지막 도주였다. 그곳에서 폼페이우스는 이집트의 왕 프톨레마이오스 13세의 사주로 암살됐다. 폼페이우스의 머리가 카이사르에게 전달됐다. 카이사르는 폼페이우스의 머리를 보면서 눈물을 흘렸다.

카이사르는 프톨레마이오스 13세 왕과, 그의 누나인 클레오파트라 7세의 왕권 다툼에도 개입했다. 클레오파트라는 상당한 미인이었고, 타고난 정치인이었다. 그녀는 카이사르에게 접근했다. 밀월. 카이사르는 클레오파트라를 지지했다. 기원전 47년, 카이사르는 나일 강에서 프톨레마이오스의 군대를 격파했다. 카이사르는 자신을 대신해 클레오파트라를 이집트의 지배자로 임명했다.

카이사르는 클레오파트라에 흠뻑 빠졌다. 클레오파트라가 로마 시민이었으면 아마도 즉시 부인으로 맞았을 것이다. 그러나 로마법은 로마 시민이 아닌 사람과의 결혼을 허락하지 않았다. 그래도 카이사르는 사랑을 이어나갔다. 때로는 카이사르가 이집트로 갔고, 때로는 클레오파트라가 로마로 건너왔다. 이들의 애정 행각을 로마인들은 달가워하지 않았다.

클레오파트라를 이집트 지배자로 임명한 직후였다. 중동 지역에서 로마와 파르티아 사이에 전투가 벌어졌다. 카이사르는 즉시 출격했다. 전쟁은 순식간에 끝났고, 카이사르는 원로원에 승전보를 보냈다. "왔노라, 보았노라, 이겼노라."

기원전 45년 3월, 카이사르는 마지막까지 저항했던 폼페이우스의 아들을 제거했다. 이로써 지루하게 이어졌던 로마 내전은 종지부를 찍었다.

기원전 44년 2월, 카이사르는 '종신 독재관'에 올랐다. 독재관은 비상시에 국가를 지휘하는 직위. 비록 황제의 칭호는 아니지만 사실상 황제와 다를 바 없는 권력을 얻은 셈이다. 카이사르는 드디어 로마의 일인자가 됐다. 이 자리에 오르기까지 그가 보여준 리더십을 정리해보자.

우선 결단의 리더십이 돋보인다. 원로원과 폼페이우스의 압박이 심할 때로 돌아가 보자. 그는 갈등했다. 반란에 성공하면 꿈을 펼칠 수 있지만, 실패하면 반역자가 된다. 이미 쇠락할 대로 쇠락한 로마 공화정을 유지해야 할 것인가. 귀족과 민중의 갈등을 방치할 것인가. 진정 로마를 위하는 길은 어디에 있는가.

그러나 갈등의 시간은 길지 않았다. 카이사르는 주사위를 던졌다! 결단이 없으면 성공도 없다. 만약 카이사르의 결단이 조금만 늦었더라면 반란은 실패했을 수도 있다. 폼페이우스가 충분히 대비책을 세웠을 테니까.

중요한 사안이 있을 때 신속하게 결단을 내리지 못하고 질질 끄는 지도자들이 의외로 적지 않다. 패착敗着이다. 시간은 생명과도 같음을 카이사르의 리더십에서 배워야 한다.

둘째, 관용의 리더십이다. 이 덕목은 모든 제국의 역사에서 나타난다. 훌륭한 통치자는 관용의 정신을 결코 버리는 법이 없다. 카이사르도 예외가 아니었다.

카이사르의 비판자에게는 폼페이우스의 죽음에 눈물 흘리는 그의 모습이 가증스럽게 비칠 수도 있다. 그러나 대다수에게 그 모습은 인간적이다. 비록 적이라 해도 훌륭한 경쟁 상대에 대한 예의를 갖추지 않았는가.

카이사르가 권력을 장악한 후 그의 부하들은 살생부를 작성했다. 술라의 악몽이 재현되는가. 카이사르는 고개를 저었다. 즉각 살생부를 소각할 것을 명했다.

"전쟁이 터지면 누구든지 어느 한 편에 서야 한다. 패한 측에 섰다고 해서 죄가 될 수는 없다. 그 사람들의 죄가 아니다. 그 사람들을 모두 적으로 몰아붙이면 로마의 평화를 이룰 수 없다."

카이사르는 폼페이우스의 부하들을 받아들였다. 자신을 비판했던 사람이라 해도 능력만 있다면 등용했다. 식민지 백성들에 대해서도 강압 통치를 하지 않았다. 그들의 문화를 존중했다. 관용을 베푸는 지도자에게 등을 돌리는 사람은 없다.

셋째, 카이사르는 시스템의 리더십을 보여줬다. 당장의 성과에 목말라하지 않았다. 장기적인 관점에서 미래를 내다보는 통치를 했다. 그러기 위해 시스템부터 구축했다. 시스템이 구축되면 지도자의 성향에 따라 오락가락하지는 않을 테니까. 법과 제도를 정비한 이유도 바로 법과 제도가 로마의 번영에 꼭 필요한 시스템이기 때문이다.

카이사르가 만든 달력(율리우스력)은 전 유럽에 보급됐다. 1년을 365일로 정하고, 4년마다 하루를 추가해 윤년으로 설정했다. 이 달력은 16세기 후반까지 사용됐다. 1582년 로마 교황 그레고리우스가 이를 바탕으로 수정한 달력(그레고리우스력)이 오늘날 우리가 사용하는 달력이다.

속주 백성들에게도 로마 시민권을 부여했다. 속주와 로마를 연결하는 도로를 건설했다. 대규모 토목 사업을 벌였다. 화폐 개혁에도 착수했다. 로마의 시스템을 구축하는 많은 작업이 이뤄졌다. 카이사르는 미래를 염두에 두고 이 작업을 추진했다.

단 하나의 걸림돌이 남았다. 바로 공화정이라는 그릇이다. 이 그릇으로는 그가 원하는 시스템을 구축할 수 없었다. 그가 원하는 것은 제국의 그릇이었다. 그러나 카이사르는 끝내 황제의 자리에 오르지 못하고 암살당했다. 시스템의 리더십이 성공하지 못한 것일까? 그건 아니다. 비록 그가 황제가 되지는 못했지만, 이미 로마는 제국으로 탈바꿈해있었던 것이다.

넷째, 카이사르는 몸을 낮췄다. 바로 섬김의 리더십이다.

카이사르는 빈농들에게 토지와 식량을 나눠줬다. 귀족들의 특권도 제한했다. 또한 귀족들이 솔선수범해 특권을 내놓도록 유도했다. 귀족들은 더 이상 평민의 재산을 함부로 빼앗거나 마음대로 부릴 수 없게 되었다.

한없이 낮은 데로 임하는 자세다. 이 섬김의 리더십은 평민에게 큰 호응을 얻었다. 그러나 귀족들은 카이사르가 싫었다. 귀족들은 카이사르를 '공화정의 반란자'라며 공세를 강화했다. 아직 로마 시민들은 공화정을 버릴 생각이 없었다. 귀족들은 민중의 정서에 편승해 카이사르를 견제했던 것이다.

카이사르는 로마 시민의 정서를 알고 싶었다. 안토니우스가 아이디어를 냈다. 원형 경기장에서 축제가 열릴 때였다. 카이사르가 입장하자 시민들이 환호성을 질렀다. 이 틈을 노려 안토니우스 일행이 "카이사르 황제 만세!"라고 외쳤다. 이어 미리 준비해둔 황제 관을 카이사르에게 바쳤다. 경기장이 돌연 얼음으로 변했다. 카이사르는 로마 시민들이 황제를 원하지 않는다는 사실을 깨달았다.

그러나 섬김의 리더십은 오래가지 못했다. 귀족들은 이 해프닝을 카이사르를 비판하는 구실로 활용했다. 그들은 "카이사르가 황제가 되려는 야심이 드러났다"라며 민중을 선동했다. 카이사르를 제거하기 위한 음모가 시작된 것이다. 그 암살단에는 카이사르의 양아들 브루투스도 포함되어 있었다.

카이사르는 낌새를 알아차리지 못했다. 로마의 발목을 잡고 있던 동쪽의 파르티아 정벌 계획을 짜느라 여념이 없었다. 기원전 44년 3월 18일에 원정을 떠나기로 확정했다.

카이사르는 오래 자리를 비우면 원로원이 변심할 수 있다고 생각했다. 원로원으로부터 충성 서약을 받아둬야 한다. 원정을 3일 앞둔 3월 15일, 카이사르는 원로원 회의장에 가기 위해 집을 나섰다. 아내가 꿈자리가 뒤숭숭하다고 말렸지만 무시했다. 도중에 한 젊은이가 회의장에 가면 안 된다고 막아섰지만 그 또한 뿌리쳤다.

회의가 시작됐다. 킴베르란 원로원 의원이 추방당한 자신의 형제를 귀환시켜달라고 호소했다. 카이사르는 말도 안 되는 요구라며 거절했다. 킴베르가 칼을 들고 달려들었다. 신호탄이었다. 수십 명의 암살자들이 일제히 달려들었다. 스물세 곳을 찔린 카이사르는 폼페이우스 동상 밑에서 숨을 거뒀다.

카이사르가 암살됐다는 소식이 알려지자 로마가 발칵 뒤집혔다. 그를 추종하는 평민들이 사태 파악을 위해 속속 모여들었다. 그들 앞에 암살파의 일원이자, 카이사르의 양아들인 브루투스가 나섰다.

"카이사르를 존경하지만 로마를 더 사랑합니다. 로마 공화정을 지키려면 황제가 되려는 그를 제거할 수밖에 없었습니다."

섬김의 리더십은 거짓이었는가? 민중들이 분노했다. 그러나 안토니우스가 카이사르의 피 묻은 망토를 보여주며 로마 시민에게 자신의 재산을 나눠주라는 카이사르의 유언을 공개했다. 카이사르의 섬김 리더십은 죽음 이후에도 민중을 감동시킨 것이다. 특히 암살파에 대해 카이사르를 열렬하게 따랐던 중류층과 하류층 평민들의 분노가 컸다. 순식간에 암살파는 역적으로 내몰렸다. 3월 18일에 카이사르는 무덤에 묻혔다. 그러나 마침 내린 큰 비에 무덤마저 쓸려가고 말았다.

아우구스투스 리더십, 제국을 완성하다

암살파를 타도하는 데 가장 큰 공을 세운 인물은 안토니우스였다. 그가 새로운 권력자가 됐을까? 아니다. 그는 끝내 권력을 잡지 못했다. 새로운 인물이 등장했기 때문이다. 바로 가이우스 옥타비아누스. 훗날 '존엄한 사람'이란 뜻의 아우구스투스(기원전 63년~서기 14년)로 불린 인물이다.

아우구스투스는 카이사르의 조카 손자였다. 몰락한 귀족 가문 출신이었다. 4세 때 아버지까지 잃었다. 불행한 어린 시절이었다.

어렸을 때부터 아우구스투스는 총명했다. 카이사르는 그의 후견인이 되어 지원을 아끼지 않았다. 아우구스투스는 16세 때부터 카이사르를 따라 전쟁터를 누볐다. 카이사르가 암살된 그 시점에도 아우구스투스는 해외 병영에 머물고 있었다.

본국에서 날아온 카이사르의 암살 소식은 충격이었다. 더 놀라운 소식은 따로 있었다. 카이사르가 유언장에 아우구스투스를 양자 겸 후계자 서열 1위로 지정한 것이다. 권력 쟁탈전에 뛰어들 명분이 생겼다. 아우구스투스는 즉시 귀국했다. 안토니우스와 함께 카이사르 암살자들을 제거했다. 카이사르를 추앙하던 민중은 '대를 이어' 아우구스투스를 지지했다. 18세의 이 청년은 순식간에 로마 정계의 거물이 됐다.

로마 역사를 말할 때 카이사르를 빼놓는다는 것은 상상할 수도 없다. 마찬가지로 카이사르를 거론할 때 아우구스투스를 빼놓을 수도 없다. 카이사르는 제국의 문을 열었고, 아우구스투스는 그 기반 위에서 실제 제국을 건설했다. 이 때문에 어떤 학자들은 재주는 카이사르가 넘고, 돈은 아우구스투스가 벌어들인 격이라고 말하기도 한다. 그러나 꼭 맞는 해석은 아닌 것 같다. 카이사르가 탁월한 것은 사실이지만, 그에 못지않게 아우구스투스의 리더십도 뛰어났기 때문이다. 카이사르의 후광에만 편승해 황제가 된 것은 아니라는 얘기다.

아우구스투스는 선배인 카이사르의 리더십을 재현했다. 치밀한 준비와 타협으로 기원전 43년 안토니우스, 레피두스와 함께 제2차 삼두정치를 시작했다. 이 세 명의 인물은 모두 카이사르의 측근들이었다.

아우구스투스(Augustus) 가이우스 옥타비아누스. 로마 시대의 초대 황제가 되어 세상에서 가장 존엄한 자를 뜻하는 아우구스투스로 불렸다.

제2차 삼두정치는 1차 때와 비슷하게 전개됐다. 아우구스투스가 카이사르가 지배했던 서방 세계를 물려받았고, 안토니우스는 오리엔트 지역, 레피두스는 아프리카 지역을 차지했다. 그러나 불안한 제휴였다. 결국 1차 때와 마찬가지로 이번에도 내전으로 변하고 말았다. 가장 먼저 레피두스가 나가떨어졌다. 카이사르와 폼페이우스가 양자 대결을 벌였던 것처럼 아우구스투스와 안토니우스가 일인자 자리를 놓고 치열하게 싸웠다. 공교롭게 최후의 전투가 치러진 곳도 폼페이우스가 최후를 맞은 이집트였다.

기원전 31년, 아우구스투스는 안토니우스에게 선전포고를 했다. 당시 안토니우스는 한때 카이사르의 여인이었던 클레오파트라와 살림을 차린 상태였다. 클레오파트라는 '남편'이나 다름없는 안토니우스와 연합군을 결성했다.

그리스 북서부 악티움에서 전투가 벌어졌다. 아우구스투스의 승리였다. 안토니우스와 클레오파트라는 이집트로 피신했다. 그곳에서 연인은 자결했다. 여왕이 사라진 이집트 프톨레마이오스 왕국은 아우구스투스가 차지했다.

이제 아우구스투스는 로마의 일인자로 등극했다. 그러나 그는 거만하지 않았다. 카이사르가 그랬던 것처럼 아우구스투스도 관용 리더십을 보여줬다. 아니, 오히려 더 세련되게 관용 리더십을 구사했다. 리더십은 발전하는 법이다.

최대 정적이었던 안토니우스가 자결한 이후의 처리 과정에서도 관용의 정신이 보인다. 안토니우스가 죽자 클레오파트라는 스스로 뱀에게 물려 죽었다. 사실 안토니우스는 상관이었던 카이사르의 연인을 취했다고 할 수 있다. 카이사르의 공식 후계자인 아우구스투스로서는 그런 안토니우스가 괘씸할 수도 있다. 그러나 아우구스투스는 안토니우스와 클레오파트라를 부부처럼 합장해줬다. 둘 사이에서 태어난 자식들도 거둬들였다. 그뿐 아니라 그 아이들이 성장할 때까지 후견인 역할을 했으며 성장한 후에는 관직을 주기까지 했다.

아우구스투스는 식민지가 된 이집트를 착취하지도 않았다. 오히려 이집트를 발전시키기 위한 투자를 아끼지 않았다. 관개 시설을 정비해 농업 생산량을 늘리기도 했다. 이집트 백성들은 쌍수를 들어 아우구스투스를 맞았다. 관용을 원칙으로 한 이 식민지 정책은 향후 아우구스투스의 기본방향으로 자리매김했다. 덕분에 다른 속주들도 반란에 대한 미련을 훌훌 털었다. 아우구스투스에게 충성 서약을 하는 속주가 늘어났다.

기원전 29년, 원로원은 아우구스투스에게 '제1시민'이란 뜻의 프린켑스princeps 칭호를 내렸다. 원로원도 그를 일인자로 공식 인정한 것이다. 아우구스투스는 카이사르보다 한걸음 더 나아갔다. 겸손과 겸양으로 일관했다. 몸을 낮췄다.

아우구스투스는 "로마 공화정으로 복귀한다!"라고 선포했다. 더불어 정치 권력도 원로원에게 돌려주겠다고 했다. 아우구스투스 자신은 공화정을 파괴할 생각이 추호도 없다고 선언했다. 그런 아우구스투스를 보면서 원로원은 마음을 놓았다.

아우구스투스의 이 모든 행동은 철저히 계산된 것이었으리라. 몸을 낮춤으로써 최대의 정치적 이익을 얻으려는 제스처였다. 그는 이미 모든 권력을 장악하고 있었다. 권력을 내려놓고, 공화정으로 복귀하겠다는 그의 선언을 액면 그대로 믿는 귀족이 있겠는가? 그러나 아우구스투스의 선언을 기만이라며 떠들 수도 없는 노릇이었다. 이미 로마 시민은 아우구스투스를 전적으로 지지하고 있었기 때문이다. 로마 시민은 아우구스투스를 그 누구보다 겸양의 리더십을 갖춘 인물로 여기고 있었다.

실제 아우구스투스는 매우 검소했다. 그의 집무실에 있는 가구들도 결코 거창하지 않았다. 서민이 쓰는 것과 크게 다르지 않았다. 그가 입은 옷도 화려하지 않았다. 그 옷은 모두 집안의 여인들이 만든 것이었다. 그는 산해진미를 원하지도 않았다. 귀족들에게는 사치를 금했고, 사회에 더 많이 기여할 것을 독려했다.

로마 시민은 그런 아우구스투스에 푹 빠졌다. 아우구스투스는 몸을 더 낮췄다. 자신을 낮춤으로써, 결과적으로는 자신을 높일 수 있다는 진리를 잘 알고 있었다. 아우구스투스는 카이사르를 신의 위상으로 끌어올렸다. 모든 영광을 그에게 돌림으로써 그를 민중의 숭배 대상으로 만들었다. 진실로 자신을 낮춘 아우구스투스는 이제 로마에서 가장 높은 인물이 됐다. 이 겸양의 리더십이야말로 아우구스투스가 로마 황제가 될 수 있었던 일등 공신이다.

기원전 27년, 원로원은 그에게 아우구스투스란 칭호를 선사했다. 이때부터 그는 옥타비아누스라는 이름 대신 아우구스투스로 불리기 시작했다. 외형상 정치 체제는 공화정이었지만, 로마는 사실상 제정(기원전 27년~서기 1453년)에 돌입했다. 일부 학자는 그의 다음 황제인 티베리우스 때부터를 제정으로 치는데 그런 경우 아우구스투스 시기는 원수정으로 규정한다.

국가 통치에 있어 아우구스투스는 '리틀 카이사르'였다. 그 또한 안정적 경영을 위해 시스템 리더십을 중히 여겼다. 다행히 카이사르가 제국의 골격을 어느 정도 갖췄기에 이 리더십은 수월하게 진행되었다.

아우구스투스는 새로 일을 벌이기보다 기존 체제를 안정화하는 데 더 신경을 썼다. 재위 기간, 전쟁이 그다지 많지 않았다는 사실에서 이를 알 수 있다. 물론 아우구스투스도 서기 9년경 게르만 원정에 나선 적이 있다. 이 전쟁은 로마의 참패였다. 아우구스투스는 그 후 게르만 원정을 포기했다. 심지어 후계자들에게도 게르만 정벌을 포기하라는 유언을 남기기도 했다. 성공 확률이 낮은 게임에 전력을 쏟을 이유가 없다는 판단에서다.

아우구스투스는 영토를 늘리는 대신 안정을 선택했다. 넓어진 영토, 더 많아진 속주를 순회하며 대화와 타협을 했다. 현지 주민들의 이야기를 듣고 배려하려고 애썼다. 그렇게 함으로써 반란이 일어나는 것을 막았다. 로마와 오랫동안 철천지원수로 지내온 파르티아와도 평화조약을 체결했다.

시스템의 안정화 작업에도 박차를 가했다. 아우구스투스는 과감하게 개혁을 추진했다. 카이사르의 개혁을 이어받아 화폐 개혁을 완성했다. 또한 세금을 거두고 관리하는 기구를 만들었다. 부정 선거를 방지할 수 있는 장치를 뒀고, 원로원의 권력 남용을 막기 위해 의원을 줄이는 구조조정을 단행했다.

개혁 가운데 두드러진 것이 바로 상비군 제도다. 그전까지 로마의 권력자들은 모두 사병私兵을 거느리고 있었다. 권력자들은 은퇴한 사병들에게 줄 토지가 필요했다. 이 토지 분배를 놓고 원로원과 권력자들이 힘겨루기를 한 적도 많았다. 권력자들은 사병을 키워 로마를 위협했다. 사병이 발달하면 할수록 로마 공화정의 한계가 강하게 드러났다.

아우구스투스는 당시 50만 명에 달하는 병사를 대폭 줄였다. 17만 명 정도만 남겨놓고 모두 군대를 떠나도록 했다. 17만 명은 개인이 아닌, 국가 소속의 병사가 됐다. 그들은 은퇴하면 국가에서 퇴직금을 받았다.

개혁은 쉽지 않았다. 귀족을 비롯한 기득권 세력의 반발은 컸다. 그러나 로마 시스템을 구축하려면 필요한 개혁이었다. 아우구스투스는 강력하게 밀어붙이지 않았다. 속내를 드러내지도 않았다. 원로원이 지나친 요구를 할 때에도 일단은 들어줬다. 훗날 로마 제국 2대 황제가 되는 아우구스투스의 양아들 티베리우스는 그런 원로원이 괘씸했다. 혈기왕성한 티베리우스는 귀족들에게 본때를 보여줘야 한다고 생각했다.

이때도 아우구스투스는 충돌을 억제했다. 아우구스투스는 티베리우스에게 "분노하지 마라. 지금 당장 그들이 내 목에 칼을 들이대지 않는 것만으로 만족해야 한다"라는 편지를 보냈다. 아우구스투스는 로마의 안정을 위해 귀족을 도발하지 않는 쪽으로 노선을 택한 것이다.

이 밖에도 아우구스투스의 리더십은 많은 부분이 카이사르의 리더십과 닮았다. 서민을 위한 통치나 공공사업을 위해 사재를 턴 점이 그렇다. 또한 아우구스투스는 단 한 번도 권력을 남용하지 않았다. 그 덕분에 로마는 탄탄한 성장의 기반을 완성했다. 바야흐로 로마 제국이 탄생한 것이다.

제3장

한漢 제국의 황제를 만든 겸손과 배려

—유방

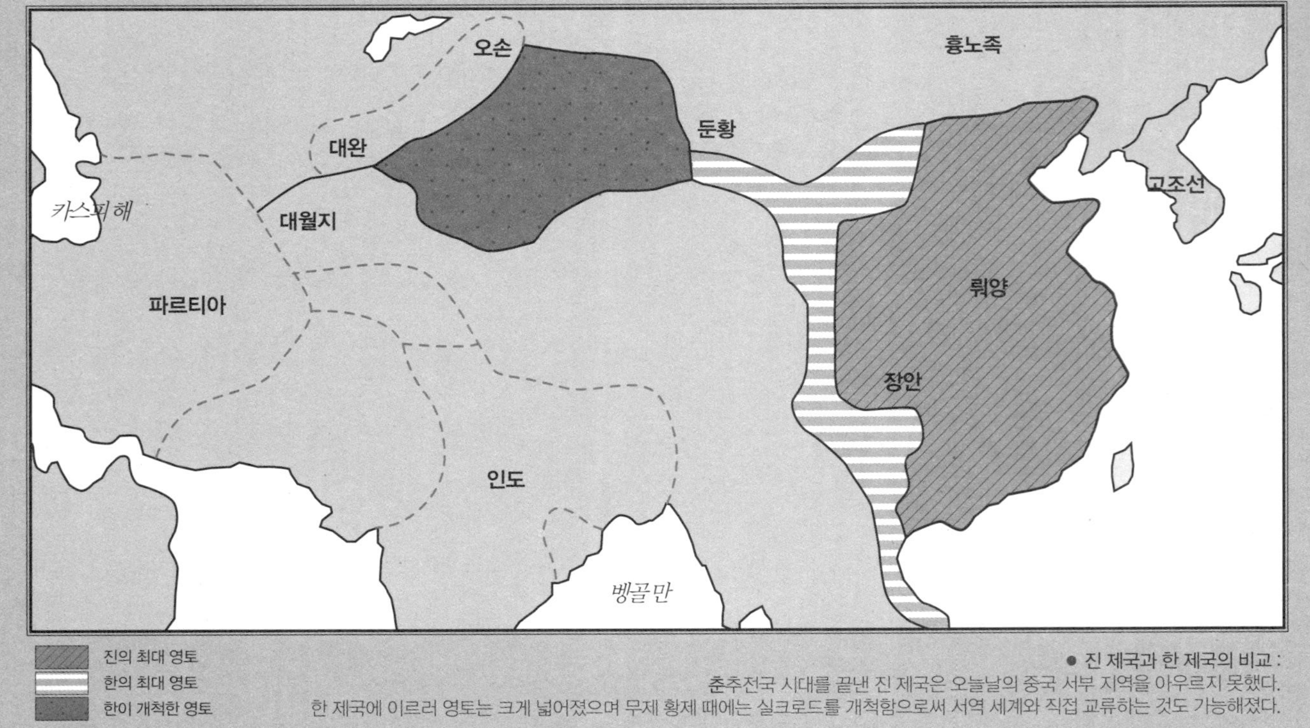

● 진 제국과 한 제국의 비교 :
춘추전국 시대를 끝낸 진 제국은 오늘날의 중국 서부 지역을 아우르지 못했다.
한 제국에 이르러 영토는 크게 넓어졌으며 무제 황제 때에는 실크로드를 개척함으로써 서역 세계와 직접 교류하는 것도 가능해졌다.

기원전 206년, 유방이란 인물이 파와 촉 지방에 왕조를 세웠다. 바로 한漢나라다. 당시 중국은 아주 혼란한 시절을 맞고 있었다. 진秦 제국이 사실상 멸망하고 있었다. 한과 초楚나라가 천하를 다투고 있었다. 이 이야기를 다룬 문학 작품이 『초한지楚漢志』다.

이때의 이야기는 영화로도 여러 차례 만들어졌다. 그만큼 흥미진진하다는 이야기다. 한 제국의 창업 스토리는 그야말로 한 편의 드라마다. 명장名將의 상징으로 남아 있는 항우와 유방의 대결은 오늘날까지도 손에 땀을 쥐게 한다. 두 나라의 전투 과정에서 생긴 일화도 많다.

오늘날 중국에서 가장 많은 수를 차지하는 민족은 한족漢族이다. 일반적으로 중국의 문화도 한문화漢文化라고 부른다. 그 시초가 바로 이 한 제국이다. 한 제국의 탄생 과정에서 가장 주목할 인물은 아무래도 고조 유방이다. 일개 촌부村夫에서 대 제국의 황제가 될 수 있었던 비결은 무엇일까?

진의 몰락과 두 영웅의 등장

기원전 8세기 후반, 중국 북서 지대에서는 유목 민족인 견융이 무섭게 성장하고 있었다. 반면 중국 본토를 지배하고 있는 주周나라는 하루가 다르게 위축되고 있었다. 천하의 중국이 유목 민족의 눈치를 봐야 할 상황이었다. 아닌 게 아니라 견융이 중국 본토를 공략하기 시작했다.

주나라의 12대 천자(왕)인 유왕은 별 대응도 하지 못하고 목숨을 잃었다. 중국은 아수라장이 되었다. 그의 뒤를 이어 평왕이 13대 천자에 올랐다. 평왕은 공포에 질렸다. 견융이 무서웠다. 황실에서 벌어지는 권력투쟁도 두려웠다. 그는 도망을 택했다.

기원전 770년, 평왕은 도읍 호경(오늘날 산시성 시안)을 버리고 동쪽의 낙양(오늘날의 허난성 뤄양)으로 옮겼다. 이 사건을 '주의 동천東遷'이라고 한다. 이 시점을 기준으로 그전의 주 왕조를 서주西周, 이후의 주나라를 동주東周라 부른다.

동주 시대라는 표현보다 우리에게는 춘추전국 시대라는 표현이 더 익숙하다. 춘추전국 시대는 무려 500년 이상 계속됐다. 춘추전국 시대(기원전 770~403년)에는 제후들이 주의 천자를 형식적이나마 인정했다. 제후들은 천자를 보호한다는 명목으로 다른 제후들과 전쟁을 벌였다. 전국 시대(기원전 403~221년)에는 이런 분위기조차 없었다. 제후들은 주의 천자를 그림자 취급했다. 대놓고 황제를 지칭하기도 했다. 전국 시대 말기로 접어들면서 제후들의 전쟁은 그 어느 때보다 치열했다.

기원전 221년, 마침내 혼란이 끝났다. 천하 통일의 대업을 달성한 나라는 전국칠웅戰國七雄의 하나인 진나라였다. 진나라의 왕이 그 유명한 진시황제다.

진시황제는 강력한 중앙집권 체제를 구축했다. 전국을 36개의 군으로 나눴고, 군 밑에는 현을 뒀으며 지방관을 파견해 다스리도록 했다. 전국이 단일 행정권이 된 것이다. 진시황제는 나아가 문자와 도량형, 화폐까지 통일했다. 이제 중국 전역이 단일 생활권이 됐다.

그러나 중국 전역을 지배한 첫 정복자인 진시황제는 독재자였다. 자신이 묻힐 무덤(진시황릉)을 39년에 걸쳐 만들었고, 입이 떡 벌어지는 초호화판 궁궐(아방궁)을 건설했다. 천상천하유아독존天上天下唯我獨尊이었다. 황제의 권위에 대한 도전은 용납하지 않았다. 도리를 논하는 유학 서적은 모두 불에 태웠다. 꼬장꼬장한 유학자들은 산 채로 매장했다. 분서갱유焚書坑儒의 만행이다.

민심은 부글부글 끓어올랐다. 그러나 독재자는 외면했다. 전국을 순행하며 권력을 맘껏 누렸다. 기원전 210년, 진시황제는 세상을 떠났다. 진나라의 종말을 보지 않아도 됐다. 그의 뒤를 이어 철부지 아들 호해가 2대 황제에 올랐다. 독재와 폭정은 더 심해졌다. 마침내 분노가 폭발했다. 민중의 반란이 시작된 것이다.

기원전 209년, 진승과 오광이란 인물이 토목 사업에 투입할 인부들을 인솔해 작업장으로 향하고 있었다. 갑자기 큰 장마가 들이닥쳤다. 행군 속도가 처지기 시작했다. 도착 예정일을 맞추는 것은 불가능해 보였다. 늦게라도 도착해 앞뒤 설명을 할 수 있다면 얼마나 좋았을까? 그러나 분명히 책임을 물어 처형당할 게 뻔하다. 그냥 있어도 죽을 판. 이래도 죽고 저래도 죽는다면…… 진승과 오광은 반란을 일으켰다.

이 진승과 오광의 반란이 신호탄이었다. 진국 곳곳에서 반란이 일어

유방(劉邦)
대담한 성격과 부하의
의견을 귀담아 듣는
포용력으로 '전쟁의 신'
항우를 대파하고
한 제국을 건설했다.

났다. 진나라는 급격하게 기울었다. 반란군에는 걸출한 영웅도 포함되어 있었다. 대표적인 인물이 바로 유방과 항우였다.

유방(기원전 247~195년)은 귀족 가문 출신이 아니었다. 그는 산골 마을 패현(오늘날의 장쑤성 평현)에서 농민의 아들로 태어났다. 유방은 책임감이 강한 인물도 아니었다. 가장이었지만 집안은 전혀 돌보지 않았고 협객들과 어울려 다녔다. 좀 더 나쁘게 말하면, 그는 일개 건달에 불과했다. 젊은 시절을 그렇게 허비해버렸다.

나이 마흔을 넘겨서야 '사수정장泗水亭長'이라는 벼슬을 얻었다. 벼슬이라고는 하지만 현의 말직이었다. 진시황릉 공사에 투입할 인부를 호송하는 게 주 업무였다. 따지고 보면 벼슬이라고 할 수도 없다. 출신 성분만 놓고 보면 유방은 어느 한 군데도 두드러지지 않는 인물이었다.

사회가 어수선하면 백성들은 안정을 바란다. 안정을 가져다 줄 영웅을 갈구한다. 그러나 영웅도 거저 등장하지는 않는다. 그럴 만한 계기가 있어야 한다. 유방에게도 그런 계기가 생겼다.

공사장으로 향하던 인부들이 도망가버렸다. 죽음보다 더한 노동을 감당하기가 죽기보다 싫었을 것이다. 유방도 궁지에 몰렸다. 그대로 공사장에 도착하면 틀림없이 문책당할 것이다. 십중팔구 처형될 것이다. 유방은 진승과 오광의 길을 따랐다. 나머지 인부들을 해산시키고 산에 숨어버렸다.

은신 생활을 하던 유방은 많은 생각을 했다. 영웅 심리가 발동하기 시작했다. 협객들과 어울리면서 호탕함을 배우지 않았던가. 진승과 오광이 반란의 횃불을 올린 마당에 나라고 해서 못 할 이유가 없다! 주변에 있던 협객들도 유방의 봉기를 부추겼다. 결심을 굳혔다. 유방은 진승과 오광의 난이 일어난 바로 그해, 봉기의 횃불을 올렸다.

유방은 우선 본거지인 패현부터 접수하고는, 스스로를 패공이라 불렀다. 공公은 제후를 뜻하는 칭호다. 유방 일행이 다른 제후들과 같은 반열에 있음을 강조한 것이라 할 수 있다.

바로 이듬해 전국의 반란군은 연합 전선을 구축했다. 진나라의 정부군과 싸우려면 반란군도 힘을 합쳐야 한다는 공감대가 형성된 것이다. 이때 유방의 반란군도 반란군 연합에 참여했다. 반란군 연합에서 서열을 따지자면, 유방은 한참 아래였다. 최상위에 있던 장수 가운데 한 명이 항량이었다.

한 제국의 건국 스토리에는 참으로 많은 인물이 등장한다. 하긴 건국 스토리가 무미건조한 나라가 어디 있겠는가? 그렇다고 해도 한 제국의 건국 스토리에는 너무나 많은 영웅의 이야기가 녹아 있다. 모든 영웅을 다룰 수는 없겠지만, 역사를 이해하기 위해 꼭 알아둬야 할 인물은 짚고 넘어가는 게 좋다. 그 첫 번째 인물이 바로 항량이다.

항량(출생년도 미상~기원전 208년)은 전국 시대 초楚나라의 귀족 출신이다. 그의 아버지는 초나라의 대장군을 지냈던 항연이었다.

초나라는 진나라에 의해 멸망했다. 항량이 초나라의 귀족 출신이니 진나라에 대해 이를 가는 것은 당연한 일이다. 항량은 항상 반란의 기회를 엿보고 있었다. 그러던 차에 진승과 오광의 난이 일어났다. 진나라에 의해 멸망한 전국 시대의 여섯 나라에서도 일제히 반란이 일어났다. 적절한 타이밍. 항량도 초나라의 부활을 선포하며 반란을 일으켰다.

항량의 부대는 급격히 성장했다. 반란의 우두머리격인 진승의 부대는 기원전 208년 진나라 군대에 패했다. 항량은 진승의 부대원을 대거 영입했다. 얼마 지나지 않아 항량의 부대가 반란군의 주력 부대로 부상했다. 항량은 반란군의 우두머리로 추앙받았다.

항량의 측근으로 범증이란 인물이 있었다. 범증은 타고난 전략가였다. 범증은 항량에게 "반란의 명분을 세우려면 초나라의 왕족을 찾아 왕으로 옹립해야 한다"라고 조언했다. 항량이 조언을 받아들였다. 왕족을 찾는 데는 그리 오랜 시간이 걸리지 않았다. 시골 구석에서 양치기로 살아가던 미심이란 인물을 찾아 초 회왕으로 추대했다. 초나라가 마침내 재건됐다. 이 회왕은 훗날 의제義帝로 이름을 바꾼다.

항량은 반란 연합군의 구심점이었다. 기량도 출중했다. 항량의 활약이 이어졌다. 곳곳에서 진나라 부대를 대파했다. 그러나 항량은 끝내 전국을 통일하는 데 실패했다. 권력이 커지니 오만방자해졌다. 이 오만함이 화근이 되었다. 참모는 그에게 무리한 공격을 하지 말라고 조언했다. 듣지 않았다. 항량은 무리한 공격을 감행하다 공격을 받고 사망했다.

항량의 이야기는 여기서 끝이 난다. 그 대신 새로운 인물의 이야기가 시작된다. 항량의 부장部將 가운데 한 명인 항우다. 그는 항량의 조카였다.

항우(기원전 232~202년)는 어렸을 때부터 숙부인 항량과 함께 지냈다. 항량은 항우를 강한 장수로 키웠다. 진나라에 대한 적개심도 고스란히 항우에게 상속됐다. 항량이 봉기했을 때도 항우는 선봉에 섰다. 항우는 항량의 휘하에서 여러 전투를 승리로 이끌었다. 항량이 전사한 후에는 스스로 상장군이라 칭하고 반란군을 지휘하기 시작했다. 항우의 군사적 능력이 빛을 발하기 시작했다.

항우가 어떤 인물인가? 8척 장신에 힘이 장사였다. 그를 두고 역발산기개세力拔山氣蓋世의 인물이라 부른다. 힘은 산을 뽑을 듯 강하고, 기개는 세상을 덮을 만하다는 뜻이다. 이 표현 그대로 그는 '전쟁의 신'이었다. 어렸을 때부터 군사 전략을 익혔기에 싸움에서 져본 적이 없었다.

그런 항우와 유방이 조우遭遇했다. 장차 천하를 다투는 이 두 영웅의 출발점을 살펴보자.

유방이 최초 봉기할 때 따르던 병사는 100여 명이었다. 병력도 터무니없이 적었지만 더 큰 문제는, 대부분 오합지졸이라는 데 있었다. 그

● 항우(項羽)
군사적 기질을 타고난
최강의 장수였으나,
유방이 이끄는 한나라
추격군에게 목숨을
잃었다.

래도 유방이 패현을 장악하자 병사는 3,000여 명으로 늘어났다.

유방은 세력이 커졌다고 생각했을 것이다. 그러나 항우는 처음부터
화려했다. 이미 8,000여 명의 병사를 휘하에 뒀다. 게다가 그 병사들은
전투 경험도 많고 잘 훈련돼 있었다. 이러니 두 영웅의 대결은 누가 봐
도 항우의 승리로 귀결될 게 뻔해 보였다. 이 예측대로 될까? 결과부터
말하자면 아니다. 시작이 미미했던 유방이 최종 승자가 된다. 지금부터
본격적으로 두 영웅의 이야기를 시작해보자.

초한지로 영원히 남겨진 두 영웅의 대결

두 영웅은 항량의 휘하에 있을 때는 큰 갈등이 없었다. 항량이 사망하고 항우가 지휘권을 잡자 상황이 달라졌다. 한 조직에 두 명의 리더가 있을 수는 없는 법. 한 나라에 두 명의 황제도 있을 수 없다. 두 영웅은 이미 중국의 황제를 꿈꾸고 있었다.

당시 진나라의 수도는 함양(오늘날의 산시성 셴양)이었다. 함양을 포함한 일대를 관중이라 불렀다. 관중을 점령하면 진나라는 멸망한다. 초왕 의제는 관중을 먼저 점령하는 장수를 그 지역의 왕으로 임명하겠다고 선언했다. 유방과 항우의 군대가 움직이기 시작했다.

먼저 관중에 도착한 이는 유방이었다. 사실 전투력이나 부대 규모만 놓고 보면 유방은 항우의 적수가 되지 못했다. 그러나 유방의 군대는 신속했다. 가급적 진나라 군대와의 전투를 피했다. 반면 항우는 진나라 군대와의 전투가 잦았다. 그러니 진군 속도가 느렸다.

과정이야 어쨌든 결과는 유방에게 유리했다. 유방은 관중으로 들어섰고, 함양에서 수십 리 떨어진 패상이란 곳에 진영을 세웠다. 바로 코앞까지 유방의 군대가 다가오자 진나라 조정에는 큰 혼란이 일어났다. 이 무렵 진나라에서는 2대 황제인 호해가 살해당하고 그의 조카인 자영이 황제에 올랐다.

말이 황제지, 사실 권력은 간신들이 독차지하고 있었다. 새 황제는 사태를 수습할 능력도, 권력도 없었다. 자영의 선택은 이미 정해진 거나 마찬가지였다. 결국 자영은 스스로 마차를 타고 나와 패상으로 향했다. 황제의 옥새를 유방에게 바쳤다. 진나라가 멸망하는 순간이다.

유방은 자영을 죽이지 않았다. 백성들이 불안해할까 봐서다. 유방은 자영을 연금하는 선에서 진 황실에 대한 처벌을 끝냈다. 그리고 민심을 수습하기 위한 대책 마련에 나섰다. 우선 진나라의 가혹한 법률을 모두 없앴다. 단 세 개의 법률만 새로 시행하겠다고 약속했다. 이 법률을 법 삼장法三章이라고 하는데, 아주 단순하다. 첫째, 살인자는 사형에 처하고, 둘째, 다른 사람을 다치게 하면 정도에 맞춰 처벌하며, 셋째, 절도를 하면 그 역시 정도에 맞춰 처벌한다.

유방은 이 세 법만으로 나라를 다스리겠다고 선언했다. 백성들에게 는 종전과 똑같이 생업에 종사하라고 권했다. 새 지배자가 어떤 유형인지 전전긍긍하던 귀족과 부호들은 비로소 마음을 놓았다. 유방이 민심을 얻었음은 두말할 필요도 없다.

그러나 유방은 끝내 관중의 왕이 되지 못했다. 뒤늦게 항우가 관중에 입성했기 때문이다. 항우는 화가 많이 나 있었다. 시골 촌부 주제에 관중을 차지하다니! 군사력만 놓고 보면 항우는 유방을 압도하고 있었다. 항우는 무력으로 유방을 제거하려 했다.

사실 항우로서는 억울할 수도 있다. 항우와 유방이 관중으로 진격한 것은 기원전 208년 9월이었다. 물론 출발 시간은 같았다. 유방은 북쪽에서 남쪽으로, 항우는 남쪽에서 북쪽으로 진격했다. 문제는 항우가 진격하는 길에 진나라 세력이 많았다는 것이다. 그는 하남 지방에서 여러 차례 진나라 군대와 전투를 벌였다. 반면 유방은 큰 전투 없이 바로 관중으로 진격했다.

기원전 207년 10월 유방이 함양을 차지했다는 소식이 들려왔다. 항우의 눈이 뒤집혔다. 즉각 총력전을 개시했다. 그의 부대는 단숨에 함곡관을 뚫었고, 이어 12월에 홍문이란 곳에 도착했다. 항우는 유방을 공격하기로 하고 10만 병사를 동원했다. 당시 유방의 군대는 2만여 명에 불과했다. 그러니 싸움은 해보나 마나였다. 유방에게는 일생일대의 위기인 셈이다.

유방 진영에서 긴급 회의가 열렸다. 그대로 맞서 싸우면 자멸할 것이 뻔한 상황, 그렇다면 작전상 후퇴밖에 없다. 결국 유방이 항우에게 사과하고, 함양에서 물러나기로 결론을 지었다.

유방은 항우에게 사과하는 뜻으로 연회를 베풀었다. 이것이 그 유명한 홍문의 회鴻門之會다. 이 연회에서 유방은 비굴하게 보일 정도로 몸을 낮췄다. 진나라 왕 자영에게 항복받은 것도, 관중 땅을 차지한 것도 모두 항우 장군을 위한 일이라고 변명했다. 자신은 관중의 왕이 될 생각이 털끝만큼도 없다고 했다. 이제 항우 장군이 왔으니 자신은 관중을 넘겨주고 물러갈 것이라 했다. 항우가 거만해졌다. 술도 한두 잔 들어갔겠다, 유방까지 굽실거리니 그럴 법도 하다. 항우는 호탕하게 웃으며 유방의 공적을 치하했다.

이를 못마땅한 표정으로 보는 이가 있었다. 항우의 책사인 범증이었다. 범증은 유방이 황제의 그릇임을 알아봤다. 살려둬서는 안 된다. 범증은 항우에게 연회 도중 해치워야 한다고 조언했다. 항우는 유방의 그릇이 좁쌀만 하다며 무시했다.

훗날 유방은 제국의 황제가 됐고, 항우는 몰락했다. 바로 이 대목에 그 이유가 드러나 있다. 한 제국의 창건 스토리에서 첫 번째로 눈여겨봐야 할 리더십이다. 유방은 민주적인 리더십을 구사한 반면 항우는 독재적인 리더십으로 일관했다. 항우는 부하들의 말을 늘 무시한 반면 유방은 늘 귀를 열어 조언을 경청했다. 유방이 함양을 점령했을 때로 돌아가 보자.

유방은 진시황이 살던 황궁을 보고 놀라움을 금치 못했다. 궁궐은 화려함의 극치였다. 궁실에는 온갖 보물이 쌓여 있었다. 궁궐에 사는 궁녀만 수천 명에 이르렀다. 유방은 화려함과 호사스러움에 반했다. 그대로 궁궐에 눌러앉고 싶어졌다. 유방은 생각했다. '진을 멸망시켰으니, 이 대궐이 나의 것이 아닌가. 내가 여기에서 하룻밤을 묵는다 한들 무슨 문제가 되겠는가.'

마침 날도 저물어가고 있었다. 유방은 궁궐에서 하룻밤을 지내기로 했다. 유방의 그런 마음을 부하인 번쾌가 알아차렸다. 번쾌는 주군인 유방에게 진영이 있는 패상으로 돌아가자고 독촉했다. 화려한 황궁은 백성의 피로 지은 것이 아니던가. 번쾌는 폭정의 상징인 궁궐을 탐하면 민심을 잃을 수도 있다고 생각했다.

유방의 얼굴이 일그러졌다. 딱 하룻밤만 보내겠다는데! 황제가 될 자신이 그 정도의 호사도 누리지 못한다는 말인가. 유방은 날이 곧 어두워지기 때문에 패상까지 돌아가는 게 무리라며 뜻을 굽히지 않았다. 번쾌도 물러서지 않았다. 번쾌는 패상까지 돌아가지 못한다면 도성 밖에서 야영을 하자고 했다.

유방의 심기는 더욱 뒤틀렸다. 주군의 마음을 헤아리지 못하는 부하들이 야속했다. 바로 그때 책사인 장량이 번쾌의 편을 들고 나섰다. 장량은 유방에게 따끔하게 말했다.

"폐하. 지금 이 궁궐에 거처한다면 진나라 황제와 다를 바가 없사옵니다. 민심이 진나라에서 멀어진 이유를 헤아리소서. 진나라 황제의 전철을 밟으시겠사옵니까? 약은 쓰지만 몸에는 이롭습니다. 충고 또한 마찬가지라서 당장은 귀에 거슬릴지 몰라도 행동에는 이로운 법입니다.”

부하들의 간언이 잇따르자 유방은 자신의 생각이 틀렸음을 깨달았다. 유방은 잘못된 생각을 접고 진심으로 충고를 따랐다. 기꺼이 궁궐에서 나왔다. 병사들을 궁궐 주변에 배치해 그 누구도 재물에 손대지 못하게 했다. 이미 사위는 어둑어둑해졌다. 유방은 패상으로 서둘러 돌아갔다.

화려한 궁궐에서 하룻밤을 묵고 싶다는 유방의 마음은 사실 지극히 인간적이다. 다만 대의명분을 중요하게 여긴다면 그 마음은 접어야 한다. 번쾌와 장량의 충고는 그런 점에서 옳다. 그런 부하들이 있다는 사실은 유방에게 큰 행운이다. 그러나 더 중요한 점은, 유방이 그런 부하들의 충고를 고스란히 받아들였다는 사실이다. 상명하복만 강조하는 지도자라면 결코 충고를 따르지 않았으리라. 만약 항우였다면? 그는 부하를 크게 질책하거나 문책했을 것이다. 기어코 궁궐에서 하룻밤을 묵었을 것이다. 아니, 궁궐을 차지하고 앉아 진나라 황제들과 똑같은 호사를 누렸을지도 모른다.

부하들의 말을 존중하는 민주적 리더십은 결과적으로 유방에게 크게 이로웠다. 관중 일대의 귀족과 부호들이 속속 유방을 찾아와 주군으로 모시겠다고 청했다. 유방은 그들에게 법삼장을 약속함으로써 또 신뢰를 얻었다. 백성들이 준 음식과 술은 모두 돌려보냈다. 병사들에게도 절대 민폐를 끼치지 말라고 신신당부했다. 결국 관중의 백성들은 성군^{聖君}이 나타났다며 유방을 따랐다. 부하들의 충고를 받아들이지 않았다면 이런 결과로 이어지지는 않았을 것이다.

항우에게는 이런 리더십이 없었다. 홍문의 연회에서는 그의 독재적 리더십이 고스란히 드러난다. 항우는 유방을 해치워야 한다고 자꾸 간언하는 범증이 짜증스러웠다. 촌부 따위를 자신의 경쟁자라니! 지나치게 염려가 많다며 범증을 타박했다. 항우가 보기에는 책사인 범증의 그릇이 너무 작은 것 같았다. 범증은 어쩔 수 없이 물러나야 했다. 그러나 기회를 놓치고 싶지는 않았다. 지금이 아니면 유방을 해치울 수 없다. 범증은 장수 항장을 따로 불러 유방을 죽이라고 지시했다.

유방과 항우의 술자리가 무르익을 무렵 항장이 칼춤을 선보이겠다며 앞으로 나섰다. 갑자기 칼춤이라니! 장량은 사태가 심각함을 직감했다. 분명히 유방을 암살하려는 계략이다. 장량은 급히 번쾌를 불렀다. 그에게 연회장으로 들어가 항장에 맞서 칼춤을 추라고 지시했다. 번쾌는 그 지시에 따라 항장의 칼을 맞받아치며 춤을 췄다. 그 사이에 장량은 유방에게 빨리 몸을 피할 것을 조언했다.

유방은 가까스로 연회장을 탈출했다. 그날로 부하들을 이끌고 함양을 떠났다. 당장 관중을 내어주더라도 목숨을 부지해야 한다. 그래야 훗날을 도모할 게 아닌가.

다음날 항우는 손쉽게 함양을 점령했다. 새 지배자는 독재자였다. 항우는 진왕 자영을 단칼에 죽여버렸다. 진시황릉을 파헤쳤다. 그곳에서 나온 보물을 모두 챙겼다. 황궁은 불태워버렸다. 불이 꺼지는 데에만 3개월이 걸렸다. 화려했던 진나라의 수도는 그렇게 파괴되었다.

일단 독재적 리더십이 민주적 리더십에 앞선 듯 보인다. 그러나 상황은 몇 년 뒤 역전되고 만다. 다시 이야기를 이어가 보자.

그 후 항우는 팽성에 도읍을 두고, 스스로를 서초패왕이라고 불렀다.

간신히 목숨을 건지고 달아난 유방은 파와 촉의 제후로 임명되었다. 유방은 이 땅에 한나라를 세웠고, 한왕에 봉해졌다. 이제 누가 뭐래도 항우가 일인자였다.

일인자가 됐으니 독재 리더십은 더욱 공고해졌다. 기원전 206년, 항우는 초왕 의제를 죽여버렸다. 물론 그 자리를 자신이 차지했다. 바로 이 행위가 유방의 군사행동을 정당화시켜줬다. 왕을 죽인 신하를 벌한다는 명분이 생겼잖은가. 이후 한나라와 초나라의 본격적인 전쟁이 시작됐다. 기원전 202년, 결정적 순간이 찾아왔다. 바로 해하 전투다.

이 무렵 초나라는 극도로 혼란스러웠다. 책사인 범증도 항우의 그릇이 작음을 한탄하며 떠나버렸다. 반면 한나라는 더욱 강성해졌다. 두 나라의 세력은 대등해졌다. 전투는 한 치 앞을 내다볼 수 없을 정도로 격렬해졌다. 시간이 지날수록 한나라의 기세가 더 강해졌다. 결국 항우는 유방과 휴전을 맺을 수밖에 없었다.

항우는 휴전협정에 도장을 찍고 본국으로 돌아가고 있었다. 아무런 소득이 없었으니 맥이 빠졌으리라. 귀환 길에 오른 지 어느덧 두 달. 한나라의 군대가 항우를 추격하기 시작했다. 이때 동원된 장수들은 한신과 팽월, 영포였다. 하나같이 명장들이었다. 한나라의 군대가 바짝 추격해왔다. 곧 항우를 해하(오늘날 안휘성 영벽현 동남쪽)에서 따라잡았다.

한신은 항우의 군대가 움직이지 못하도록 사방을 포위했다. 포위망은 견고했다. 항우의 부대가 탈출을 시도했지만 모두 실패했다. 시간이 흘러갈수록 초나라 병사들의 사기는 급감했다. 먹을 식량도 없었다. 도망치는 병사도 늘었다. 항우가 무기력해졌다. 할 수 있는 일이라고는 한나라 병사들이 공격해오면 방어하는 게 전부였다. 항우는 깊은 수심에 잠겼다. 그를 위로해주는 이는, 우희라는 애첩뿐이었다.

그날 밤도 우희가 항우 옆에 앉아 술을 따르고 있었다. 어디선가 구슬픈 노랫소리가 들려왔다. 귀에 많이 익은 노래. 바로 초나라 사람들이 즐겨 부르던 노래였다. 그러나 노래의 진원지는 초나라 병사들의 진영이 아니었다. 그 밖, 그러니까 초나라 진영을 포위하고 있는 한나라의 진영에서부터 흘러들어오고 있었다. 사방에서 초의 노래가 더욱 크게 들려왔다. 사면초가四面楚歌라는 말이 생긴 배경이다.

항우는 초나라 병사의 상당수가 한나라에 투항한 것으로 생각했다. 초나라 병사들 또한 사방에서 들려오는 고향 노래에 넋이 빠져 있었다. 항우는 패배를 직감했다. 더불어 자신의 운명도 끝나게 될 것이라고 생각했다.

술잔을 마저 비운 항우는 정예 병사 800여 명에게 포위망을 뚫겠다고 선포했다. 필사적인 탈출이 시작됐다. 항우는 역시 역발산기개세力拔山氣蓋世의 영웅이었다. 그를 본 한나라 병사들이 기겁하고 주춤주춤 물러섰다. 탈출 작전은 새벽까지 계속됐다. 마침내 탈출에 성공했다.

뒤늦게 한나라 군대의 추격이 시작됐다. 추격군은 무려 6,000여 명. 탈출에 성공한 항우와 그의 병사는 100명 남짓이었다. 회하에 이르러 추격군이 항우를 따라잡았다. 다시 전투가 벌어졌다. 역시 항우는 대단한 영웅이었다. 이번에도 한나라 병사들은 그의 목을 베지 못했다.

항우는 다시 포위망을 뚫고 탈출했다. 이제 남은 병사들은 20여 명 남짓. 그들은 오강(오늘날 안휘성 화현 동북쪽)에 이르렀다. 강가에는 작은 배가 있었다. 강을 건너면 강동 지방. 부하들은 항우에게 일단 그곳으로 몸을 피신해 후일을 도모할 것을 권했다.

그러나 항우는 고개를 저었다. 멀리 한나라의 추격군이 다가오고 있었다. 항우와 병사들은 모두 말에서 내려 육박전을 준비했다. 곧이어 전투가 재개됐다. 항우의 병사들이 속속 쓰러졌다. 항우도 몸 이곳저곳에 화살을 맞았다. 항우는 쓰러지며 하늘을 보고 울부짖었다. 결국 항우는 스스로 목숨을 끊었다. 이때 그의 나이 31세였다.

권한 이양과 열린 마음의 리더십

초나라를 제압함으로써 유방은 중국을 통일할 수 있었다. 중국은 한 제국의 시대로 돌입했다. 유방의 성공은, 사실 전적으로 동지들의 공이라 할 수 있다. 물론 유방이라는 인물이 영웅에 가깝기는 하다. 하지만 부하들의 헌신이 없었다면 천하를 차지할 수 없었을 것이다. 조선의 건국 공신 정도전도 "한 제국은 유방이 아니라 장량이 세웠다"라고 말했을 정도다. 유방도 부하들의 공을 어느 정도 인정했던 듯하다.

장량은 유방의 책사였다. 모든 전략은 그의 머리에서 나왔다. 유방은 장량을 '천 리 밖에서 치러지는 전투를 막사 안에서 이기는 전략가'라고 평했다. 한신은 100년에 한 번 나올까 말까 한 장수였다. 유방조차 두려워할 정도의 명장이었다.

이런 영웅들이 왜 유방의 부하를 자처했을까? 이미 말했던 대로 민주적 리더십 때문이다. 유방은 부하들을 신뢰했다. 그들이 진심으로 자신을 따를 수 있도록 환경을 조성했다. 유방에게는 '확실한 내 사람'이 이처럼 많았다. 반면 항우는 부하들의 충고를 듣지 않았다. 책사인 범증도 내쳤다. 항우는 '확실히 내 말을 듣는 사람'만 부하로 뒀다.

민주적 리더십에 이은 유방의 성공 비결 두 번째는 권한 이양의 리더십이었다.

이미 살펴본 대로 어느 한 명 빠지지 않는 대단한 영웅이다. 그들을 관리하기란 쉽지 않았을 것이다. 유방은 부하들의 능력을 최대한 인정했다. 또한 그들이 능력을 최대한 발휘할 수 있도록 많은 권한을 부여했다. 반면 항우는 모든 것을 진두지휘했다. 권력을 독점했다. 부하들은 항우의 눈치만 살펴야 했다.

항우의 이런 독재로 인해 더욱더 많은 인재들이 유방의 휘하로 몰려들었다. 유방의 참모를 모두 살펴볼 수는 없을 것 같다. 다만 천하통일에 가장 큰 공을 세운 세 명의 인물을 보도록 하자. 한나라를 세운 세 명의 호걸이란 뜻에서 '한삼걸'이라 부른다. 소하와 장량, 그리고 한신이다.

소하는 유방이 봉기하기 이전부터 알고 지내던 사이였다. 유방의 세력이 커진 후에는 내정을 총괄했다. 오늘날로 치면 국무총리에 가깝다. 소하는 훗날 건국 공신의 반열에 오른다. 소하와 달리 장량과 한신은 처음부터 유방과 인연을 맺었던 인물이 아니다. 이들을 끌어들이는 과정에서도 유방의 리더십이 돋보인다. 유방은 그들을 어떻게 감동시켰을까?

장량은 전국 칠웅 가운데 하나인 한나라의 재상 가문 출신이었다. 전국 시대를 통일한 진시황제에 대해 당연히 감정이 좋지 않았다. 장량은 한나라의 부활을 위해 목숨을 바치기로 했다. 기원전 218년에는 박랑사(오늘날 중국 허난성의 유적지)라는 곳에서 진시황제의 암살을 시도하기도 했다. 암살이 실패하자 장량은 하비라는 곳으로 도망갔다. 그곳에서 황석공이란 노인을 만나 '태공병법'을 익혔다.

그 후 장량은 유방을 만났다. 유방의 성품은 온화했다. 한눈에 반할 정도였다. 장량은 유방이 황제가 될 그릇임을 직감했다. 장량은 자신의 시종 100여 명과 함께 유방의 휘하로 들어갔다. 유방 또한 장량의 뛰어남을 한눈에 알아봤다. 주군과 참모로서 둘은 평생을 함께하게 된다.

유방이 어떤 성을 공략할 때였다. 성 안의 적군은 강하게 저항했다. 유방이 거느리고 있는 병사는 9,000여 명. '2,000명 정도만 더 있으면 어떻게 해보겠는데…….' 이런 생각을 하던 유방에게 장량이 해법을 내놓았다. "항량에게 군사 5,000명을 빌려달라고 청하소서."

장량의 속내를 알 수 없었다. 그래도 유방은 장량의 조언을 따랐다. 놀랍게도 항량은 순순히 5,000명의 병사를 내어줬다. 유방이 그제야 장량에게 5,000명을 청한 이유를 물었다.

"만약 2,000명을 빌려달라고 했다면 우린 지원군을 얻을 수 없었을 것입니다. 그 2,000명의 병사가 우리 9,000명의 병사에 흡수될 수 있다는 걱정 때문이옵니다. 그러나 5,000명은 다릅니다. 우리 마음대로 어떻게 할 수 있는 규모를 넘어섭니다. 오히려 그쪽이 마음만 먹으면 역으로 우리 9,000을 흡수하려 들 수 있는 병력이기도 합니다. 그래서 항량은 기꺼이 5,000명을 빌려준 것이옵니다."

장량의 활약은 그 후로도 계속된다. 또 다른 성을 공략할 때였다. 이번에도 저항이 거셌다. 유방은 이 성만큼은 함락시킬 수 없을 것 같다며 그냥 지나치자고 했다. 장량이 미소를 지었다.

"신에게 생각이 있사옵니다. 일단 성을 지나치도록 하십시오. 그다음에는 우리의 군기軍旗를 바꿔 다시 돌아오도록 하십시오.”

유방은 장량의 조언을 따랐다. 성이 항복했다. 믿기지 않는 결과였다. 유방의 입에서 감탄사가 흘러나왔다. 장량이 미소를 지으며 그 이유를 설명했다.

“성안의 적장은 우리 군대가 성을 지나친 후 지원군이 온 것으로 착각했을 것이옵니다. 다른 군기가 걸려 있었기 때문입니다. 적장은 우리에게 엄청난 대군이 있다고 판단했을 것이옵니다. 그러니 싸워봤자 승산이 없겠다고 생각한 것입니다.”

장량은 홍문의 회에서도 유방의 목숨을 구했다. 천하 명장인 한신과 팽월, 영포를 추천한 이도 장량이었다. 한 제국을 장량이 세웠다는 평가도 아주 틀린 것은 아닌 것 같다.

한과 초가 팽팽하게 대결할 즈음, 장량은 초나라를 계속 밀어붙일 것을 주장했다. 그렇지만 광무에서 벌어진 전투에서 유방의 군대는 초나라 군대에게 패하고 말았다. 전략에 빈틈이 없던 장량이 아닌가? 유방은 패배한 이유를 물었다.

항량은 한신, 팽월, 영포가 참전하지 않았기 때문이라고 했다. 이런 괘씸한! 유방은 화가 났지만 장량은 침착하게 해법을 제시했다.

“그들에게 봉작을 주시옵소서. 그들은 아직 폐하에게 제후로 정식 인정을 받지 못했나이다. 폐하께서 그들의 존귀함을 먼저 인정해주시면 틀림없이 충성할 것이옵니다.”

유방은 장량의 제안을 수용했다. 한신, 팽월, 영포를 제후로 임명했다. 세 명의 명장은 즉각 군대를 이끌고 전투에 뛰어들었다.

이번엔 한신에 대해 알아보자.

한과 초가 천하를 다툴 때 여러 작은 나라들이 그 대열에 뛰어들었다. 한신은 바로 그 작은 나라들을 잇달아 정복했다. 위나라와 조나라, 연나라가 모두 한신에 의해 평정됐다. 한신은 이어 제나라를 평정하기 위한 원정에 나섰다.

당시 제나라는 초나라에서 공격받고 있었다. 그런 상황이니 한신의 10만 병력이 닥치자 풍전등화의 위기였다. 우여곡절 끝에 제나라는 초나라와 연합하기로 했다. 제나라가 한나라로 넘어가면 초나라와 한나라가 국경을 마주하게 된다. 초나라로서는 그런 상황이 껄끄러울 수밖에 없었다. 초나라의 20만 대군이 한신 군대와 맞섰다. 한신은 천하명장이었다. 누가 그를 이기겠는가. 초나라 병력의 절반 이상이 목숨을 잃었다. 한신은 제나라를 정복하는 데 성공했다.

한신은 주군인 유방에게 자신을 제나라의 왕(제후)으로 임명해달라고 요청했다. 점령한 것만으로는 맘이 놓이지 않는다는 설명이었다. 그대로 두면 제나라가 다시 초나라와 가까워질 확률이 높다는 분석이었다. 일리가 있는 분석이다.

유방은 한신을 두려워했다. 일단 한신은 인기가 매우 높았다. 그를 따르는 무리도 많았다. 만약 한신이 다른 마음을 품으면 어려운 상대가 될 수 있다. 그런 한신을 제나라의 왕에 임명하는 것은 날개를 달아주는 게 아닐까? 유방은 고민에 빠졌다. 그런 유방을 보며 한신에게도 주군에 대한 불신이 싹트기 시작했다. 그러나 이 불온한 싹을 유방이 잘랐다. 한신을 제나라의 왕에 임명한 것이다.

한신의 책사인 괴통은 모든 일을 지켜봤다. 괴통은 주군인 한신에게 유방으로부터 독립할 것을 조언했다. 괴통의 주장은 충분히 설득력이 있었다. 위, 조, 연 세 나라에 이어 제나라까지 점령하지 않았는가? 이 영토를 모두 합한다면 유방이나 항우의 세력에 결코 뒤지지 않았다. 괴통은 유방, 항우와 함께 중국을 삼분하면 승산이 있다고 했다.

괴통의 설득은 아주 집요했다. 유방이 천하를 통일한다면 한신을 가장 먼저 제거할 것이라는 경고도 했다. 그러나 한신은 주군인 유방을 끝까지 배신하지 않았다. 해하 전투에서 초나라에 대해 결정적 승리를 거두고 항우를 제거했다. 실제 한나라의 중국 통일을 이룬 명장이 바로 한신이었던 것이다.

이런 인재들이 유방의 휘하로 몰려든 또 하나의 요소가 있다. 바로 유방의 열린 리더십이다.

유방은 유능한 인재를 끌어들이는 데 아무런 조건을 달지 않았다. 유방은 이미 말했던 대로 귀족 가문 출신이 아니다. 내세울 권위가 없기에 인재들은 절로 모이지 않았다. 유방도 이 점을 잘 인식했다.

유방은 사람의 출신 성분을 따지지 않았다. 누구의 밑에서 일을 했는지도 캐묻지 않았다. 철저히 열린 사고를 했다. 항우의 부하였던 한신이 유방으로 주군을 바꿨다. 개고기를 팔던 잡상인 번쾌는 유방 밑에서 명장으로 탈바꿈했다. 항우의 숙부인 항백과도 친하게 지냈다. 홍문의 연에서도 항백의 도움을 받았다.

어쩌면 젊은 시절의 건달 생활이 열린 리더십의 근원일 수도 있다. 쉽게 사람들과 친해질 수 있는 성격이 없었다면 마음을 열고 사람들을 받아들일 수 없었으리라. 유능한 인재를 가릴 수 있는 선구안도 생겼다.

항우는 부하들의 전문성도 인정했다. 각자 전문성을 살릴 수 있도록 직책을 부여했다. 이 또한 열린 리더십의 일부분이다.

언젠가 유방이 한신에게 "내가 지휘할 수 있는 병력 규모는 어느 정도인가?"라고 물은 적이 있다. 한신은 몇십만 명이라고 대답했다. 중국의 천하통일을 꿈꾸는 인물에게 몇십만 명의 군사밖에 거느리지 못한다고 말할 수 있는 한신의 용기도 참 대단하다. 유방은 다시 질문했다. "그렇다면 자네는 몇 명의 병사를 지휘할 수 있는가?" 한신은 이번에도 거침없이 말했다. "저는 병력의 수와 관계없이 모두 지휘할 수 있습니다."

유방이 화가 날 법하다. 그래도 화를 꾹 참고 물었다. "자네는 장수의 능력이 나보다 뛰어난데, 왜 내 밑에 있는가?" 또다시 한신은 거침없이 말했다. "주군은 황제의 능력을 갖추셨습니다. 그러니 제가 병사를 많이 지휘할 수 있다 해도 주군을 뛰어넘지 못하는 것이옵니다."

한신의 이 발언은 지도자의 리더십이 어떠해야 하는지를 잘 보여주고 있다. 지도자 또는 상사는 작고 세세한 것에만 골똘하면 안 된다. 부하들에게 더 많은 권한을 주고, 그 자신은 더 큰 그림을 추구해야 한다. 전투에서 승리했을 때 전리품을 모두 챙기는 지도자보다는 유방처럼 부하 장수들에게 나눠주는 지도자의 모습에서 감동을 받지 않겠는가?

유방은 자신의 성공 비결을 어떻게 인식하고 있을까? 그의 성공요인 분석은 사마천의 『사기史記』에 잘 나타나 있다. 그의 말을 직접 들어보자.

전략을 짜기로 치면 나는 장량을 이길 수 없다. 내정을 다지고 민생을 챙기기로 치자면 소하를 능가할 수 없다. 백만 대군을 통솔해 전투에서 승리를 거두는 한신을 전투력에서 앞설 수도 없다. 그러나 나는 그 셋을 모두 수하에 뒀다. 이게 내가 천하를 통일할 수 있었던 이유다.

이제까지 유방의 성공 리더십을 살펴봤다. 이제 시선을 항우에게로 돌려보자. 항우는 왜 실패했을까? 실패에서 성공 철학을 찾는 것도 필요한 일이다. 타산지석他山之石이라 하지 않았는가.

항우에게는 탁월한 장수와 전략가가 없었던 것일까? 그렇지 않다. 항우에게도 범증이라는 대단한 책사가 있었다.

범증은 항량이 봉기했을 때 이미 일흔 줄에 접어든 노인이었다. 범증은 정세를 판단하는 능력이 탁월했다. 항량에게 초 회왕의 후손을 찾아 왕으로 옹립하라고 조언한 인물이 바로 범증이었다. 범증은 항량으로부터 최고의 전략가에 부합하는 대우를 받았다. 처음에는 항우도 그를 존경했다.

그러나 항우는 세력이 커지면서 범증을 무시하기 시작했다. 홍문의 회에서 유방을 죽여야 한다는 범증의 간언을 들은 체 만 체했다. 나아가 범증을 의심하기 시작했다. 둘 사이를 이간질하려는 유방 쪽의 계략이었는데도 전혀 눈치채지 못했다. 이 계략은 유방의 책사 진평이 내놓았다. 항우는 그 계략에 속아 범증을 내쫓았다. 범증은 유랑하다 병을 얻었다. 항우는 끝까지 무관심으로 일관했다. 범증은 쓸쓸히 세상을 떠났다. 유방 측에 대패하고 천하를 잃었을 때에 이르러서야 항우는 범증을 그리워했다. 늦어도 너무 늦은 후회였다.

항량의 형제로, 항우의 숙부였던 항백도 나중에는 항우를 떠났다. 항백은 홍문의 연이 있었을 때 유방을 풀어준 인물. 나중에 유방에게 투항해 제후의 자리를 받았다. 가족까지 항우를 등졌다. 요컨대 항우에게 탁월한 장수와 전략가가 없었던 것이 아니다. 다만 항우가 그들을 모두 내쳤던 것이다. 항우의 리더십이 어떠했는지는 이런 사실만으로도 짐작할 수 있다.

요약하자면 이렇다.

항우의 리더십은 독재적이다. 모든 의사결정을 항우가 직접 내린다. 모든 권력은 항우에게 집중된다. 반면 유방은 부하들에게 의사결정을 이양하거나 조언을 적극 수용한다. 열린 마음으로 사람을 대한다.

어느 쪽이 목표 달성에 수월할까? 당장 성과를 내야 하는 영역이라면 항우의 리더십이 효율적일 수 있다. 위기와 혼란의 상황이 계속 이어지고 있다면 독재 리더십까지는 아니더라도 어느 정도의 카리스마 리더십이 필요할 수도 있다.

그러나 장기적으로 큰 성과를 내야 하는 상황이라면 항우의 리더십은 별 도움이 되지 못할 수 있다. 모든 사안을 지도자 1인이 챙기는 것은 후진형 조직이다. 유방이 그랬던 것처럼 부하들의 전문성을 최대한 살려주는 지도자가 필요하다. 권력을 분산하는 리더십을 구사하는 지도자여야 한다.

지도자 개인의 역량에 대해서도 초한지 이야기는 많은 시사점을 남기고 있다.

항우의 면면을 보자. 우선 그는 초나라 귀족 출신이었다. 어렸을 때부터 군사 훈련을 한 터라 군사적 능력 또한 탁월했다. 전략의 귀재였고, 무예 또한 뛰어났다. 힘 또한 장사였다. 역발산기개세의 호걸이었다. 항우는 장수로서는 맹활약을 보여줬다. 진나라 군대와의 전투에서 열 번 싸우면 열 번을 이겼다. 그 모든 전투를 진두지휘했음은 물론이다. 그에게도 범증과 같은 책사가 있었지만, 대부분의 전략은 그의 머리에서 나왔다. 책사와 전략가들은 단지 조언을 할 따름이었다.

이런 점을 종합해보면 항우는 자신의 능력을 과신한 것으로 볼 수 있다. 물론 그의 능력이 탁월한 것은 사실이지만, 천하 통일이란 대업은 혼자만의 능력으로 얻을 수 있는 게 아니기 때문이다. 그가 만약 자신의 판단이 틀릴 수도 있다는 사실만이라도 인정했더라면 초나라의 역사는 달라졌을 것이다.

반면 유방은 자신의 판단이 아니라 조직의 판단을 존중했다. 결과는 어떤가? 항우는 촌부에 불과한 유방에게 패하지 않았는가? 결국 아무리 강한 개인이라도 조직을 이길 수는 없는 법이다.

유방이 봉기했을 때의 나이는 48세, 한 제국을 세웠을 때의 나이는 56세였다. 반면 항우가 해하 전투에서 패한 뒤 오강에서 스스로 목숨을 끊었을 때, 그의 나이는 31세였다. 어쩌면 혈기 넘치는 젊음에 사로잡혀 조직의 힘을 간과했던 것은 아닐까?

제4장

중세 유럽을 태동시킨 과감한 타협

― 클로비스

● 프랑크 왕국의 창건과 확대 :
클로비스가 메로빙거 왕조를 창건했을 때의 영토는 파리 인근의 작은 지역에 불과했다.
클로비스는 이를 오늘날의 프랑스 전역으로 확대했다. 훗날 샤를마뉴는 에스파냐를 제외한 유럽의 거의 전역을 정복했다.

481년 프랑스 북부 지역에 프랑크 왕국이 탄생했다.

프랑크 왕국의 등장은 유럽 역사의 일대 전환점이었다. 이 나라로 인해 서양 역사의 중심은 지중해에서 서유럽으로 옮아갔다. 프랑크 왕국은 유럽의 심장으로 떠올랐고, 중세 유럽의 문을 열었다. 봉건제와 가톨릭도 프랑크 왕국이 있었기에 존재할 수 있었다.

프랑크 왕국은 게르만족의 일파인 프랑크족이 세운 나라다. 이 무렵 유럽에는 여러 게르만 국가들이 번창하고 있었다. 프랑스 남부에는 부르군트 왕국, 이탈리아에는 동고트 왕국, 에스파냐에는 서고트 왕국, 영국에는 앵글로색슨 왕국, 아프리카 북부에는 반달 왕국이 건국됐다. 본거지인 발트 해 연안에 남아 있는 게르만족도 스웨덴과 노르웨이, 덴마크를 세웠다.

번영은 오래가지 못했다. 스칸디나비아 3국을 뺀 모든 게르만 국가들이 얼마 못 가 멸망했다. 유럽 본토에는 단 하나의 게르만 왕국만 남았다. 바로 프랑크 왕국이었다. 프랑크 왕국은 로마의 뒤를 이은 대제국을 건설했다.

모든 게르만 국가가 명멸明滅할 때 프랑크 왕국만이 홀로 우뚝 설 수 있었던 이유는 뭘까. 프랑크 왕국의 창건자 클로비스(클로비스 1세)의 리더십에 그 해답이 있다.

불굴의 게르만 전사, 로마를 잡아먹다

게르만족은 인도 유럽어족의 일파다. 멀리까지 거슬러 올라가면 기원전 2000년 무렵 중앙아시아와 서아시아 일대에서 탄생한 아리아족이 기원이다. 그들의 한 분파가 당시 유럽 북부로 이동해 새 둥지를 틀었다. 고대 게르만족은 스칸디나비아 반도와 유틀란트 반도, 독일 북부에서 농경과 목축 생활을 하며 살았다.

고대 게르만족의 생활상은 로마 제국의 정치인이자 역사가였던 푸블리우스 타키투스가 98년에 쓴 『게르마니아』를 통해 알 수 있다. 이에 따르면 게르만족은 공동체 의식이 강했고, 신체 단련을 중시했다. 문학과 예술 작품도 영웅을 추앙하는 내용이 많았다.

고대 게르만 사회는 부족 사회로, 철저한 신분 사회였다. 신분은 크게 왕(족장), 귀족, 자유민, 노예로 나뉘었다. 여기까지는 다른 민족의 초기 모습과 별반 차이가 없다. 게르만족의 독특한 풍습은 '종사從事' 제도에 있다.

로마의 집정관을 지낸 율리우스 카이사르는 갈리아와 게르만 정벌 경험을 책으로 썼다. 이 책이 『갈리아 전기』인데, 여기에 이 제도가 상세하게 묘사되어 있다. 이에 따르면 종사 제도는 족장, 귀족 등 상위 신분이 하위 신분의 자유민과 맺은 '계약'이다. 계약에 따라 상위 신분은 하위 신분에게 무기와 식량을 제공한다. 자유민은 전쟁터로 나가 싸운다. 또한 계약에 따라 왕과 귀족은 자유민을 보호한다.

처음에 이 계약은 전쟁이 있을 때마다 새로 체결됐다. 계약이 없는 한 상위 신분은 하위 신분을 구속할 수 없었다. 이 일시적 계약 관계가 일상적인 계약 관계로 바뀌었다. 상위 신분의 귀족은 하위 신분인 자유민을 자신의 집에 머물도록 하고, 각종 혜택을 주었다. 그 대가로 자유민은 전쟁이 생길 때마다 기꺼이 칼을 잡았다. 물론 이 경우에도 자유민이 원치 않으면 계약은 파기됐다.

중세 유럽의 봉건제가 바로 이 종사 제도에서 비롯됐다. 물론 그렇지 않다는 학자들도 있다. 그러나 소수에 불과하다. 대부분은 종사 제도를 봉건제의 출발점으로 인정한다. 왕은 영주와 계약 관계를 맺고, 영주는 기사와 계약 관계를 맺는 중세 봉건제의 원형이라는 얘기다.

다시 본론으로 돌아가서, 유럽 북부는 살기가 썩 좋은 곳은 아니었다. 좀 더 날씨가 좋고 토지도 비옥한 곳이 있다면……. 바로 그런 땅을 찾아 게르만족이 기원전 2세기 무렵부터 유럽 중부와 남부로 슬슬 내려오기 시작했다. 게르만족은 하나같이 덩치가 크고 금발이었다. 아주 호전적이었다. 기원전 2세기 말 게르만족의 일부는 이탈리아 북부까지 침략했다. 그러나 로마군을 이길 수는 없었다. 게르만족은 다시 북쪽으로 밀려났다.

당시 유럽의 최고 문명 도시는 로마였다. 로마 공화정 시민에게 북방 게르만족은 야만인일 뿐 아니라 미미한 존재였다. 로마인은 내부 정치에 더 관심이 많았다. 이 무렵 로마에서는 귀족파와 평민파의 치열한 권력투쟁이 벌어지고 있었다.

기원전 59년, 평민파의 지지를 받은 율리우스 카이사르가 권력의 정점에 올랐다. 정적들은 카이사르를 제거하기 위해 혈안이 됐다. 카이사르는 멀리 갈리아 총독으로 떠났다. 카이사르는 이 조치를 반겼다.

사실 카이사르는 로마 시민을 열광시키기 위한 '작품'을 고민하고 있던 터였다. 울고 싶은 데 뺨을 친 격. 카이사르는 이참에 갈리아를 정복하기로 했다. 갈리아는 오늘날의 프랑스와 스위스 등 유럽 중부를 가리킨다. 갈리아인(켈트인)은 로마의 지배를 달가워하지 않았다. 카이사르는 갈리아를 정복하면 로마 시민이 열광하리라 믿었다. 기원전 58년 카이사르는 갈리아로 떠났다.

갈리아 전쟁이 터졌다. 갈리아인들도 용맹했다. 그들 또한 한때 로마를 침략해 폐허로 만든 경험이 있었다. 그러나 로마, 그것도 카이사르의 군대를 이길 수는 없었다. 갈리아인은 북쪽으로 달아났다. 로마군이 그들을 쫓았다. 이윽고 북해에 이르렀다. 카이사르는 내친김에 브리타니아(오늘날의 영국)까지 진격했다. 카이사르는 미소를 지었다. 이제 남아 있는 야만인은 게르만족밖에 없었다. 라인 강을 건너면 그 야만인들이 사는 게르마니아(오늘날의 독일) 땅이다. 카이사르는 지체하지 않고 강을 건넜다.

게르만족은 용맹을 넘어 흉포하기까지 했다. 카이사르 군대는 눈물을 머금고 게르마니아에서 철수했다. 훗날 카이사르의 뒤를 이은 아우구스투스도 게르마니아를 공략했지만 실패했다. 두 영웅은 똑같은 교훈을 얻었다. "게르만족은 정복할 수 없다!"

그래도 이 전쟁에서 로마는 갈리아를 얻었다. 갈리아는 로마의 품 안으로 들어갔고, 갈로-로마라 불렸다. 갈리아인도 로마인으로 변해갔다. 이제 게르만족은 로마와 갈리아의 적이 됐다. 그러나 게르만족의 힘은 로마를 넘지 못했다. 이따금 라인 강을 넘어 갈로-로마 지역을 약탈하기는 했지만 그들의 영역은 북 갈리아를 넘어서지 못했다.

4세기 후반이 됐다. 라인 강과 도나우 강 너머에 있던 게르만족이 국경을 넘어 로마의 영토로 이동하기 시작했다. 게르만족이 이 이동을 원한 것은 아니었다. 기원전 2세기 아시아의 제국 진과 한을 공포에 빠뜨렸던 흉노족. 그 흉노족의 후예인 훈족이 아시아에서 유럽으로 이동한 데 따른 것이었다. 훈족은 게르만족보다 더 용맹했다. 게르만족은 그들을 이길 수 없었다.

가장 먼저 게르만족의 일파인 동고트족이 갈로-로마의 땅으로 피신했다. 어느덧 늙고 이빨이 빠진 사자로 전락한 로마 제국은 그들을 막을 수 없었다. 시작이 어려운 법이다. 동고트족이 길을 뚫었으니 다른 게르만족의 진출이 수월해졌다. 더 많은 게르만족이 로마의 영토로 진격했다. 갈로-로마 지역을 마구 약탈했다. 자기들끼리도 패권 전쟁을 벌였다.

로마인들은 그런 게르만족을 야만인이라 불렀다. 다른 문화와 종교, 예술을 파괴하는 행위를 반달리즘Vandalism이라 부른다. 이 용어는 게르만족의 지파支派인 반달족에 근원을 두고 있다. 로마인들이 게르만족을 어떤 시각으로 바라봤는지 알 수 있는 대목이다.

그러나 야만족 게르만의 힘은 강했다. 그들은 수천 명씩 몰려다니며 로마를 겁탈했다. 게르만족은 무기력한 로마를 비웃으며 로마 영토 곳곳에 자신들의 나라를 세웠다. 반달족은 유럽을 넘어 아프리카 북부까

지 진격해 반달 왕국을 세웠다. 서고트족은 에스파냐에 서고트 왕국을
세웠다. 프랑스 남부에는 부르군트 왕국이 세워졌고, 이탈리아에는 동고
트 왕국이 들어섰다. 영국에도 앵글로색슨 왕국이 세워졌다. 아직 유럽
중앙부로 이동하지 않은 발트 해 일대의 게르만족은 스칸디나비아 반도
에 왕국을 세웠다. 그리고 프랑크족은 프랑크 왕국을 세웠다.

476년, 마침내 큰 일이 벌어지고야 말았다. 서로마 제국의 게르만 용
병대장 오도아케르가 반란을 일으켰다. 그는 서로마 제국의 마지막 황
제 로물루스 아우구스툴루스를 끌어내렸다. 동로마(비잔틴) 제국은 건
재했다. 그러나 유럽 한복판의 로마는 사라졌다. 결국 게르만족이 로마
제국을 집어삼킨 것이다.

프랑크 왕국, 유럽의 새 질서를 만들다

프랑크 왕국의 탄생으로 유럽은 일대 전환점을 맞았다. 중세 유럽의 가
장 큰 두 가지 특징을 들라면 봉건제와 가톨릭이다. 두 가지 모두 프랑
크 왕국에 의해 만들어졌거나 성장했다. 프랑크 왕국이 없었더라면 로
마 가톨릭은 중세 유럽의 정신적 지주가 될 수 없었다. 그랬다면 오늘
날 우리가 알고 있는 유럽의 역사는 많은 부분 달라져 있을 것이다. 프
랑크 왕국이 중세 유럽 역사에서 차지하는 비중은 절대적이다.

이미 살펴봤듯 게르만족은 단일 부족이 아니다. 원래 모든 민족이 그
렇듯이 게르만족 또한 많은 하위 부족이 나뭇가지처럼 갈라져 있었다.
프랑크족은 그 나뭇가지 중 하나였다. 프랑크족 또한 더 작은 부족들로

가지를 뻗었다. 그 지파 가운데 살리 프랑크족(잘리어 프랑크족)이 있었다.

4세기 후반부터 많은 게르만족이 갈리아 지방에 몰려들었다. 서로 마 제국은 용맹한 게르만 전사를 추려 용병으로 활용했다. 게르만 전사 들은 로마를 위해 갈리아 지방을 유린하는 훈족과 싸웠다. 본질적으로 는 게르만족의 생존을 위해……

게르만 전사들은 결국 훈족을 갈리아 지방에서 몰아냈다. 원래 로마 제국을 지탱한 것은 기강이 살아있는 시민 군대였다. 그러나 군대 기강 은 무너진 지 오래였다. 로마 황제는 국방을 게르만 용병에 의존할 수 밖에 없었다. 많은 게르만 전사들이 로마군사령관에 올랐다. 군대가 이 민족으로 꾸려졌으니 로마의 부활은 물 건너갔다. 476년 서로마 제국 을 끝장낸 오도아케르는 게르만 용병 출신이었다. 땜질 처방의 결과가 이보다 더 혹독할 수가 없다.

살리 프랑크족의 족장 메로비스(메로베치)도 로마군사령관 출신이었 다. 메로비스는 로마에 충성했다. 물론 겉으로만. 야심은 숨겼다. 메로 비스는 다른 게르만족과의 영토 전쟁에 여념이 없었다. 동상이몽^{同床異}^夢이었다. 게르만족의 모든 족장이 같은 꿈을 꾸고 있었다. 게르만족의 통일, 그리고 갈리아 정복! 게르만족의 패권 전쟁은 더욱 치열해졌다.

메로비스는 예수 그리스도와 마리아 막달레나의 후손이란 전설을 남겼다. 위대한 영웅이란 뜻이다. 그러나 그의 세대에서 왕조가 건설되 지는 않았다. 그의 아들 힐데리히 1세가 대를 이어 패권 경쟁에 나섰다. 힐데리히 1세 또한 군사령관을 지냈다. 주변의 돌아가는 상황도 아버 지 때와 다르지 않았다. 로마는 가라앉고 있었고, 게르만족 간의 패권 경쟁은 혼전을 거듭하고 있었다.

● 클로비스(Clovis)
힐데리히 1세의 아들로
메로빙거 왕조를 창시하고,
중세 유럽을 태동시킨
프랑크 왕국을 건설했다.

446년, 힐데리히 1세는 오늘날 벨기에 투르네 지역에서 아들을 낳았다. 그의 이름은 클로비스(446~511년). 유럽의 혼란을 끝낼 영웅이 탄생했다.

클로비스는 족장에 오른 뒤 곧바로 살리 프랑크족의 지파를 모두 통합했다. 이어 상 프랑크족과 리브아리족까지 복속시켰다. 481년 클로비스는 마침내 새 나라를 세웠다. 이 나라가 바로 프랑크 왕국(481~843년)이다. 클로비스는 왕에 올랐고, 이로써 프랑크 왕국의 첫 왕조인 메로빙거 왕조(481~751년) 시대가 열렸다. 할아버지의 이름을 딴 왕조였다.

전설적인 인물 메로비스는 이렇게 손자의 세대에서 찬란히 부활했다.

이에 앞서 476년 게르만 용병대장 오도아케르가 서로마 제국을 무너뜨렸다. 막강한 힘의 공백! 수많은 군소세력이 천하를 노렸다. 셀 수 없이 많은 국가가 유럽 도처에 만들어졌다. 게르만 국가들도 예외가 아니었다. 이런 상황이니 프랑크 왕국이 세워졌다고 해서 별 의미가 있는 건 아니다. '그렇고 그런 나라 하나가 만들어진 것 아니겠는가?' '얼마 지나면 다른 나라로 대체되겠지. 혼란이라는 게 그런 거 아냐?'라고 대수롭지 않게 생각했다.

그러나 예측이 빗나갔다. 프랑크 왕국은 낭중지추囊中之錐였다. 모든 나라가 하나씩 몰락했지만 프랑크 왕국만큼은 달랐다. 프랑크 왕국은 하루가 다르게 성장했다.

클로비스는 다른 게르만족을 하나씩 흡수하기 시작했다. 이미 죽어 없어진 로마라는 '유령'과도 싸웠다. 당시 루아르 강 일대는 시아그리우스라는 인물이 지배하고 있었다. 그는 로마가 멸망하기 전에 갈리아 총독으로 부임한 인물이었다. 마지막 남은 로마의 유령인 셈이다. 그 유령은 로마가 멸망한 후 새로운 왕국을 세워 왕에 올랐다.

이미 말했던 대로 클로비스 가문은 할아버지 때부터 대대로 로마군 사령관을 지냈다. 그러니 총독을 지낸 시아그리우스 가문과도 돈독한 사이였다. 시아그리우스는 클로비스보다 열다섯 살 정도 많았다. 둘은 어렸을 때부터 허물없이 지냈다.

잡아먹지 않으면 잡아먹히는 시절이었다. 이 둘의 우정은 오래갈 수 없었다. 486년, 클로비스는 로마의 유령을 잡기 위해 출전을 감행했다. 이 전투가 수아송 전투다. 결과는 클로비스의 대승. 이제 프랑크 왕국의 영토는 솜 강(프랑스 북부)에서 루아르 강(프랑스 중부)에 이를 만큼 광활해졌다.

시아그리우스는 한때 자신이 정벌했던 서고트족의 왕국으로 달아났다. 그러나 이미 클로비스는 무서운 사자가 됐다. 서고트 왕국의 왕은 그 사자가 무서웠다. 유령을 보호하느니 사자를 안심시키자! 왕은 시아그리우스를 사로잡아 클로비스에게 돌려보냈다. 시아그리우스는 처형되었다.

로마의 잔재를 청산한 클로비스는 다른 게르만족과의 전투를 재개했다. 남서부의 서고트족과 남동부의 부르군트족에서 영토를 빼앗았다. 아직 남아 있는 프랑크족의 지파들도 속속 흡수했다. 이제 프랑크 왕국에 대항하는 게르만족은 알라마니족만 남았다. 496년 클로비스는 고전 끝에 알라마니족을 정복할 수 있었다.

프랑크 왕국의 상승세가 이어졌다. 클로비스는 500년 오늘날 동남부에 있던 부르군트 왕국을 복속시켰다. 부르군트 왕국은 그 후로도 34년을 버텼지만 끝내 프랑크 왕국에 의해 멸망하고 말았다.

507년에는 다시 서고트 왕국과 경합을 벌였다. 푸아티에에서 치러진 이 전투에서 클로비스가 승리해 아키텐 지역을 빼앗았다. 서고트 왕국을 멸망시키지는 못했다. 그래도 이 전쟁에서 승리함으로써 프랑크 왕국은 유럽의 절대 강자임을 입증했다. 서고트 왕국은 훗날 이슬람 세력에게 멸망한다.

프랑크 왕국은 더 이상 작은 부족 국가가 아니었다. 명실상부한 왕국의 반열에 올랐다. 이 무렵 프랑크 왕국의 영토를 보자. 북쪽으로는 독일 남서부 지방까지 이르렀다. 남쪽으로는 에스파냐 지역을 뺀 갈리아 지방 전역을 차지했다. 이쯤 되면 로마의 뒤를 잇는 제국으로 손색이 없다.

클로비스는 센 강변에 도시를 건설하기 시작했다. 가파른 언덕배기였다. 적이 침략하려면 비탈길을 기어올라야 한다. 군사적으로 이보다 좋은 천연 요새는 없다. 게다가 교통의 요지였다. 일단 언덕을 올라가면 시야가 확 트인다. 사방으로 도로가 뚫려있었다. 클로비스는 언덕 주변에 성을 쌓도록 했다. 508년, 도시가 완성됐다. 클로비스는 이 도시를 파리라고 부르도록 했다. 오늘날 프랑스 수도 파리는 이렇게 건설되었다.

511년, 프랑크 왕국의 태조 클로비스가 세상을 떠났다. 모든 유산을 자식들이 분할하는 게르만족 풍습에 따라 왕국도 네 명의 아들에게 분할됐다. 강력한 왕국의 공중분해. 또다시 천하를 다투는 전쟁의 시대로 접어들었다.

558년, 막내아들 클로타르 1세가 혼란을 끝냈다. 위기에 빠진 프랑크 왕국을 수렁에서 건져냈다. 그는 재통일의 업적을 인정받아 대왕이라 불렸다. 역사는 반복되는 것이라 했던가. 561년, 클로타르 1세가 사망하자 또다시 네 명의 아들은 프랑크 왕국을 나눠 가졌다.

이제 메로빙거 왕조는 종말을 향해 가고 있었다. 나뭇가지 다발은 꺾을 순 없지만 다발이 흩어지면 공략은 쉬운 법. 궁재라 불리는 귀족 가문이 정치 권력을 장악했다. 궁재 가문 가운데 무소불위의 권력을 휘두른 가문이 있었다. 카롤링거 가문이었다. 751년 카롤링거의 소小 피핀이 메로빙거 왕조 최후의 왕 힐데리히 3세를 몰아내고 왕위에 올랐다. 이로써 카롤링거 왕조의 시대가 열렸다.

카롤링거 왕조는 피핀의 아들 카롤루스 대제(샤를마뉴·재위 768~814년) 때 전성기를 달렸다. 수도원이 번창했다. 문학과 예술이 활짝 꽃을 피웠다. 이를 카롤링거 르네상스라고 부른다. 이 공을 인정받아 샤를마뉴는 로마 교황으로부터 로마 제국의 황제 칭호를 하사받았다. 이로써 로마 제국이 다시 부활했다.

그러나 게르만족의 오랜 전통을 넘지는 못했다. 베르됭 조약(843년)과 메르센 조약(870년)으로 프랑크 왕국은 다시 세 개의 왕국으로 쪼개졌다. 카롤링거 왕조 또한 이탈리아계는 875년, 동프랑크계는 911년, 서프랑크계는 987년에 맥이 끊겼다. 그 후 동프랑크에는 작센 왕조가, 서프랑크에는 카페 왕조가 들어섰다. 각각 오늘날의 독일과 프랑스가 탄생한 것이다.

클로비스의 기독교 개종, 대타협? 치밀한 승부수!

지금까지 프랑크 왕국의 탄생에서 종말까지 개괄적으로 살폈다. 메로빙거 왕조가 문을 열었고, 카롤링거 왕조가 전성기를 달렸다. 카롤링거 왕조는 유럽 대부분을 정복해 대제국이 됐다. 과거 로마 제국이 누리던 영광은 이제 프랑크 왕국에게 돌아갔다.

그러나 이미 살펴봤던 대로 프랑크 왕국의 출발은 다른 게르만 왕국보다 빠르지 않았다. 분명 남다른 성공의 비결이 있을 터. 가장 먼저 클로비스에서 그 비결을 찾을 수 있다. 바로 대타협의 리더십이다. 프랑크 왕국의 성장에 결정적 역할을 한 이 전략은 1500년 이상이 지난 오늘날에도 여전히 유효한 가치다.

이 리더십의 전말을 이해하기 위해 우선 4세기 초반으로 되돌아가자. 이야기는 325년 소아시아의 니케아에서 시작된다.

로마 황제 콘스탄티누스 1세(콘스탄티누스 대제)가 이곳에서 종교 회의를 소집했다. 그는 313년 기독교를 공인한 인물. 이어 교리 논쟁까지 해결하겠다는 포부에서 첫 종교 회의를 소집한 것이다. 아직 교황의 권위는 약하고 황제의 권위는 강했다. 황제에 의해 기독교가 정비되고 있었다. 기독교인들은 그에게 보답으로 대제 칭호를 수여했다.

이 니케아 공의회 화두는 예수의 신성神性이었다. 알렉산드리아 교회의 사제 아리우스가 포문을 열었다.

"성부와 성자, 성신(성령)은 서로 대등하며, 성부만이 영원하다. 성자는 다른 피조물과 마찬가지로 창조됐을 뿐이다. 성부는 성자를 선택해 이 세상을 구원하라는 임무를 맡겼다."

훗날 알렉산드리아 교회의 대주교가 되는 아타나시우스가 즉각 반박했다.

"성부와 성자, 성신은 세 인격(삼위)으로 존재한다. 다만 본질은 하나다. 다시 말해 삼위는 일체한다. 예수 그리스도의 신성神性을 부정하는 아리우스는 이단이다."

치열한 논쟁이 이어졌다. 결과는 아타나시우스의 승리였다. 니케아 공의회는 아리우스와 그를 따르는 무리, 즉 아리우스파를 이단으로 규정했다. 사실 예상된 결과였다. 이 종교 회의 자체가 아리우스파를 몰아내기 위해 열린 것이니까. 아타나시우스는 미소를 지었다.

모든 일은 두부 자르듯 명쾌하게 정리되지 않는다. 이 교리 논쟁도 마찬가지였다. 아리우스파가 이단으로 배척됐지만 세력마저 기운 것은 아니었다. 콘스탄티누스의 뒤를 이은 콘스탄티우스 2세 황제 때는 오히려 세력이 더 커졌다.

교리 논쟁이 재현됐다. 381년 콘스탄티노플에서 다시 종교 회의가 열렸다. 이번에는 확실히 못을 박았다. 아리우스파가 이단임을 명백히 했다. 이제 로마 영토에 아리우스파가 발붙일 땅은 사라졌다.

아리우스파는 라인 강을 넘기로 했다. '야만인'들이 사는 그곳 게르마니아에는 아직 포교 대상이 많으니까. 게르만족은 아리우스파를 환영했다. 아리우스파 기독교의 인기가 되살아났다. 일부 게르만족은 아리우스파 기독교를 민족 종교로 받아들이기도 했다.

이 무렵 게르만족은 급속하게 성장하고 있었다. 갈로-로마 영토 공략을 본격화한 시점, 게르만족은 곳곳에 왕국을 세웠고 그들 사이에도 영토 전쟁을 벌였다. 프랑크 왕국의 클로비스도 한창 전쟁 중이었다.

프랑크 왕국의 영토는 점점 넓어졌다. 전투라는 게 대부분 그렇듯이 프랑크 왕국도 승리와 패배를 반복하고 있었다. 대체로 승리가 많았지만 절체절명의 위기도 있었다. 496년 치러진 알라마니족과의 전투가 그랬다. 프랑크 군대가 열세에 몰렸다. 많은 명장들이 목숨을 잃었다. 비탄에 빠진 클로비스가 하늘을 보며 기도했다.

"하나님. 이 전투를 승리로 이끌어주소서. 이 기도를 들어주시면 평생 당신을 섬기겠나이다."

이 기도가 통했던 걸까? 전세가 역전됐다. 마침내 클로비스의 승리! 클로비스는 약속을 지켰다. 3,000여 명의 부하를 이끌고 샹파뉴 지방에 있는 랭스 성당으로 갔다.

성당에서는 축복의 종소리가 울려 퍼지고 있었다. 클로비스가 세례를 받기 위해 주교 앞에 섰다. 갑자기 하늘에서 비둘기 한 마리가 날아왔다. 그 비둘기는 작은 성유聖油 병을 입에 물고 있었다. 성유를 몸에 바르는 것은 초기 교회 때부터 내려져 온 전통이었다. 예수 크리스트를 '기름 부음을 받은 자'라고 하지 않았던가. 클로비스의 세례를 신神도 축복하고 있음이다.

클로비스가 세례를 받은 것은 그리 신기할 것도, 유별나지도 않은 사건이다. 여러 군소 왕국 가운데 한 나라의 왕이 세례를 받았을 뿐이지 않은가. 그러나 이 세례 장면은 아주 신성하게 포장되어 후세에 전해지고 있다. 이 사건의 역사적 의미가 남다르기 때문이다.

이 세례는 작게는 프랑크 왕국, 크게는 중세 유럽의 역사를 바꾼 대형 사건이었다. 단순한 종교적인 행사가 아니었다. 클로비스의 야심 찬 승부수였다. 그의 리더십이 제대로 발현된 대형 사건이었다. 바로 대타협의 리더십이다. 로마 교회와의 대타협, 그것을 통해 프랑크 왕국은 다른 게르만 국가가 넘어설 수 없는 경지에 올랐다.

의문에서 시작하자. 당시 대부분의 게르만족은 아리우스파 기독교를 믿었다. 그런데 클로비스는 로마의 정통 아타나시우스파를 골랐다. 물론 이 세례 당시 클로비스가 아타나시우스파를 택했는지, 이단인 아리우스파를 택했는지는 알 수 없다. 다만 확실한 것은, 클로비스가 최종 선택한 교파는 정통 아타나시우스파 기독교라는 점이다. 다른 게르만족에 등을 돌리면서까지 클로비스는 로마 교회와 손을 잡은 셈이다. 클로비스는 왜 로마의 종교인 기독교를 받아들였을까?

이미 말한 대로 프랑크 왕국의 초창기 역사를 전하는 책들은 클로비

스의 세례를 신성화하고 있다. 절체절명의 위기에서 하나님의 구원을
받아 개종했다는 것인데, 객관적 사실로 믿기는 어렵다. 과거 콘스탄티
누스 대제의 일화를 인용한 게 아닌가 싶다. 콘스탄티누스 대제도 기독
교도가 아니었다. 동·서로마의 통합 전쟁 과정에서 기적을 목격한 후
신도가 됐다고 전해지고 있다.

성스러운 포장을 벗겨 내자. 개종의 진짜 이유는 따로 있을 것이다.
많은 역사서에는 클로비스의 아내를 거론한다. 그의 아내 클로틸다가
원래 기독교도였고, 클로비스에게 개종을 자주 권했다는 것이다. 이 해
석을 따르면 부인의 헌신적인 노력에 힘입어 클로비스는 정통 아타나
시우스파 가톨릭으로 개종했다.

클로틸다는 프랑크족 여인이 아니다. 부르군트족 왕의 딸이었다. 부
르군트 왕가에서 반란이 일어나는 바람에 클로비스에게 피신했다가
493년 결혼했다. 클로비스가 세례를 받기 3년 전의 일이다. 가톨릭에
서는 클로틸다를 성녀로 추앙하고 있다. 아마도 그녀가 클로비스의 개
종을 독려했다고 보는 듯하다.

이게 진실일까? 아니다. 클로비스가 가톨릭으로 개종한 결정적인 이
유는 다른 데 있었다. 모든 것을 신앙의 문제로 제한하면 진실은 발견
할 수 없다. 이제 클로비스의 속내를 들여다보자.

첫째, 클로비스는 정복지, 즉 갈리아의 백성을 껴안을 필요가 있었
다. 유럽 전역으로 세력을 확대하려면 그들, 특히 갈로-로마 귀족의 협
력이 절실했다. 그들은 야만족인 게르만족의 약탈과 파괴 행위를 보면
서 공포심을 느끼고 있었다. 게르만족에 대한 반감도 심했다.

다른 게르만족의 지도자들은 갈로-로마 귀족들의 그러한 정서를 무

시했다. 갈로-로마인들은 정복의 대상이었지, 파트너가 아니었던 것이다. 그들과 함께 제국을 건설하겠다는 비전은 애초부터 없었다. 반면 클로비스는 그들을 끌어안으려 했다. 그들을 감동시킬 묘안이 필요했다. 그것이 바로 로마 종교였다. 클로비스는 스스로 게르만족의 종교를 포기했다. 로마 정신과 로마 문화의 계승자를 자처했다.

클로비스가 아타나시우스파 가톨릭으로 개종하자 갈로-로마 귀족들은 마음을 놓았다. 그들은 클로비스가 자신들을 보호해줄 것이라 믿었다. 개종의 정치적 의미가 바로 여기에 있다. 클로비스는 '개종'이라는 행위를 통해 로마와 대타협을 했다. 이 타협을 통해 클로비스는 로마의 '새 지도자'로 인정받았다.

둘째, 클로비스가 개종을 선택한 것은 미래를 위한 포석이었다. 클로비스는 시대 흐름을 정확하게 읽어냈다. 가톨릭이 유럽의 정신적 지주가 될 것이란 사실을 직감했다. 그렇다면 로마 교회와 우호적인 관계를 유지해야 한다. 로마 교황을 적으로 만들면 대제국 건설은 불가능하다.

이 예측은 적중했다. 이 개종으로 로마 교황은 클로비스를 지지했고, 주교들은 아우구스투스라는 칭호를 내렸다. 로마 제국의 초대 황제 옥타비아누스가 불렸던 칭호. 바로 황제라는 뜻이다. 로마 교회가 클로비스의 프랑크 왕국을 로마를 이을 적자嫡子로 규정한 것이다.

물론 서로마 제국이 멸망했다고 해도 동로마 제국은 건재했다. 그러나 로마 교회는 동로마 제국을 인정하고 싶지 않았다. 동로마 제국의 황제와 동로마 교회가 한통속이 되어 로마 교회를 지배하려 들었기 때문이다. 로마 교회로서는 그들과 맞설 수 있는 힘이 필요했다. 로마 교회는 '비즈니스 파트너'로서 클로비스의 프랑크 왕국을 택했다.

클로비스가 손을 내미는 순간 양쪽의 이해관계가 맞아떨어졌다. 비즈니스는 성공했다. 프랑크 왕국은 순식간에 유럽의 최고 강대국으로 부상했다. 강성해진 프랑크 왕국을 동로마 제국은 막지 못했다. 클로비스도 신중했다. 동로마 제국을 도발해서는 안 된다. 클로비스는 동로마 제국의 황제를 받들어 모시는 척했다. 그러자 동로마 황제는 클로비스에게 집정관(콘술) 지위를 내렸다. 프랑크 왕국이 유럽의 절대 강자라는 사실을 우회적으로 인정한 셈이다.

동로마에 기죽어 살던 로마 교회의 사기도 되살아났다. 프랑크 왕국과 로마 교회의 밀월 관계가 이어졌다. 클로비스의 메로빙거 왕조 뒤를 이은 카롤링거 왕조 때는 로마 교회가 칼 마르텔(샤를마뉴)에게 로마 제국의 황제 지위를 부여하기도 했다. 클로비스의 세례를 계기로 중세 유럽이 기독교의 시대가 될 수 있었던 셈이다.

셋째, 클로비스는 이 개종을 통해 프랑크 왕국이 다른 게르만 국가보다 우월함을 입증하려 했다. 클로비스는 로마의 문명이 게르만족의 문명보다 월등히 뛰어나다는 사실을 인정했다. 따라서 프랑크 왕국이 게르만족의 큰 형님이 되려면 앞선 로마 문화를 적극 수용해야 했다. 무릇 모든 일은 첫걸음이 어려운 법이다.

이 개종을 계기로 클로비스는 로마 화(化)하기 시작했다. 앞선 문화를 받아들이는 데 주저하지 않았다. 군대 조직도 로마식으로 재편했다. 나아가 행정 체제와 조세 제도까지 로마를 본떴다. 그 결과 다른 게르만 국가들이 내리막길을 탈 무렵 프랑크 왕국은 승승장구할 수 있었다. 대타협의 리더십은 이렇게 빛을 발했다.

스스로를 존중하는 리더십

대타협의 리더십으로 프랑크 왕국의 성장을 보장받았다. 그렇다면 그다음은 체제의 안정을 꾀해야 한다. 클로비스는 전통을 최대한 존중했다. 프랑크족이라면 모두 자부심을 느낄 수 있도록 배려했다. 프랑크족의 위엄을 공식적으로 높임으로써 백성의 지지를 얻어냈다. 이 대목에서 클로비스의 또 다른 리더십을 발견할 수 있다. 바로 자기존중의 리더십이다.

클로비스는 나라가 영원히 번영하려면 법을 정비해야 한다고 생각했다. 영토 안의 모든 백성이 따를 수 있도록 하나로 통일된 법, 그게 바로 살리카 법전이다. 살리카 법전은 클로비스의 말년인 507~511년 사이에 만들어진 것으로 추정된다. 법전의 이름은 살리 프랑크족에서 따왔다. 게르만족의 법전 중 가장 오래된 것으로 평가받고 있다.

프랑크족의 원로 네 명이 법의 초안을 만든 것으로 전해지고 있다. 그 초안을 클로비스가 일부 수정해 최종 확정했다. 클로비스의 철학이 고스란히 담겨있다고 봐도 무방하다.

기독교 개종은 로마와의 대타협이었다. 그러나 법전은 게르만 전통을 따랐다. 로마법은 철저히 배제했다. 그동안 전해 내려온 전통 게르만 규범을 중심으로 법전을 만들었다. 로마의 우수한 문화와 제도를 받아들였지만, 법만큼은 양보하지 않은 셈이다.

살리카 법전은 신분과 서열을 철저히 따르도록 하고 있다. 평민은 귀족을 넘볼 수 없고, 다른 민족은 프랑크족을 뛰어넘을 수 없다. 이 법이 정의를 따랐느냐는 중요하지 않다. 게르만족, 나아가 프랑크족의 자존심을 살리는 게 중요했다. 가령 갈로-로마인이 프랑크 백성의 재물을 훔치면 중벌을 내렸지만, 그 반대의 경우에는 가벼운 벌로 끝내도록 했다. 갈로-로마인과 프랑크 백성을 명백하게 차별 대우했다. 우수한 로마 문화는 받아들이지만 프랑크족이 로마인으로 전락하는 것은 막겠다는 의지다. 대타협이 '굴욕'으로 해석된다면 이 법 조항은 프랑크족의 '자존심 회복'이었다.

또한 살리카 법전은 여성이 왕위를 이어받을 수 없도록 했다. 유교 이념이 존재하지 않는 중세 유럽에서 남녀 차별이라니……. 이는 농경과 목축을 생업으로 삼았던 고대 게르만족의 전통이 반영된 것이다. 또 누군가 자신의 물건을 훔치거나 가족을 해친다면 그에 상응하는 복수를 할 수 있도록 했다. 약육강식의 게르만 원리가 들어있는 것이다.

중세 봉건 제도의 질서도 법전을 통해 명백히 했다. 중세 유럽은 지극히 폐쇄적인 구조였다. 한 지역의 영주는 왕에 대해서만 충성했다. 그 대신 영주는 자신의 영지에서만큼은 독립적인 왕이었다. 영지 안에서 모든 생산과 소비가 이뤄졌다. 다른 영지와의 교류는 불필요했다. 클로비스는 이 중세 질서를 흩뜨리면 안 된다고 생각했다. 살리카 법전에도 그의 이런 생각이 드러나 있다.

> 이사는 함부로 할 수 없다. 만약 이사를 가려면 먼저 그 마을 사람들의 동의를 구하라. 동의를 구하지 못하면 이사는 불가하다. 그래도 막무가내로 이사를 간다면 마을 사람들은 그를 쫓아낼 권리가 있다. 단 무력을 사용해서는 안 되며 세 번의 경고를 한다. 그 경고를 듣지 않으면 병사를 불러 해결하라.

이처럼 클로비스는 백성의 몸에 밴 전통을 깨지 않았다. 여기에 클로비스의 두 번째 성공 전략의 일면을 엿볼 수 있다. 우수한 문화도 수용해야 하지만, 자신을 따르는 백성의 자존심을 건드리지 않았다는 것이다. 프랑크족이라는 사실이 자랑스럽도록 배려했다.

비즈니스를 하다 보면 때로는 우리 편이 손해를 봐야 할 때도 있다. 장기적인 이익을 고려한다는 명분을 살리기 위해서다. 그러나 조직 구성원들의 패배감은 배가 된다. 이 패배감이 가득 차면 조직은 건강성을 상실한다. 클로비스는 이 점을 명확하게 인지하고 있었다. 스스로 존중받을 때 성취감은 배가 된다. 이 자아존중의 리더십을 클로비스는 법을 통해 확실히 보여준 셈이다.

자아존중이 지나치면 방임이 된다. 이를 막기 위해 클로비스는 위계질서를 아주 중하게 여겼다. 특히 군대에서는 기강을 엄격하게 준수하도록 했다.

클로비스가 시아그리우스와 전쟁을 하고 있을 때였다. 클로비스의 부하 장수 한 명이 교회에 있는 꽃병을 약탈했다. 전투 도중의 약탈은 일상다반사였다. 당연히 클로비스도 별 문제를 삼지 않았다.

그러나 돌발 상황이 발생했다. 그 교회의 주교가 꽃병이 소중하니 돌려달라고 클로비스에게 요청한 것이다. 전투가 끝나고 전리품을 분배하는 시간, 클로비스는 부하 장수에게 꽃병을 돌려줄 것을 명령했다. 그 장수는 클로비스의 명령을 듣지 않았다. 오히려 꽃병을 깨뜨려버렸다. 전리품을 내놓으라는 명령에 대한 항의다. 명백한 항명이다. 클로비스는 고민했다. 저 장수를 당장 처벌할 것이냐……. 시기상조다. 아직 전쟁 중이지 않은가. 클로비스는 부하에게 시켜 깨진 꽃병을 수거하도록 했다. 꽃병은 깨진 채로 교회로 보내졌다.

그로부터 약 1년이 지났다. 그 사이에 프랑크 왕국은 많이 성장했고, 안정을 찾아가고 있었다. 클로비스는 장수들에게 무기를 점검하겠다고 통보했다. 마침내 점검의 날이 왔다. 클로비스는 장수들의 무기를 하나씩 살펴봤다. 이윽고 1년 전 항명했던 장수의 차례가 왔다.

"이봐, 장군! 도대체 무기 상태가 이게 뭔가? 이런 정신 상태로 천하 통일을 할 수 있겠나?"

클로비스는 호통을 치며 그 장수의 무기를 바닥에 내던졌다. 얼굴이 벌겋게 변한 장수는 아무런 변명도 하지 못했다. 그저 묵묵히 고개를 숙여 무기를 집을 수밖에. 바로 그때였다. 클로비스가 도끼를 꺼내 그 장수의 머리를 내려쳤다. 갑작스러운 사태에 모두의 얼굴이 하얗게 질렸다. 클로비스가 큰 소리로 외쳤다.

"이 자는 1년 전 내 명을 어겼노라. 꽃병을 돌려주라는 짐의 명령을 거역하고 바닥에 내던져 산산조각을 냈다. 따라서 짐은 똑같은 처벌을 그에게 내렸다. 앞으로도 항명할 자 있으면 지금 당장 앞으로 나와라."

이 사건 이후 장수들은 클로비스의 명령에 절대복종하기 시작했다. 그 부하 장수의 활약이 특히 두드러졌다는 역사 기록이 없는 걸 보면 당시 클로비스의 심정이 읍참마속泣斬馬謖은 아니었던 것으로 보인다. 그렇다고 해서 클로비스가 속이 좁아 1년 내내 복수의 날만 기다리며 칼을 간 것도 아니었을 것이다.

아마 클로비스는 조직의 기강을 위해서는 부당한 항명에 단호하게 대처해야 한다고 판단했을 것이다. 스스로를 존중하고, 자부심으로 충만한 것은 좋지만 자만심과 기강이 해이해지는 것은 안 된다는 생각이었을 것이다. 처음부터 처벌을 결심했을 것이다. 다만 조직의 상황을 봐가면서 처벌을 유예했던 것이다. 연일 전투가 벌어지는 마당에 사사로운 감정으로 장수를 처형한다면 군대의 사기는 곤두박질할 게 뻔하지 않은가. 이 때문에 처형 시점도 승전을 기념하며 전리품을 나눠줄 때로 잡았을 것이다.

모두가 들떠 있을 때, 또는 본분을 잊고 있을 때 지적해주는 것 또한 리더의 자세다. 역사는 클로비스의 전략이 주효했음을 증명하고 있다. 그는 자아존중이라는 당근과, 기강단속이라는 채찍을 적절히 구사했다. 당근을 주더라도 채찍을 내려칠 때는 강력하게! 적절한 상벌과 기강 확보는 현대 조직에서도 필수 요소다. 확실히 클로비스는 시대를 앞서 간 리더였다.

제5장

이슬람교를 창시한 개방과 포용

―무함마드

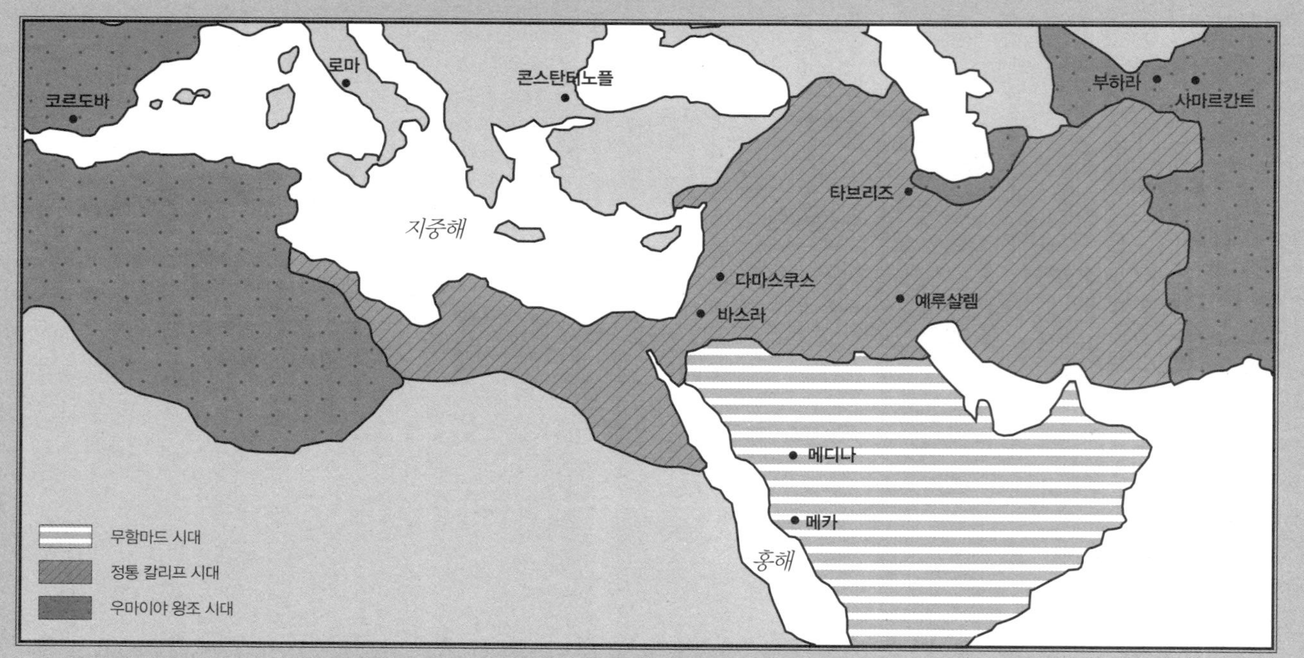

● 이슬람 제국의 팽창 :
무함마드는 메카와 메디나를 비롯해 아라비아 반도에 이슬람 세계를 건설했다.
이슬람 세력은 정통 칼리프 시대 때 서아시아 전역과 아프리카 일부까지 뻗어나갔다.
우마이야 왕조 때는 마침내 유럽 아베리아 반도를 공략하는 데 성공했다.

오늘날 이슬람 인구는 전 세계적으로 15억 명을 웃돌고 있다. 기독교, 불교와 더불어 세계 3대 종교에 해당하며 기독교 다음으로 신도가 많다. 영역만 놓고 보면 오히려 이슬람교가 세계에서 가장 넓은 땅을 차지하고 있다. 전통적으로 기독교의 영역인 유럽에서도 이슬람 신도가 늘고 있다.

이슬람교도를 생각했을 때 테러 분자를 떠올리면 옳지 않다. 이슬람 극단주의자들이 테러 집단이 된 것은 20세기 이후의 정치사와 밀접한 관련이 있다. 강대국의 횡포에 저항하는 몸부림에서 테러가 시작됐다. 물론 그 어떤 이유로도 폭력은 정당화할 수 없다. 이슬람 극단주의자들의 테러 행위는 중단되어야 한다. 여기서는 이 정치사를 다루지 않는다. 아직도 대다수의 이슬람교도는 온순하고, 묵묵히 교리를 이행하며 살고 있다는 점만 잊지 말자.

지금 관심을 가질 것은 이슬람 제국의 탄생 역사다. 100여 명으로 출범한 작은 공동체가 100여 년 만에 중동과 유럽 일부를 지배하는 세계 제국으로 성장했다. 그전까지 이런 초 스피드 제국은 존재하지 않았다.

비결은 바로 이슬람 지도자들의 열린 리더십이었다. 열린 리더십은 대대로 이어졌다.

개방과 포용의 리더십으로 리드하라

이슬람 제국은 종교와 정치, 경제가 혼연 일치된 사회였다. 단순히 종교적인 접근만으로는 100년 만에 세계 제국으로 팽창한 이유를 찾아내기 힘들다. 먼저 이슬람교가 탄생하게 된 배경과, 이슬람의 교리, 창시자인 무함마드에 대해 이해해야 한다.

기원전 4세기 후반, 아케메네스 왕조 페르시아가 알렉산드로스 3세(알렉산더 대왕)의 동방 원정 때 무너졌다. 그 후 알렉산더가 죽자, 그의 헬레니즘 제국은 분열했다. 그러나 페르시아 지역은 여전히 그리스 계통 국가들, 그러니까 파르티아와 박트리아가 지배하고 있었다.

600여 년이 흘러 3세기 초반이 됐다. 중국에서는 조조와 유비, 손권이 천하를 다투고 있었다. 공교롭게도 로마에서도 군인들이 저마다 황제가 되겠다며 혈투를 벌이고 있었다. 바로 이때 아케메네스 왕조를 잇겠노라며 페르시아 땅에 사산 왕조(226~651년)가 등장했다.

사산 왕조 페르시아는 6세기 중반에 최고의 전성기를 맞았다. 비잔틴(동로마) 제국도 사산 왕조를 마음대로 다룰 수 없었다. 두 나라는 수시로 전투를 벌였다. 두 나라의 갈등이 고조되면서 중동 지역은 격전장이 되어버렸다. 그전까지만 해도 이곳은 중개 무역을 하는 상인들로 북적였다. 서아시아의 상인들은 동방에서 물자를 거둬 서방 상인에게 넘겨줬다. 서방 상인들은 그 물자를 유럽에서 팔았다.

두 나라의 갈등 때문에 이 무역길이 위태로워졌다. 그러나 무역을 하지 않을 수는 없었다. 이미 유럽 사람들은 동방의 향신료에 익숙해졌다. 그게 없으면 고기의 비린내를 잡을 수가 없다. 무역은 위험한 행위가 되어버렸다. 향신료 가격이 폭등했다. 상품이 귀해졌으니 값이 오르는 건 당연한 일이 아닌가. 전쟁의 분위기가 감돌았다. 아무리 큰돈을 번다한들 목숨이 두 개일 수는 없다. 상인들은 다른 무역 루트를 개척해야 했다.

그때 주목받은 지역이 아라비아 반도다. 예로부터 이 지역에는 낙타를 타고 다니는 상인들이 있었다. 사막을 종횡무진하는 그들을 '캐러밴'이라 불렀다. 그들이 무역의 주축으로 떠올랐다. 캐러밴들은 아라비아 반도 남단의 예멘에서 동방 물자를 낙타에 실은 뒤 아라비아 사막을 종단해 지중해로 갔다. 때로는 홍해를 건너 북아프리카를 거쳐 지중해를 넘기도 했다.

무역 루트가 바뀌었으니 중심지도 바뀌었다. 아라비아 반도의 메카가 뜨기 시작했다.

571년, 바로 그 메카의 하심 가문에서 무함마드(마호메트)가 태어났다. 하심 가문은 귀족 가문이었다. 그러나 무함마드는 일찍 아버지를 잃은 탓에 불우한 유년 시절을 보냈다. 20대 중반에 인생 역전의 기회를 잡았다. 거상巨商의 미망인인 하디자가 그를 발탁한 것이다. 무함마드는 상단을 이끌고 무역에 나섰다. 그는 타고난 상재商材였다. 하디자는 그를 신임했다. 무함마드는 출셋길에 올랐다. 하디자는 자신보다 열다섯 살이나 어린 무함마드를 사랑했다. 둘은 백년가약을 맺었다. 무함마드의 미래는 보장된 것처럼 보였다. 적어도 40세까지는……

● 무함마드(Muhammad)
610년, 세계 3대 종교 중
하나인 이슬람교를 창시한
뒤 '움마 공동체'를 통해
아라비아 전 지역에
이슬람교를 전파했다.

무함마드는 불혹의 나이에 메카 북부 헤라 산의 동굴에서 명상을 시작했다. 고행 끝의 결실인가. 610년, 그는 진리를 깨달았다. 모두가 알라신 앞에 평등하다는 진리였다. 참으로 단순하다. 그렇지만 바로 이 시점이 이슬람교가 탄생하는 순간이다.

이쯤에서 당시 메카의 상황을 살펴볼 필요가 있다. 메카는 새로운 교역의 중심지로 떠오르고 있었다. 부유한 도시였다. 상인들로 인산인해를 이뤘고, 재물이 넘쳐났다. 메카의 귀족들은 눈에 불을 켜고 더 좋은 돈벌이를 찾고 있었다. 그런 사업 아이템이 있었다. 바로 종교 행사였다.

메카의 카바 신전에는 검은 운석이 모셔져 있었다. 운석은 숭배의 대상이 됐다. 제사를 지낼 때가 되면 아라비아 반도 전역에서 상인들이 와서 재물을 바쳤다. 인파가 몰리면 장사도 잘 되는 법. 메카 귀족들은 쏠쏠한 수익을 거뒀다. 메카는 더 번영했다.

무함마드는 그 우상숭배가 싫었다. 알라신을 믿으라며 포교활동을 벌였다. 귀족들은 무함마드를 이단으로 몰아붙였다. 무함마드는 포기하지 않았다. 더욱 왕성하게 포교활동을 벌였다. 결과는 썩 좋지 않았다. 기껏 노력했지만 이슬람 신도는 채 100명이 되지 않았다.

무함마드의 세력은 아직 미약했다. 그러나 귀족들에게는 눈엣가시 같은 존재였다. 장차 위협이 될 수도 있지 않은가. 귀족들은 하심 가문의 동의를 구한 뒤 무함마드 제거에 나섰다. 가문의 보호를 못 받게 되자 무함마드는 파리 목숨 신세가 되어 버렸다. 622년, 무함마드는 신도들과 야스리브(메디나)로 달아났다. 이 사건이 바로 '헤지라'다. 이슬람교에서는 이날을 이슬람력 원년으로 삼고 있다. 또한 메디나는 메카와 더불어 이슬람의 2대 성지가 됐다.

무함마드는 메디나에서 '움마'라는 신앙 공동체를 만들었다. 이 공동체는 종교와 정치, 경제와 일상생활을 분리하지 않았다. 삶 자체가 신앙이요, 신앙이 일상생활인 셈이다. 움마 세력은 날로 커졌고, 곧 메카를 위협할 수준에 이르렀다. 그제야 위기감을 느낀 메카 귀족이 메디나를 습격했다. 그러나 무함마드의 군대가 더 강했다. 귀족 군대는 대패했다.

630년 무함마드 군대가 오히려 메카를 정복해버렸다. 무함마드는 카바 신전을 이슬람의 본산으로 선포했다. 주변의 많은 아랍 부족들이 이 싸움을 지켜보고 있었다. 이제 결론이 명확해졌다. 부족장들은 무함마드를 최고 지도자로 추앙했다. 이슬람교를 순순히 받아들였다. 이슬람교가 아라비아 반도 전역으로 확산되기 시작했다.

될 놈은 떡잎부터 알아본다고 했다. 이슬람 제국의 맹아萌芽는 이때 만들어졌다고 할 수 있다. 물론 '제국의 떡잎'이 있다. 이슬람교의 정신에서 찾을 수 있다. 바로 개방과 포용의 리더십이다.

무함마드는 이슬람교를 창시할 때 기독교와 조로아스터교를 많이 참고한 것으로 보인다. 실제 알라신은 기독교에서 하느님이 차지하는 비중과 별반 다르지 않다. 유일신 사상이나 평등 사상 또한 기독교 교리와 일맥상통한다. 이처럼 무함마드는 자신이 창시하는 종교의 틀을 가두지 않았다. 오히려 활짝 열어 외부 종교를 받아들였다.

움마 공동체 또한 폐쇄적이지 않았다. 무함마드는 어느 부족 출신인지를 따지지 않았다. 아랍인이든 유대인이든 상관하지 않았다. 이슬람교를 믿는다면 누구든지 공동체 구성원으로 받아들였다. 실제로 무함마드는 유대인 부족을 끌어들이기 위해 성지를 예루살렘으로 정하려고 한 적도 있다. 비록 유대인 부족의 거부로 성사되지는 않았지만 말이다. 어쨌든 이러한 여러 정황을 볼 때 무함마드는 이슬람교를 창시할 때나 움마 공동체를 키울 때나 개방 정신을 잃지 않았다고 추정할 수 있다.

메카를 정복한 후의 무함마드 태도에서는 포용의 리더십을 엿볼 수 있다.

보통 유목 민족들은 정복지를 초토화시키고 주민을 노예로 삼는다. 로마 제국도 그러했다. 로마는 기원전 2세기 중반 카르타고와의 포에니 전쟁을 끝내면서 그 도시 국가를 폐허로 만들어버렸다. 로마만 그런

게 아니다. 대부분의 정복자는 기존 질서를 없애고, 새로운 질서를 세우고 싶어 한다.

무함마드는 이런 정복자들과 달랐다. 검은 운석은 원시 종교의 상징이었고, 카바 신전은 메카 귀족들의 본산이었다. 아마 다른 정복자였다면 신전을 부수고 새로운 신전을 만들었으리라. 설령 신전은 그대로 두더라도 우상 숭배의 대상이었던 검은 운석만큼은 깨뜨려버렸을 것이다. 그러나 무함마드는 그러지 않았다. 다른 자잘한 우상들은 모두 부쉈지만 검은 운석만큼은 그대로 뒀다. 그 대신 정화 의식을 치렀다. 이 의식을 통해 검은 운석과 카바 신전은 이슬람교의 상징으로 거듭났다.

이는 포용의 리더십이 발현된 덕이다. 아마 무함마드는 여전히 저항하고 있거나 소극적인 태도를 보이는 메카 부족들을 의식했을 것이다. 이슬람 군대가 강성해졌다고는 하지만, 무력으로 모든 일을 해결할 수는 없다. 무함마드가 검은 운석의 정화 의식을 치른 것도 이 상황을 감안한 전략적 판단이었을 것이다. 이슬람교에 반신반의하던 많은 부족들은 기존 원시 종교를 껴안는 무함마드의 행동에 감동을 받았을 것이다. 부족들은 진심으로 무함마드와 이슬람에 경의를 표했다. 자발적인 복종이다. 무함마드의 포용 리더십이 없었다면 불가능한 일이었으리라.

사실 무함마드의 후계자 중 한 명인 우마르의 사례에서도 포용 리더십을 찾아볼 수 있다. 우마르는 원래 무함마드를 제거하려던 메카 귀족의 편이었다. 그런 우마르를 무함마드가 받아들여 측근으로 만들었다. 우마르는 나중에 이슬람의 최고 지도자인 칼리프 지위에도 오른다.

정복당한 민중들도 감동한 공감 리더십

632년 무함마드가 세상을 떠났다. 지도자를 잃은 이슬람 공동체는 큰 혼란에 빠졌다. 누가 공동체를 지휘할 것이냐를 놓고 권력투쟁의 조짐마저 일었다. 즉각 원로회의가 소집됐다. 격론 끝에 무함마드의 장인이자 오랜 동료인 아부바크르가 새 지도자로 뽑혔다. 그에게는 무함마드의 대리인이란 뜻의 '칼리프' 칭호가 붙었다.

아부바크르를 시작으로, 우마르, 우스만, 알리까지 총 네 명이 차례대로 칼리프에 선출됐다. 이 시기를 정통칼리프 시대(632~661년)라 부른다. 이슬람 세계의 역사 2라운드가 시작된 것이다.

초대 칼리프 아부바크르의 통치 기간은 2년에 불과했다. 그러나 그 짧은 시간에 그는 아라비아 반도 전체를 이슬람 세계로 만들었다.

이 무렵 사산 왕조와 비잔틴 제국의 전쟁은 장기화하고 있었다. 그 사이에 이라크와 시리아 지역은 무주공산이 됐다. 바로 그곳으로 이슬람 군대가 진격했다. 이슬람 정복 전쟁이 시작된 것이다. 바로 이 점 때문에 아부바크르가 이슬람 제국의 토대를 구축했다는 평가를 받고 있다.

아부바크르가 포문을 연 정복 전쟁을 후임 칼리프들은 더욱 확대했다. 특히 2대 칼리프 우마르는 아주 호전적인 정복자였다. 그는 정복 전쟁을 성전聖戰, 즉 지하드로 규정했다.

성전에 임한 이슬람 군대는 용맹했다. 먼저 시리아 다마스쿠스와 예루살렘을 정복했다. 이어 메소포타미아를 사산 왕조로부터 빼앗았고, 이집트를 비잔틴 제국으로부터 빼앗았다. 사산 왕조와 비잔틴 제국 모두 이 전쟁에 패한 이후 휘청거리기 시작했다. 이제 이슬람 공동체는 더 이상 아라비아 반도의 작은 공동체가 아니었다. 움마 공동체로 출범한 지 20여 년. 어느덧 중동 일대가 이슬람 세계로 변하고 있었다.

3대 칼리프 우스만은 끝내 사산 왕조를 멸망시켜 이란 땅 전역을 차지했다. 이때부터 이란 지역도 이슬람 세계가 됐다. 우스만 군대는 다시 동쪽으로 인더스 강까지 진격했다. 아프리카에서는 이집트를 넘어 튀니지도 정복했다. 우스만은 내실을 다진 칼리프이기도 하다. 대표적 업적인 이슬람교 경전으로 통하는, 무함마드의 예언을 모아놓은 『코란』을 만들었다.

우스만은 『코란』을 만들고 몇 년이 지난 656년 암살됐다. 사실 2대 칼리프인 우마르도 비명횡사했고, 4대 칼리프인 알리도 같은 운명을 맞았다. 이슬람 세계가 상당히 혼란스러웠음을 알 수 있는 대목이다. 권력투쟁 또한 극심했다.

칼리프의 운명은 비참했을지언정 이슬람 세계의 운명은 아주 밝았다. 흔히 제국의 대명사인 로마도 유럽, 아프리카, 아시아 3개 대륙을 지배하기까지는 수백 년이나 걸렸다. 그렇지만 이슬람 세계는 100여 년 만에 3개 대륙을 지배했다. 그뿐만이 아니다. 정복 지역의 백성들도 이슬람 지도자를 환영했다. 그야말로 초 스피드의 '대박'이다. 이 성공 비결은 바로 공감 리더십이다.

초 스피드의 성공을 가능케 한 첫 번째 공감은 이슬람 교리의 단순함에 있다. 이슬람교도라면 누구나 반드시 따라야 하는 5대 의무가 있다. 이를 이슬람교의 '오행'이라 부른다. 첫째, 알라가 유일신이며 무함마드는 알라의 예언자라는 신앙 고백을 한다. 둘째, 매일 메카 쪽을 향해 5회 예배를 한다. 셋째, 재물은 가난한 사람과 나눈다. 넷째, 9월 한 달

동안은 일출에서 일몰까지 음식을 안 먹는 라마단을 지킨다. 다섯째,
가능하다면 생을 마감하기 전까지는 메카를 순례한다.

언뜻 보이면 복잡한 것 같지만 실제로는 그렇지 않다. 요약하자면,
알라신을 따르고 읊조리면 구원을 받는다는 것이다. 종교 의식이나 형
식을 중요하게 여기는 다른 종교들과 많이 다르다. 이때까지만 해도 다
른 종교들은 제사 의식이 아주 복잡했다. 물론 그만큼 백성의 희생도
컸다. 교리의 단순함은 정복지의 백성들을 매료시켰다. 사산 왕조와 비
잔틴 제국의 오랜 전쟁에 극도로 지쳐 있던 사람들은 불안했다. 마음
둘 곳을 찾았다. 종교에 의지하려 했지만, 이미 말한 대로 복잡했다. 그
불안한 마음을 이슬람교가 어루만져 주었다.

공감 리더십 두 번째, 이슬람 세력은 민중이 원하는 바를 잘 이해하
고 있었다. 정복지 민중에게 "우리가 변화를 주도하겠다!"며 비전을
제시했다. 비전이 현실이 되면서 큰 공감을 얻을 수 있었다.

비잔틴 제국과 사산 왕조의 전쟁은 언제 끝이 날지 몰랐다. 두 나라
는 끊임없이 전쟁 자금이 필요했다. 돈이 나올 곳은 백성밖에 없었다.
갈수록 세금 부담은 커져만 갔다. 민중들은 누구라도 좋으니 지긋지긋
한 전쟁을 끝내주길 원했다. 당시만 해도 국가나 민족의 개념은 희박했
다. 당장 내 가족, 내 이웃의 생계가 더 중요했다. 설령 이민족이어도 좋
으니, 그 혼란을 종식시켜준다면 쌍수 들고 환영하겠다는 식이었다.

이슬람 지도자들은 이런 상황을 정확하게 인식하고 있었다. 칼리프
시대부터 본격적인 정복전쟁을 시작하면서 영토가 넓어졌다. 막대한
영토를 다스리려면 정복지역의 백성들에게 세금을 거둬야 했다. 정복
지의 백성은 여전히 세금 부담을 져야 했다. 그런데도 크게 반발하지

않았다. 세금 액수가 그 이전의 지배자들보다 훨씬 적었기 때문이다.

나아가 칼리프들은 정복 지역 백성들의 종교 자유도 인정했다. 우마르가 예루살렘을 정복했을 때 유대인들은 겁을 먹었다. 쓸데없는 걱정이었다. 우마르는 유대교를 그대로 믿게 해달라는 유대인의 간청을 들어줬다. 그 대신 '지즈야'라는 인두세를 내도록 했다. 이슬람교도와 비非이슬람교도를 차별한 셈이다. 그래도 종교의 자유를 허용했으니 당시 기준에서는 상당히 부드러운 통치다.

세금과 종교는 오늘날도 그렇지만 당시에는 목숨과도 바꿀 수 있는 중요한 가치였다. 이슬람 지도자들은 무리수를 두지 않았다. 그들의 가치를 보호해줌으로써 공감을 얻었던 것이다.

자기중심주의의 실패를 경험하다

4대 칼리프 알리는 무함마드의 사촌 동생이었다. 또한 무함마드의 딸 파티마와 결혼했으니 사위가 되기도 했다. 무함마드와 혈통 상 가장 가까운 인물이 새로운 칼리프에 오른 것이다. 그러나 알리를 반기지 않는 사람들도 있었다. 바로 메카 귀족 가문인 우마이야 가문이었다. 사실 3대 칼리프 우스만도 우마이야 가문과 선이 닿아 있었을 정도로 이 가문은 막강한 영향력을 행사하고 있었다. 우마이야 가문으로서는 무함마드의 '핏줄'이 칼리프가 된다는 게 껄끄럽지 않겠는가.

권력과 이권이 달려있는지라 갈등은 쉽게 사라지지 않았다. 급기야 알리를 지지하는 파벌과 반대 파벌 사이에 내분이 일어났다. 어수선한 사이, 반대파가 알리를 제거해버렸다. 그 후 우마이야 가문이 권력을 장악했고, 이슬람교는 처음으로 정통 수니파와 시아파로 분열됐다.

시아파는 오로지 무함마드의 혈통만이 지도자가 될 수 있다고 주장했다. 시아파는 칼리프의 지위를 인정하지 않았다. 그러면 누가 최적의 지도자인지 명백해진다. 바로 알리다. 시아파는 알리를 숭배했고, 호칭도 칼리프가 아닌 '이맘'이라 불렀다. 따라서 알리는 4대 칼리프이면서 동시에 초대 이맘이 된다.

다시 알리가 암살된 661년으로 돌아가 보자.

바로 이해 우마이야 가문의 시리아 총독 무아위야가 스스로 칼리프에 올랐다고 선포했다. 이제 칼리프는 우마이야 가문에서만 배출됐다. 여느 왕조와 마찬가지로 칼리프 자리를 세습한 것이다. 선출직 칼리프 시대가 종지부를 찍었다. 비로소 이슬람 세계에 첫 왕조가 탄생했다. 이 왕조를 우마이야 왕조 또는 옴미아드 왕조(661~750년)라고 부른다. 이슬람 세계의 3라운드가 시작됐다. 정통 이슬람 제국이 출범한 신호탄이기도 하다.

칼리프 시대의 정복 활동은 우마이야 왕조 시절에도 고스란히 이어졌다. 아니, 오히려 훨씬 왕성했다. 우마이야 왕조 시대, 이슬람 군대는 유럽에까지 세력을 뻗었다.

우마이야 왕조의 6대 칼리프 왈리드 1세가 통치하던 711년이었다. 이슬람 군대는 남서부 유럽과 아프리카의 경계인 지브롤터 해협을 건넜다. 그들이 도착한 곳은 이베리아 반도. 이슬람 사령관은 자신들이 타고 온 배를 모두 박살냈다. 전쟁에서 승리하지 않으면 돌아가지 않겠다는 각오였다.

이베리아 반도에는 게르만족이 세운 서고트 왕국이 있었다. 서고트 군대는 죽기 살기로 달려드는 이슬람 군대를 당할 수가 없었다. 이슬람 군대는 곧 서고트 왕국을 무너뜨렸다. 이베리아 반도는 이슬람의 땅으로 바뀌었다.

이 무렵 유럽 중심부는 프랑크 왕국의 메로빙거 왕조가 통치하고 있었다. 그러나 실제로는 궁재가 모든 권력을 쥐고 있었다. 이슬람 군대가 이베리아 반도를 장악할 무렵 프랑크 왕국의 궁재는 카롤링거 가문의 카를 마르텔이었다.

732년, 이베리아 반도의 이슬람 군대가 프랑크 왕국을 향해 진격했다. 카를 마르텔도 군대를 보내 맞섰다. 두 군대는 오늘날 프랑스 투르 지방의 푸아티에 평원에서 격돌했다. 이게 유명한 투르 푸아티에 전투다. 결과는 프랑크 왕국의 승! 이슬람 세력은 이 전투에서 패한 후 더 이상 유럽 중심으로 진출하지 못했다. 그 대신 이베리아 반도는 오롯이 이슬람의 영역으로 굳어졌다. 이슬람 세력이 이베리아 반도에서 쫓겨난 것은 15세기 후반이다.

이슬람 제국을 본격 출범시킨 우마이야 왕조 또한 무함마드 시대나 칼리프 시대처럼 개방과 포용, 공감의 리더십을 발휘했다. 이베리아 반도의 통치에서 이 점을 알 수 있다.

우마이야 왕조가 이베리아 반도를 정복할 당시 그곳에는 수많은 기독교도와 유대인들이 살고 있었다. 우마이야 왕조는 총독을 파견해 그들을 통치하게 했다. 총독은 적어도 이베리아 반도에서만큼은 왕에 버금가는 권력을 부여받았다. 그러나 통치는 억압적이지 않았다.

이슬람 총독은 기독교인과 유대인들에 대해 신앙의 자유를 허용했다. 물론 그 대가로 지즈야를 거두긴 했다. 그러나 열린 마음이 없다면 다른 종교를 인정하는 게 쉽지 않다. 이런 열린 풍경은 15세기 후반 스페인의 이사벨 1세 여왕이 마지막 남은 이슬람 세력을 이베리아 반도에서 축출했을 때와 사뭇 대조적이다. 이사벨 1세 여왕은 기독교를 제외한 모든 종교를 금지시켰고, 이교도는 처형했다. 심지어 한때 이슬람교로 개종했던 기독교도에 대해서도 문제를 제기했다.

우마이야 왕조는 선진국의 우수한 제도를 리트머스 용지처럼 흡수했다. 가령 군대 조직은 비잔틴 제국의 것을 벤치마킹했다. 세금 제도는 사산 왕조의 것을 받아들였다.

이처럼 열린 마음은 우마이야 왕조가 강력한 중앙집권 국가로 우뚝 서는 발판이 됐다. 반면 유럽은 중세 봉건제의 늪에 빠져 허우적거리고 있었다. 7세기 이후 한동안 이슬람의 시대가 계속된 건 어찌 보면 우연이 아니다. 개방과 포용, 공감을 표방한 이슬람 지도자들의 리더십이 있었기에 가능했던 것이다.

다만 우마이야 왕조는 큰 오점을 남기기도 했다. 아랍 민족만 특별우대했던 것이다. 정복지 백성들에 대해 종교의 자유를 인정한 열린 마음은 어디로 가버린 것일까? 물론 무함마드 시대에도 아랍 민족은 다른 민족보다 우월함을 느끼고 있었을 것이다. 그러니 지도자들이 대놓고 차등 대우를 하진 않았다. 무함마드와, 우마이야 왕조 이전의 칼리프들은 평등주의를 표방했다. 이런 노력이 있었기에 정복 지역 백성들이 환호한 게 아닌가.

우마이야 왕조의 민족 차별 정책은, 당연히 호응을 얻지 못했다. 정부의 요직은 모두 아랍 민족이 차지했다. 비非 이슬람교도에 대해서도 차별했다. 심지어 같은 이슬람교도라 해도 자기와 다른 파벌이면 용납하지 않았다. 정복 지역 백성들에게도 과거보다 세금을 더 과중하게 매겼다. 이 때문에 이란 지역에서는 반反 아랍, 반反 수니파를 표방하는 시아파가 격렬하게 반발했다.

우마이야 왕조는 '자기중심주의'의 대가를 톡톡히 치러야 했다. 이 무렵 콘스탄티노플에서는 비록 이빨 빠진 호랑이지만 동로마(비잔틴)가 1000년 제국을 이어가고 있었다. 동아시아에서는 우마이야 왕조보다 40여 년 먼저 탄생한 당(618~907년) 제국이 번영을 구가하고 있었다. 우마이야 왕조의 운명은 두 제국과 달랐다. 채 100년을 채우지 못하고 가파른 내리막길을 타기 시작했다.

우마이야 왕조의 차별 정책은 대대적인 반란을 불렀다. 무함마드의 숙부 아바스에서 비롯된 아바스 가문이 반란의 중심에 섰다. 아바스 가문은 시아파와 손을 잡고 우마이야 왕조 타도에 나섰다. 747년, 아바스 가문의 이브라힘이 이란 동북부 호라산에서 봉기했다. 그러나 이브라힘은 우마이야 왕조를 무너뜨리지 못했다. 그의 동생 알 아바스가 대업을 이뤘다.

알 아바스는 49년 이라크 쿠파에서 칼리프에 올랐고, 이듬해 우마이야 왕조의 마지막 칼리프를 처형했다. 이로써 이슬람 제국은 최종 라운드에 돌입했다. 명실상부한 세계 제국으로 성장한 아바스 왕조(750~1258년)의 역사가 시작된 것이다.

포용하라. 세상을 얻을지니!

아바스 왕조가 들어서고 1년이 지난 751년, 중앙아시아의 탈라스 강 유역에서 이슬람 군대와 중국 당나라의 군대가 격돌했다. 이게 그 유명한 탈라스 전투인데, 아바스 왕조가 대승을 거뒀다.

역사적인 측면에서 이 전투의 의미는 상당히 크다. 이 전투를 계기로 이슬람교는 중앙아시아로 급속하게 전파됐다. 중국의 제지와 인쇄 기술자들이 대거 아바스 왕조에 끌려감으로써 이슬람 문명이 한 단계 성장했다. 훗날 이 기술은 유럽으로 전파되어 르네상스를 촉발하는 결정적 역할을 한다.

그 후 이슬람교는 중앙아시아에서 광범위한 지지를 받았다. 남쪽으로는 인도를 지나 동남아시아까지 확산된다. 명실상부한 세계 종교로 우뚝 선 것이다. 급속한 이슬람 확산 현상을 종교적 논리만으로 설명할 수 있을까? 아니다. 이미 무함마드 시절부터 보여줬던 이슬람 지도자들의 포용, 개방, 공감 리더십이 아바스 왕조에 이르러 최고조에 이르렀던 것이다.

754년, 알 만수르가 아바스 왕조의 2대 칼리프에 올랐다. 칼리프는 바그다드를 새 수도로 정했다. 바그다드는 아바스 왕조의 열린 리더십이 극대화된 도시였다. 활짝 열린 네트워크가 어떻게 작용해 이슬람 제국의 팽창을 도왔는지는, 바그다드를 꼼꼼히 들여다 보면 알 수 있다.

아바스 왕조 시절, 바그다드는 이슬람을 넘어 세계의 중심지로 성장했다. 전 세계에서 상인들이 몰려들었다. 교역의 중심지가 됐다. 인구가 150만 명을 넘었다는 사실 하나만으로 바그다드의 번영을 짐작할 수 있다. 당시 세계 3대 도시로는 바그다드를 포함해 당나라의 수도 시안, 비잔틴 제국의 콘스탄티노플이 손에 꼽혔다. 만약 도시 한 곳만을 꼽으라면 단연 바그다드였다.

무릇 많은 왕국이 수도 주변에 성벽을 세운다. 성문을 통과하지 않으면 도시 내부로 들어가지 못한다. 바그다드도 마찬가지였다. 바그다드에는 네 개의 성문이 있었다. 여기까지는 바그다드와 다른 왕국의 수도가 다를 바 없다. 다른 것은 성문의 역할이다.

바그다드의 성문은 교역로와 직접 연결되어 있었다. 네 개의 문은 교역로의 최종 목적지에 따라 각각 시리아 문, 바스라 문, 호라산 문, 쿠파 문이라 불렀다. 시리아 문에서 시작된 교역로는 멀리 시리아와 지중해로 이어졌다. 바스라 문에서 시작된 길은 페르시아 만의 바스라에서 끝이 났다. 호라산 문은 중앙아시아로 뻗어 있었고, 쿠파 문은 아라비아 반도 남단으로 향해 있었다.

세계 무역망이 바그다드를 중심으로 그물망처럼 촘촘히 짜여진 것이다. 이러니 상인들이 바그다드로 몰리는 것은 당연지사다. 아바스 왕조가 아바스 제국이라 불리는 게 전혀 어색하지 않다.

세계를 향해 열린 리더십은 아바스 왕조 시절의 대작 『아라비안나이트』에서도 드러난다. 『천일야화千一夜話』라고도 불리는 이 책의 배경이 바로 바그다드였다. 책 안의 여러 이야기 중 하나인 「신드바드의 모험」은 세계로 향해 나아가는 여정이 고스란히 담겨있다. 신드바드는 당시 이슬람 제국이 표방하는 열린 리더십의 상징이었다.

정치 분야에서도 아바스 왕조의 포용과 열린 리더십은 확실히 두드러진다. 아바스 왕조 이후의 이슬람 왕조, 그러니까 셀주크 왕조나 몽골 출신의 일 칸 국은 그런 리더십을 보여주지 못했다. 쉽게 말해 아바스 왕조는 이슬람 세계의 포용과 열린 리더십 '완결판'을 보여줬다고 할 수 있다.

아바스 왕조는 시아파와 연대해 우마이야 왕조를 전복시켰다. 그렇다면 아바스 왕조가 수니파보다는 시아파와 정치적으로 더 가까웠어야 정상이다. 그러나 아바스 왕조는 정권을 잡자 시아파를 멀리하고, 수니파를 가까이했다. 머지않아 시아파는 탄압의 대상으로 전락했다.

정치 권력이 비정하다는 점은 이미 역사 속에 여러 차례 증명됐다. 목적을 이뤘으니 필요가 없어진 사냥개는 삶아버린다. 유방(한 고조)도 건국 공신이자 평생 동지였던 한신을 제거하지 않았는가. 토사구팽兎死狗烹이라는 고사성어가 그냥 생긴 게 아니다. 그렇다면 아바스 왕조는 왜 시아파를 배신했을까?

아이러니하지만 이 또한 민심을 포용하고 공감을 끌어내기 위한 전략이었다. 당시 시아파는 일종의 반체제 집단이었다. 비록 그들의 도움을 얻어 왕조를 건설했지만 민심을 외면해서는 안 된다. 아직 아랍 백성의 대다수는 수니파에 속해 있었다. 또한 강력한 힘을 가진 아랍 부족들도 대부분 수니파를 따르고 있었다.

선택의 기로에 놓였다. 시아파와 연대해 그들 모두를 무릎 꿇릴 것이냐, 아니면 무력을 버리고 공감을 얻어낼 것이냐……. 아바스 왕조는 고민에 빠졌다. 그러나 선택은 이미 정해진 것이나 다름없었다. 아바스 왕조의 군사력은 그들 모두를 제어할 만큼 강력하지 못했다. 결국 아바스 왕조는 원리주의 시아파와 결별하고 수니파를 택했다. 다수의 백성에게 지지를 호소함으로써 공감을 얻자!

아바스 왕조의 이 결정은 현명했다. 많은 아랍 부족들이 아바스 왕조에게 호의를 보이기 시작했다. 그 부족들은 아바스 왕조에 협력함으로써 기득권을 유지하고 싶었을 것이다. 아바스 왕조가 수니파의 눈치를 보는 걸 보면 자신들의 바람이 이뤄질 수도 있다고 생각했을 수도 있다.

오판이었다. 아바스 왕조는 단호했다. 결코 아랍인들의 특권의식을 용인하지 않았다. 오히려 이전 왕조 때 생긴 면세와 연금 특권까지 모조리 박탈해버렸다. 수니파를 '동지'로 택했을 때와 180도 다른 조치다. 아바스 왕조는 『코란』으로 돌아가자는 구호를 외쳤다. 코란에 나온 대로 모든 이슬람교도의 평등을 실현하자고 했다. 이 구호대로 아바스 왕조는 모든 민족의 차별을 완전히 철폐했다.

바로 이 대목에서 아바스 왕조가 세계 제국의 자격이 있음이 입증된다. 또한 아바스 왕조가 얼마나 열린 제국이었는지도 알 수 있다.

아바스 왕조는 아랍 민족이 중심이었던 이슬람 세계를 뜯어고치기 시작했다. 수도를 바그다드로 옮긴 것부터가 개혁 의지의 표현이었다. 새로이 이란 사람들이 이슬람 세계의 중심으로 급부상했다. 그들은 아바스 왕조에서 요직을 꿰찼다. 이란인의 권력 독식이 우려되는 상황. 그러나 아바스 왕조는 능력이 출중한 인물은 종교와 신분, 출신지를 따지지 않고 등용했다. 적잖은 기독교인들이 이슬람 세계의 번영을 위해 일했고, 고관대작으로 승진하는 보상을 얻었다.

드넓은 정복 지역에는 우마이야 왕조 때처럼 총독을 파견했다. 총독은 정복 지역의 상황을 충분히 감안해 통치했다. 아바스 왕조는 그런 총독의 통치를 인정했고, 거의 모든 정복지에 대해 자치권을 부여했다. 사실 이 폭넓은 자치권은 훗날 부메랑이 되어 아바스 왕조를 공격한다.

각 지역의 총독들이 독립을 선언하면서 아바스 왕조의 몰락을 부추긴 것이다.

그러나 이 결과가 아바스 왕조의 정책이 잘못돼서 나타난 것은 아니다. 바야흐로 지역별로 국가들이 태동하는 역사적 흐름이었다. 이 물결을 아바스 왕조라고 해서 막을 수 있었겠는가? 다시 말해 지역 총독의 독립과 이어지는 새로운 국가들의 탄생은 근대 세계로 나아가는 역사적 과정이었다는 얘기다.

다시 아바스 왕조의 리더십으로 돌아가서, 우리가 가장 주목해야 할 점은 아바스 왕조의 열린 리더십이다. 이 리더십에서 포용과 공감의 정책이 나왔다. 그 결과 아바스 왕조 시대는 여러 민족이 어우러진, 드넓은 세계가 될 수 있었다. 이슬람 문화는 다른 모든 문명권의 문화를 압도했다.

아바스 왕조의 성공으로 인해 오늘날 '아랍인'에 대한 정의가 애매모호해졌다. 원래 아랍인은 아랍 지역에 사는 사람을 뜻한다. 그러나 포괄적으로 정의하면 '아랍어를 사용하는 이슬람교도'가 된다. 이 정의에 따르면 오늘날 북부 아프리카에서 이란에 이르는 광범위한 지역에 거주하는 사람들이 모두 아랍인이 되는 것이다.

바로 이런 점들 때문에 아바스 왕조는 이슬람 역사에서 무함마드만큼이나 중요한 위상을 차지하고 있다. 그러나 그 명성이 아바스 왕조 당대에 만들어진 것은 아니다. 길게는 무함마드와 칼리프 시대에서 시작된 열린 리더십이 아바스 왕조 때 비로소 만개한 것이다.

열린 리더십은 오늘날에도 여전히 최고의 성공 전략 가운데 하나로 분류된다. 경쟁자, 심지어 반대자까지도 포용하는 것은 쉽지 않다. 그

들이 원하는 게 무엇인지를 심사숙고하고, 그들의 공감을 얻어내는 것
또한 아주 어려운 일이다. 무함마드가 그랬고, 후대의 칼리프들이 그랬
던 것처럼 이런 상황에서 성공할 수 있었던 원동력은 바로 열린 리더십
이었다. 우리가 얻어야 할 교훈도 명백하다.

"마음을 열고 포용하라. 그러면 성공을 얻을 것이다."

제6장

후삼국을 통일한 경청과 존중

—왕건

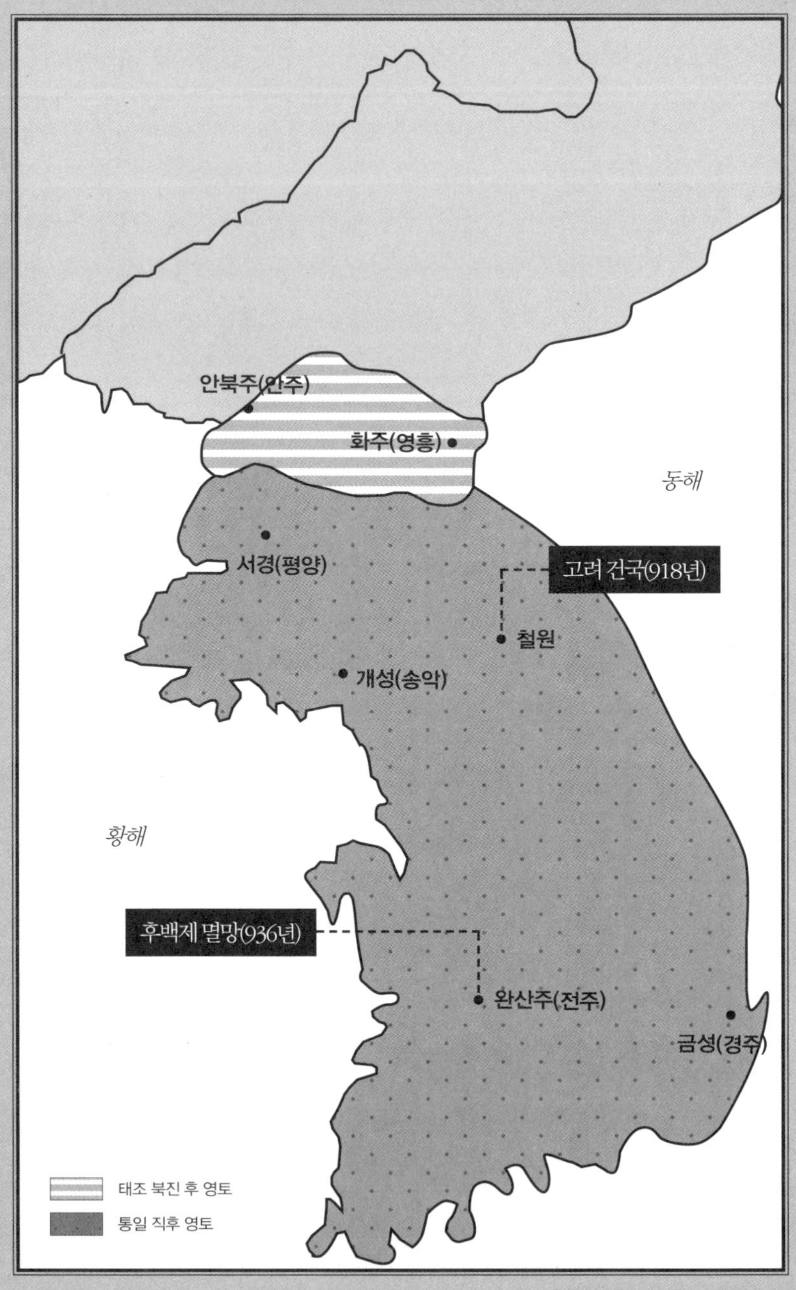

● 고려의 건국과 영토 확대 :
왕건은 고려 건국 이후 신라와 후백제를 병합해 한반도를 통일했다.
이윽고 북진 정책을 벌여 잃었던 영토를 일부분이나마 되찾았다.

중국 춘추전국 시대(기원전 770~221년). 주나라의 제후국들이 천하를 다투었다. 수많은 영웅이 겨뤘고, 그 결과 진시황제가 천하를 통일했다. 위, 촉, 오 세 나라가 천하를 다투던 삼국 시대(220~280년). 이번에는 유비와 조조, 손권이 격돌했다. 일본에도 영웅 쟁패의 시기가 있었다. 바로 사무라이들이 피 튀기게 싸운 센고쿠 시대(1467~1573년)다.

이런 시대의 공통점이 있다. 혼란과 영웅이다. 혼란이 있었고, 그 혼란을 잠재우기 위해 영웅이 등장했다. 혼란의 시기는 오늘날까지도 사람들 입에 오르내리는 수많은 이야기를 남겼다.

우리 역사에도 이런 시기가 있었다. 바로 후삼국 시대(892~936년)다. 신라 말기, 지방의 호족들은 저마다 천하통일을 외치며 봉기했다. 큰 호족이 작은 호족을 집어삼켰고, 수완 좋은 호족은 그렇지 못한 호족을 구워삶아 제 편으로 만들었다. 무력과 설득, 제휴가 총동원됐다.

이 시기에 견훤, 궁예, 왕건 등 쟁쟁한 영웅들의 이야기가 펼쳐졌다. 그중 왕건은 후발 주자였음에도 앞선 영웅들을 제치고 새 나라를 세웠고, 나아가 한반도를 통일했다. 그 비결은 무엇일까?

시스템 정비로 가장 먼저 치고 나간 견훤

견훤이 후백제의 건국을 선포한 해는 900년이다. 신라 제52대 효공왕이 통치한 지 4년이 된 시점이었다. 견훤은 완산주(전주)에 입성한 뒤 백제 후손들을 모아 "후백제가 재건됐다!"라고 선포했다.

이로써 후삼국 시대가 본격 시작됐다. 그러나 보통 후삼국 시대의 시작 시점은 이로부터 8년 전인 892년으로 규정한다. 효공왕의 전임 왕인 진성여왕이 6년째 통치하던 때였다. 그때 견훤은 무진주(광주)를 점령함으로써 후백제 건국의 기초를 다졌다. 이해(892년)를 후삼국 시대의 시작 시점으로 보는 것이다.

후삼국 시대가 등장한 이유부터 찾자. 우선 우리 민족 내부에서 찾아야 한다. 신라의 체제 유지 능력이 떨어지고 있었다. 신라가 붕괴하고 있었던 것이다.

신라는 철저한 신분 국가였다. 개인의 능력은 성취에 아무런 도움이 되지 않았다. 모든 것은 태어나면서 결정됐다. 귀족이냐, 상민이냐, 천민이냐……. 이 정도만 따지는 게 아니었다.

귀족 계급도 다시 세분화해서 차별을 뒀다. 왕은 진골과 성골만이 될 수 있었다. 그 아래 신분인 6두품은 그나마 오늘날의 차관까지는 갈 수 있었다. 5두품, 4두품은 언감생심, 꿈도 꾸지 못했다.

그런데 바로 이 골품제가 흔들리고 있었다. 중앙 정부, 즉 신라 조정은 무능했다. 귀족들은 부패했다. 신라 말기로 갈수록 왕위를 둘러싼 쿠데타도 빈번했다. 백성에 대한 착취는 하루가 다르게 가혹해지고 있었다. 그러니 농민 반란도 많았다.

● 견훤(甄萱)
900년, 무진주를 점령하며
후백제를 건국했다.
후고구려와 끊임없이
세력 다툼을 했으나
결국 왕건에게 나라를
흡수당하고 말았다.

　이쯤 되면 조정과 귀족은 정신을 차렸어야 했다. 그러나 조정과 귀족은 해결 능력을 이미 상실했다. 진성여왕 말기에는 경주 주변의 일부 고을을 빼고는 세금을 전혀 거두지 못할 정도로 조정의 위상이 추락했다. 국가 시스템이 더 이상 작동하지 않고 있었던 것이다.

　지방의 실력자인 호족들은 그런 조정과 귀족들을 더 이상 따르지 않았다. 호족들은 자기들만의 군대를 갖췄고, 탄탄한 경제력을 확보하고 있었다. 호족들은 곧 독자적으로 세력을 키워나가기 시작했다. 당나라에서 유학을 배우고 돌아온 6두품 유학자들은 '혁명'을 뒷받침할 사상을 제공했다. 혼란이 커졌다. 곧 혁명이 닥칠 분위기였다.

후삼국 시대가 등장할 수밖에 없는 외부 요인도 있었다. 신라가 '철통같이' 의지하던 당나라가 쇠퇴하고 있었다. 그 대신 거란족과 같은 북방 민족이 새로운 강자로 부상하고 있었다. 중국의 몰락은 신라가 몰락하는 속도를 올렸다.

작은 조직뿐 아니라 큰 기업과 국가도 시스템이 붕괴하면 생존이 어려워진다. 리더십이 무너지면 이 시스템이 붕괴한다. 신라에도 기회는 있었다. 신라 조정은 스스로 낡은 질서를 해체해야 옳았다. 점진적인 개혁을 추진하며 새 질서를 받아들여야 했다.

역사는 정반대로 흘렀다. 조정과 귀족은 개혁은커녕 낡은 질서를 더욱 고수했다. 구체제가 붕괴하고 신체제가 서서히 도래하고 있었지만 이런 사실 자체를 외면했으리라. 이제 체제 교체는 불가피하게 됐다.

농민 반란이 한바탕 한반도를 휩쓸었다. 그 후 880년대 후반부터 본격적으로 호족 세력들이 무장하기 시작했다. 중국의 춘추전국 시대나 삼국 시대처럼, 훗날 일본의 센고쿠 시대처럼 한반도에도 군웅할거群雄割據의 시대가 다가오고 있었다.

군웅 가운데 사벌(경북 상주)의 아자개, 죽주(경기 안성)의 기훤, 북원(강원 원주)의 양길이 비교적 큰 세력을 형성했다. 특히 아자개의 세력이 강했다. 사벌은 신라 수도 서라벌(경주)과 그리 멀지 않은 곳에 있었다. 그 때문에 다른 호족들과 달리 아자개는 신라 정규군과 자주 전투를 벌여야 했다. 정규군의 전투력이 대단하지 않았으니 어려운 싸움은 아니었다. 아자개는 곧 신라 서남부 일대를 장악하는 큰 세력으로 성장했다.

아자개가 승승장구할 수 있었던 것은 휘하에 있던 무인 견훤의 공이었다. 견훤은 백전불패白戰不敗의 장군이었다. 게다가 아자개의 장남이었다. 『삼국사기』에는 견훤이 어렸을 적, 호랑이가 나타나 젖을 먹이고 사라졌다는 기록이 있다. 견훤이 그만큼 용맹했기에 이런 설화가 만들어진 게 아닌가 싶다.

견훤은 정복 군주의 면모도 갖추고 있었다. 불과 몇 달 만에 수천의 병사를 모았다. 가는 곳마다 백성들을 신라의 질곡에서 '해방'시켜줬다. 야망을 이루기 위해서는 아버지의 그늘을 벗어나야 했다. 사실 아버지 아자개와 견훤은 그다지 좋은 사이가 아니었다. 훗날(918년) 아자개가 후백제가 아닌, 고려에 투항한 점이 이를 증명한다.

마침내 아버지로부터 독립했다. 견훤은 백제 땅인 전라도 지역으로 향했다. 견훤은 곧 그곳에서 독자 세력을 구축하는 데 성공했다. 892년에는 무진주를 점령해 백제 건국의 신호탄을 올렸다. 900년, 마침내 완산주에서 후백제의 건국을 선포했다.

일방적인 선포가 아니냐고? 아니다. 견훤은 허세를 부린 게 아니었다. 그는 철두철미했다. 내부 관직과 제도부터 정비했다. 나아가 중국 남조의 오와 월에 사신을 보냈다. 중국은 동아시아의 중심. 따라서 국가 후백제의 존재를 중국으로부터 재가 받는 것은 아주 중요한 일이었다. 자존심도 없냐고 타박하는 건 옳지 않다. 당시 국제 질서를 누구보다 먼저 읽었다는 점이 중요하다. 특히 한반도와 중국은 긴밀하게 얽혀 있지 않은가. 바로 그 때문에 견훤은 서둘러 중국과 외교 관계를 개통한 것이다.

견훤은 후삼국 시대 중반까지만 해도 가장 강력한 세력을 유지했다. 그 비결이 여기에 있다. 바로 시스템의 리더십이다. 국가에서 가장 중요한 우선 순위를 견훤은 명확하게 인식했다. 견훤이 군대를 누구보다 잘 알았고 잘 다뤘던 점도 후백제 성장에 큰 도움을 줬다. 그러나 그가 국가 시스템의 중요성을 잘 알았고, 구축했다는 게 초기 성공의 비결이었다. 당시 호족 가운데 견훤처럼 국가 시스템을 제대로 갖춘 이는 한 명도 없었다.

궁예, 민중을 어루만진 구원 리더십으로 약진하다

때는 견훤이 무진주에서 본격적으로 봉기를 일으키기 3년 전으로 거슬러 올라간다. 889년, 기훤이 죽주에서 봉기했다. 기훤도 승승장구를 거듭했다. 곧 기훤도 여러 장수들을 거느리게 됐다. 부하 가운데 으뜸은 궁예였다.

궁예는 신라의 왕족 출신이었다. 『삼국사기』에 따르면 신라 제47대 헌안왕 또는 제48대 경문왕이 그의 아버지다. 그는 아주 어렸을 때 버려졌다. 점쟁이가 궁예에게 반역의 징후가 있다고 예언했기 때문이다.

왕은 궁예를 죽이라 명했지만, 마음 약한 병사는 차마 그럴 수 없었다. 그 대신 궁 아래로 아이를 던졌다. 다행히 궁 아래에 있던 유모가 아이를 받았다. 궁예는 목숨을 건질 수 있었다. 이때 유모의 손가락이 궁예의 눈을 찔러 애꾸가 됐다고 전해지고 있다.

그 후 궁예는 유모와 함께 살았다. 출생의 비밀을 알게 된 궁예는 방황하기 시작했다. 그러던 중 세달사라는 절에서 법명을 받고 스님이 됐다. 조금 안정됐을까? 아니었다. 다시 방황이 시작됐다. 그는 몰락해가

● 궁예(弓裔)
견훤의 무진주 점령 후
자극을 받아 사방으로
영토를 확장해가며 901년,
후고구려를 건국했다.

는 신라의 모습에 절망했다. 절망이 클수록 혁명의 의지도 강해졌다.

891년 궁예는 죽전의 호족 기훤의 밑으로 들어갔다. 대 실망이었다. 기훤은 제왕의 그릇이 되지 못했다. 궁예의 혁명 사상을 보듬어 줄 위인도 되지 못했다. 기훤을 계속 주군으로 모셔야 하는가를 놓고 고민하던 그에게 견훤의 무진주 점령 소식이 전해졌다.

이 소식은 궁예를 크게 자극했다. 궁예의 결심이 빨라졌다. 바로 그해, 궁예는 북원의 양길에게로 말을 갈아탔다. 양길도 도적에 가까웠지만 기훤과는 많이 달랐다. 기훤은 대놓고 궁예를 무시했지만 양길은 그의 능력을 인정했다. 궁예는 양길의 신임을 한몸에 받았다.

893년 양길은 궁예에게 군대를 내어주고 영토를 넓히도록 했다. 궁예는 강원도와 경기도, 황해도 일대를 종횡무진하며 많은 성을 함락시켰다. 궁예를 따르는 병사들의 수도 크게 늘어났다.

895년 양길은 자신의 딸을 궁예와 결혼시켰다. 아마 여기에는 두 가지 뜻이 숨어있으리라. 첫째는 양길이 궁예를 얼마나 신임하고 있는지를 보여주려는 의도였다. 둘째는 궁예의 세력이 급격하게 성장하자 견제하려는 심리였다.

양길의 두 가지 의도가 모두 실패했다. 무엇보다 백성들이 양길을 따르지 않고, 궁예를 따랐기 때문이다. 898년 궁예는 백성의 지지와 측근들의 권유에 따라 양길로부터 독립을 선언했다.

뒤늦게 군웅할거에 뛰어든 궁예가 두각을 나타낼 수 있었던 비결은 무엇일까? 견훤이 시스템을 조기에 구축했다면 궁예는 민심을 조기에 사로잡았다. 이 민심을 사로잡은 구원의 리더십이 성공 비결이었던 것이다.

민중에게 궁예는 구원투수와도 같은 존재였다. 백성들은 신라 조정에 등을 돌린 지 오래였다. 그러나 새로 등장한 호족 세력들도 백성을 착취하긴 마찬가지였다. 그런 상황에서 등장한 궁예는 미륵불로 비쳐졌다. 궁예는 백성들의 이 희망을 꺾지 않았다. 백성을 혹사시킨 적도 없었다. 착취하는 법도 없었다. 궁예는 부하들을 대할 때도 상관이 아닌, 동료처럼 다가섰다.

궁예는 나중에 태봉(후고구려의 전신)의 왕에 오른 후 독재자처럼 변해간다. 그러나 적어도 초기에는 이처럼 '낮은 데로 임하는' 구원의 리더십을 보여줬다. 그 결과 많은 것을 얻었다. 우선 그의 리더십은 입소문을 타고 호족 사이에 화제가 됐다. 세력이 약한 호족들은 더 큰 호족에게 잡아먹힐까봐 전전긍긍하고 있던 참이었다. 그들은 강하면서도 '점잖은' 호족에게 복속하는 것이 낫다고 판단했다. 예성강 이북에 있던 황해도의 여러 호족이 궁예에게 투항했다. 이 호족들의 지지가 궁예의 재산이었다. 덕분에 궁예는 독립을 선언할 수 있었다.

구원의 리더십이 발현된 이후 얻은 가장 큰 성과는 따로 있다. 송악(황해도 개성) 호족 왕륭의 항복을 받은 것이다. 왕륭은 송악 일대에서 뼈가 굵은 호족이었다. 해상 무역으로 막대한 돈을 번 자산가이기도 했다. 물론 경제적 여유가 있었으니 궁예에게 강력한 군대를 공급할 수 있었다. 궁예는 왕륭을 제 편으로 끌어들임으로써 천군만마를 얻은 셈이다.

896년 궁예는 철원에 근거지를 마련해 독립에 박차를 가했다. 이윽고 898년에는 송악으로 수도를 옮겨 개국을 준비했다. 바로 이때 궁예는 양길로부터의 완전 독립을 선언했다. 이듬해 양길과의 전투가 벌어졌지만 이미 둘은 상대가 되지 않았다. 궁예의 대승!

이제 거칠 것이 없었다. 궁예의 군대는 사방으로 영토를 확장해나갔다. 900년, 견훤이 후백제의 건국을 선포했다. 궁예도 밀리지 않았다. 이듬해인 901년, 궁예는 왕에 올랐다. 나라 이름은 후고구려. 고구려의 정신을 계승하겠다는 의지가 담겨있었다. 때는 신라 효공왕 통치 4년째 되는 해였다. 이때까지만 해도 구원의 리더십은 생생하게 살아 숨쉬고 있었다.

몸을 낮춘 왕건, 고려의 왕이 되다

왕건은 송악 호족 왕륭의 아들이었다. 왕륭이 궁예에게 복속할 때 왕건
도 아버지를 따라 궁예의 신하가 됐다.

젊은 왕건은 '무신武神'에 가까웠다. 모든 전투에서 승리를 거뒀다. 궁
예가 송악을 수도로 정한 898년, 왕건은 중부 지방의 성 30여 개를 순
식간에 점령했다. 덕분에 궁예는 한강 일대를 차지할 수 있었다.

궁예는 공을 많이 세운 왕건이 대견했고, 믿음직스러웠다. 왕 씨 가
문에 대해서도 고마움이 컸다. 궁예는 적절한 보상을 해야 한다고 생
각했다. 왕건을 초고속 승진시켰다. 이때만 해도 궁예는 신라의 직제를
차용하고 있었다. 왕건이 얻은 첫 벼슬은 아찬이었다. 6두품이 오를 수
있는 최고의 지위. 오늘날로 치면 장관 다음의 차관에 해당한다. 얼마
지나지 않아 왕건은 '정기대감'이라는 벼슬에 올랐다. 이 벼슬은 기병
을 지휘하는, 일종의 군사령관으로 추정되고 있다.

궁예는 이때까지만 해도 백성들과 부하들에게 높은 신망을 얻고 있
었다. 구원 리더십을 아직 잊지 않았다. 결코 독선적이지도 않았다. 왕
건의 인기가 높아져도 듬직한 부하가 있으니 오히려 좋은 것 아니냐며
호탕하게 웃었다. 그러나 권력은 본질적으로 너그러움을 모른다. 새로
운 강자가 등장하면 고민이 시작되고, 이내 투쟁으로 접어든다. 궁예가
그랬다. 우선 왕건의 이야기부터 풀어보자.

왕건의 출생에 얽힌 전설이 있다. 후일 고려 국왕이 되면서 화려하게
각색된 느낌이 강하지만, 일단 이 전설부터 보자.

왕건은 877년 송악산 송도에서 태어났다. 그가 태어나기 몇 해 전, 왕

륭은 송악 남쪽에 집을 짓기 시작했다. 한 고승이 그곳을 지나가고 있었다. 도선 대사라는, 당대 최고의 승려였다. 도선 대사는 집을 북쪽으로 옮겨 지을 것을 권했다. 그렇게 하면 세상을 구할 영웅이 탄생한다고 예언했다. 왕륭의 귀가 번쩍 뜨였다. 왕륭은 도선 대사를 극진히 모셨고, 도선 대사는 새 집터를 잡아줬다.

새집 공사가 한창 진행되고 있을 때 왕륭의 부인 한씨가 임신했다. 곧 아이가 태어났다. 신비로운 빛이 온 집안을 휘감았다. 과연 세상을 구할 영웅인가 보다. 이 아이가 바로 왕건이다.

왕건은 어렸을 때부터 아주 총명했다고 한다. 성장하는 동안 도선 대사가 찾아와 제자로 삼아 학문을 가르쳤다. 왕건은 도선 대사에게 제왕학, 천문학, 군사학 등을 배웠다. 기초가 탄탄해서였을까. 궁예의 밑으로 들어가자마자 왕건은 두각을 나타냈다. 정기대감의 벼슬을 얻었을 때 그의 나이는 만으로 약관 20세였다.

궁예가 후고구려를 선포한 것은 901년이었지만 후백제와의 전투가 본격화된 것은 한해 전인 900년부터였다. 이때부터 왕건은 군대를 직접 이끌고 여러 전투에 출전했으며 경기 광주와 충북 충주 등 한반도 중부 지역을 장악하는 데 성공했다. 여러 전투 가운데 왕건의 진면목이 나타난 것은 903년 금성전투(나주전투)다. 금성은 전라남도 나주의 옛 지명이다.

당시 후백제는 충청도와 전라도 일부를 장악하고 있었다. 한반도 남서해안은 오롯이 후백제의 세력권에 들어있었다. 문제는 해상을 통해 후백제가 중국 남조와 교류한다는 데 있었다. 후고구려로서는 이 교류를 차단해야 했다. 또한 아직 저항하는 전라도 남부의 호족을 끌어들여

● 왕건(王建)
궁예의 휘하에서
견훤의 군사를 격파하고,
궁예를 몰아낸 뒤
고려를 세웠다.
이후 신라와 후백제를
합병하여 후삼국을
통일하였다.

후백제의 분열을 유도해야 했다. 쉽게 말해 한반도 서남부에 반드시 교두보를 마련해야 하는 상황이었다.

903년 왕건이 수군을 이끌고 나주로 향했다. 견훤은 왕건이 강을 통해 쳐들어올 거라고는 미처 생각하지 못했다. 적의 허를 찔러라! 바로 이 작전이 주효했다. 왕건의 군대는 후백제 군대와 영산강 일대에서 격전을 벌였다. 후백제에 속해 있던 10여 개의 군현이 후고구려로 떨어졌다. 이때 왕건은 금성 명칭을 나주로 바꿨다.

이제 후백제는 후고구려에 포위된 형국이 됐다. 견훤은 조바심이 났다. 견훤은 어떻게든 나주를 되찾아야 했다. 수시로 공격을 개시했다. 그러나 모든 전투에서 왕건에 패했다. 왕건은 10여 년간 나주에 머물며 민심을 수습했다.

그 후 왕건이 송악으로 돌아갔다. 이 틈을 타 914년 견훤이 다시 남서해안을 공략했다. 궁예가 다시 왕건을 내려 보냈다. 왕건은 후백제의 공격을 철저히 차단했다. 나아가 후백제가 중국 남조에 보내는 배를 나포하기도 했다. 기세를 몰아붙여 진도까지 함락시켰다. 작전은 대성공이었다.

더 이상 후백제는 한반도 서남해안을 노리지 못했다. 왕건이 후고구려로 돌아갔지만, 이번에는 후백제도 손을 쓸 수 없었다. 나주 지역이 후고구려의 확실한 지원세력이 됐기 때문이다. 왕건이란 존재가 사라진 후에도 여전히 왕건을 지지하는 상황이 된 것이다. 하루가 멀다 하고 전투가 벌어지는 시대였다. 배신을 밥 먹듯이 하는 시대였다. 그런데 나주는 철석같이 왕건을 지지했다. 비결이 뭘까?

왕건이 훗날 천하를 통일할 수 있었던 첫 번째 성공 비결이 이 대목에서 나온다. 바로 연대와 협력의 리더십이다. 절대적 강자가 아닌 왕건은 몸을 낮췄다. 최고의 시너지를 내기 위한 전략, 호족과의 연합이 바로 그것이다.

한반도 역대 왕조의 그 어떤 왕도 고려 태조 왕건처럼 많은 부인을 두지는 않았다. 태조 왕건은 스물아홉 명의 부인을 뒀다. 이 가운데 여섯 명은 왕후의 칭호를 받았다. 물론 후궁을 둔 조선의 왕은 여러 명이 있었다. 그러나 태조 왕건은 단지 여자를 취하기 위해 결혼을 한 게 아니었다. 호족을 끌어들이기 위해 결혼이라는 전략을 쓴 것이다.

왕건이 맞아들인 두 번째 부인은 나주 오 씨 가문 출신인 장화 왕후였다. 왕건이 나주를 공략할 때 만났다. 왕건은 우물가에서 부인을 처음 봤다. 왕건이 물을 달라 청하자 부인이 바가지를 내밀었다. 부인이 내민 바가지에는 버들잎이 떠다니고 있었다. 이유를 물었더니 빨리 마시면 체할 수 있어서 그랬다고 했다. 왕건은 여인의 자상함에 감동했다. 여인의 아버지인 오다련도 왕건의 사람됨에 반했다. 이 남자를 놓치면 안 된다!

둘은 그렇게 해서 결혼했다. 둘이 얼마나 사랑하는 사이였는지는 알 수 없다. 확실한 것은, 왕건의 전략이 이 결혼에 작용했다는 점이다. 왕건은 나주 오 씨 가문을 끌어들여야 한반도 서남 지역을 차지할 수 있다고 생각했다. 나주 오 씨 가문도 후백제에서 벗어나려면 강력한 협력자가 필요했다. 둘의 이해관계가 맞아 떨어졌으니 혼인이 이뤄졌다.

혼인 결과는 의도대로였다. 나주 오 씨를 끌어들임으로써 영암 최 씨와 영광 전 씨 가문까지 포섭할 수 있었다. 이 세 가문은 대단한 호족 세력은 아니었다. 그렇지만 전남 일대에서는 해상 무역으로 큰돈을 벌었고, 나름대로 세력을 구축한 호족들이었다. 무시할 수 없는 세력이라는 얘기다.

그 호족들은 왕건과 협력관계를 구축함으로써 후백제의 위협을 막을 수 있었다. 동시에 왕건이 왕이 될 경우 확실한 지분을 요구할 수 있다고 판단했을 것이다. 그들은 왕건에 충성했다. 왕건이 없어도 전남의 호족들이 후백제에 투항하지 않은 이유가 여기에 있다.

왕건도 믿음을 보여줬다. 이미 말했던 대로 나주 오 씨 여성을 정부인으로 맞았고, 영암 최 씨의 최지몽은 책사로 중용했다. 또한 영광 전

씨의 시조인 전종회는 고려가 삼국을 통일한 후 개국공신에 오르기도 했다.

정략결혼이라고 볼 수도 있다. 그러나 전쟁의 시대였고, 왕건은 송악의 호족에 불과했다. 더 큰 세력을 형성하지 않으면 큰 뜻을 이룰 수 없었다. 연대와 협력의 리더십이야말로 왕건이 구사할 수 있는 최상의 전략이었던 것이다.

전남 나주 정벌의 공을 인정받아 왕건은 913년 시중의 벼슬에 올랐다. 이 벼슬은 오늘날 국무총리에 해당한다. 궁예도 왕건을 이인자로 인정한 셈이다. 나아가 궁예는 왕건에게 사실상 모든 정사政事를 위임했다. 궁예가 얼마나 왕건을 신임했는지 알 수 있는 대목이다. 그러나 이 조치가 궁예로서는 비극의 시작이었다. 왕건이 나주 정벌에 여념이 없던 시절, 후고구려가 어떻게 돌아가고 있었는지부터 살펴보자.

궁예는 904년 나라 이름을 마진摩震으로 바꿨다. 905년에는 수도를 송악에서 철원으로 옮겼다. 이 천도는 궁예의 자신감이 표출된 조치다. 동시에 모험이기도 했다. 궁예가 송악에 후고구려를 건국한 것은 왕릉의 도움을 얻기 위해서였다. 그 뜻을 이뤘다. 후고구려의 세력이 비약적으로 커졌으니 더 이상 송악에 머물 이유가 없었다. 게다가 철원은 자신의 근거지였다. 그곳에서는 호족들의 눈치를 볼 필요도 없다. 궁예는 청주민 1,000여 가구를 철원으로 이주시켰다. 번듯한 도시를 만들기 위해서였다.

이 천도는 궁예가 자신의 지지 세력을 규합해 확실한 일인자가 되겠다는 선전 포고인 셈이다. 바로 이 대목에서 갈등이 시작됐다. 후고구려는 사실상 내분 상태로 접어들었다. 궁예는 강력한 중앙집권 체제를 원했다. 이를 위한 개혁을 추진했다. 그러나 호족들은 궁예의 개혁이 못마땅했다. 모든 권력을 궁예에게 내어주고 싶지 않았다.

서로 원하는 게 다르다면 충돌은 불가피하다. 다만 리더십에 따라 갈등을 풀어나가는 방식은 달라진다. 이 대목에서 궁예와 왕건의 리더십이 극명하게 엇갈렸다.

궁예는 중앙집권 체제만이 후고구려를 강력하게 만들 거라 믿었다. 중국 국가들과 대등한 세력으로 성장하려면 왕을 중심으로 모든 신하들이 똘똘 뭉쳐야 한다고 생각했다. 그러나 호족들이 아직 강하니 설득하기는 쉽지 않았다. 그렇다면 방법은? 궁예는 목표를 달성하기 위해 공포 분위기를 조성했다. 자신을 신격화하고, 반대 세력을 가혹하게 숙청했다. 목표 달성에 방해가 된다면 가족이라도 용서하지 않았다. 두 아들도 죽여버렸다.

궁예는 911년 나라 이름을 다시 태봉泰封으로 바꾸었다. 중앙집권 체제를 향한 열망은 더욱 강해졌다. 삼국사기에 따르면 이 과정에서 궁예가 본격적으로 폭군으로 변해갔다. 호족들의 반발은 더욱 커졌다. 구원의 리더십은 실종됐다. 그 대신 무조건 따르라는 카리스마 리더십만이 횡행했다.

이제 왕건의 리더십을 보자. 그는 어떻게 대처했을까?

궁예와 호족의 갈등은 더욱 악화됐다. 호족들은 자신의 대표선수를 찾기 시작했다. 이때 거론된 인물이 바로 왕건이었다. 신숭겸, 홍유, 복지겸, 배현경 등 호족 세력은 궁예를 몰아내고, 그 자리에 왕건을 앉히기로 결정했다. 918년 이들이 왕건에게 반란의 영수가 되어 줄 것을 간청했다. 왕건은 거절했다.

"왕이 비록 난폭하지만, 신하된 사람으로서 왕을 배신할 수는 없다. 나는 충의를 신조로 삼고 있다. 어찌 반란을 마음에 품을 수 있겠는가?"

왕건의 실제 생각이 이러했는지는 알 수 없다. 다만 이 말만 놓고 보면 왕건의 품성을 충분히 짐작할 수 있다. 그의 성공 비결 두 번째는 이 품성에서 우러나온 리더십이다. 바로 자신을 낮춘 겸양의 리더십이다.

왕건은 부하들의 말을 무시하는 법이 없었다. 부하들이 스스로 충성하는 분위기를 조성할지언정 나서서 무지르지 않았다. 거사를 일으킬 때에도 이 리더십이 고스란히 나타났다. 왕건은 몇 번이나 왕의 자리에 오르는 것을 거절했다. 부하들이 "천명을 거부하지 말라"라고 몇 차례나 간곡하게 설득한 뒤에야 제안을 받아들였다. 물론 이런 조치는 민심을 의식한 것에서 나온 것이리라. 반란을 정당화하기 위한 포장일 수도 있다. 그러나 왕건의 후속 조치를 보면 정략적 판단이었다고만은 할 수 없다.

어쨌든 반란은 성공했다. '독재자' 궁예는 쫓겨났고, 왕건이 왕의 자리에 올랐다. 왕건은 이때에도 겸양의 리더십을 보여줬다. 고구려를 계승한다는 의미로 국호를 고려(918~1392년)라 지었다. 연호는 천수天授라고 지었다. 하늘의 명을 받았다는 뜻이다.

태조 왕건의 리더십

고려의 태조가 된 왕건. 사실 인간 개인의 역량만 놓고 보면 왕건은 궁예나 견훤보다 월등하지 않았다. 가령 국가의 장기 비전을 세우거나 조직을 정비하는 역량은 궁예가 훨씬 뛰어났다. 궁예는 일찌감치 중국에 대해 자주적 성격이 강한 국가를 선포했다. 천수만세라는 독자 연호도 사용했다. 당시 신흥 강국으로 떠오르고 있었던 거란과도 교류를 추진했다. 관리를 뽑을 때도 신분에 얽매이지 않고 능력을 우선시했다. 오늘날 일부 학자들이 궁예는 독재자가 아니라 혁명가였다고 주장하는 것은 이런 배경에서다.

견훤은 어떤가. 그는 군대를 지휘하는 데 있어서 타의 추종을 불허하는 명장이었다. 모든 전투를 지휘했고, 전장에서 병사들과 침식을 같이 했다. 항상 앞장섰기에 부하가 배신하는 법은 드물었다. 또한 견훤은 중국과의 수교를 서두르는 등 드물게 국제외교 감각도 가지고 있었다.

궁예와 견훤의 이런 덕목을 왕건은 갖추지 못했다. 그러나 그 둘에게 없는 덕목을 왕건은 갖췄다. 연대와 겸양의 리더십, 신뢰의 리더십이 그것이다. 이 덕목에 관해서만은 궁예는 '나 홀로 독재자'였고, 견훤은 '불통의 장군'일 뿐이었다.

물론 이런 리더십을 왕건이 애초부터 지녔던 것은 아니다. 그는 오랜 시간 이인자로 생활해왔다. 그 과정에서 이런 리더십을 자연스레 터득했을 수도 있다. 궁예의 폭정을 탓하며 왕이 돼 달라는 호족들에 대해서도 왕건은 끝까지 궁예에 대한 신뢰의 표시를 보냈다. 이런 모습은 호족을 더욱 감동시켰다.

왕건은 고려 창건 이후에도 신뢰의 리더십을 잃지 않았다. 부하들에 대해서는 자율권을 최대한 부여했으며, 그들의 판단을 존중했다. 그 결과 많은 부하들이 목숨을 아끼지 않고 왕건에게 충성을 다했다. 실제

신숭겸 같은 인물은 왕건을 구하기 위해 제 목숨을 내던지기도 했다.

태조 왕건은 왕권을 강화하는 것을 최고의 목표로 삼지 않았다. 호족과의 연대를 더욱 강화했다. 이 또한 신뢰를 구축하기 위한 조치였다. 그는 중앙집권 체제가 당장 힘들다는 것을 너무 잘 알고 있었다. 호족들의 지지를 이끌어내지 못하면 천하통일이 불가능하다는 사실 또한 모르지 않았다. 무소불위의 권력자를 꿈꿨던 궁예, 견훤과 확연히 다른 대목이다.

왕건은 왕이 아니라, 백성의 심부름꾼이란 이미지를 각인시키는 데 많은 노력을 기울였다. 민심을 추스르는 것을 정치의 최고 목표로 삼았다. 태조 왕건은 918년 철원에서 왕에 올랐다. 이듬해에는 자신의 근거지인 송악으로 천도했다. 이는 친정세력을 강화하기 위한 조치일 것이다. 그러나 민심 수습을 잊지는 않았다.

우선 흑창을 설치했다. 이 기구는 빈민을 대상으로 한 사회보장 기구였다. 더불어 세금도 인하했다. 고구려의 유민들이 그토록 원하는 북진정책을 건국이념으로 삼았다. 불안한 민심을 다독이기 위해 불교를 장려했다. 물론 호족에 대해서는 철저히 융합 정책으로 일관했다. 백성들은 새 군주를 환영했다.

이후 고려의 외교 정책은 많이 달라졌다. 궁예는 신라에 대한 적개심이 강했다. 그 때문에 주로 신라의 영역을 노렸고, 신라인은 모조리 죽였다. 그러나 왕건은 신라에 대해 우호적인 외교를 폈다.

왕에 즉위한 후 호족과의 연대는 더욱 강화됐다. 전국적으로 호족 네트워크가 구축되기 시작했다. 물론 그 수단은 결혼이었다. 사실 왕건은 이미 두 번의 결혼을 한 상태였다. 첫 결혼 상대는 경기 정주 유 씨 가문

여성이었다. 조강지처인 이 여성은 왕건이 왕이 된 후 신혜왕후가 된다. 그러나 신혜왕후는 아이를 낳지 못했다. 두 번째 결혼한 여성이 나주 오 씨 가문 출신의 장화왕후였다. 장화왕후가 낳은 아들 무武는 고려 2대 국왕 혜종이 된다.

왕건이 호족 세력과의 결혼을 본격 추진한 것은 태조에 등극한 후부터다. 이때부터 전국 호족 가문의 여성과 결혼을 하는데, 처음 부인 두 명 외에 추가로 스물일곱 명과 결혼했다. 세 번째 부인은 충북 충주의 유 씨 가문에서 얻었다. 신명순선 왕후라 불리는 이 여성은 요堯와 소昭를 낳았는데, 각각 3대와 4대 국왕인 정종과 광종이 된다.

왕건이 호족 가문과 결혼한 이유는 이미 말했던 대로 사랑해서가 아니다. 호족을 끌어들이는 동시에 견제하기 위한 전략이었다. 당시 왕권은 미미했다. 몇몇 호족이 연합해 왕권에 도전하면 왕위가 위태로울 수도 있었다. 물론 대업은 물 건너간다. 그 때문에 왕건은 어떻게든 호족들을 달래야 했다. 최선책이 호족들과 결혼으로 끈끈한 네트워크를 맺는 것이었다. 이 때문에 일부 역사학자들은 고려 초기의 상태를 중앙집권 국가가 아닌 호족연맹 국가로 규정하기도 한다. 그러나 당시 상황을 감안하면 왕건의 연대 전략은 최상책이었다.

사실 왕건은 호족 가문과 결혼으로만 인연을 맺은 게 아니었다. 그 호족 가문에 적절한 여성이 없다면 결혼을 할 수가 없지 않은가. 이런 경우에는 왕 씨 성을 하사했다. 이렇게 함으로써 혈연으로 끌어들일 수 있었다. 또한 호족들에게는 자신의 영역에서 향리를 임명할 수 있는 자율권도 충분히 줬다.

그러나 호족과 연대하더라도 조건은 있었다. 그대로 두면 호족의 영향력이 하늘 모르고 치솟을 수 있으니 이를 막을 조치가 필요했다. 그게 바로 기인其人 제도였다. 호족의 가족을 수도인 송악으로 불러들여 인질로 삼는 방법이었다. 아무리 강한 호족이라도 제 가족이 인질로 잡혀있는데, 함부로 반란을 일으킬 수는 없을 것이라는 판단에서다.

태조 왕건이 고려의 왕에 오르고 난 후부터 통합의 리더십이 새로이 빛을 발했다. 고려가 한반도를 통일할 수 있었던 것은 이 리더십의 공이 컸다. 이 점에서는 특히 궁예와 극명하게 대비된다.

이미 말했던 대로 궁예는 신라에 대해 아주 적대적이었다. 당연히 신라 출신 호족들은 궁예와 후고구려를 싫어했다. 그러나 왕건은 신라 호족들에게 아주 관대했다. 926년 발해가 거란에 멸망했을 때는 발해의 유민들까지 스스럼없이 받아들였다.

이 통합의 리더십은 견훤도 부족했다. 견훤은 연일 신라를 공격했고, 신라 호족들은 후백제에서 등을 돌렸다. 이런 상황에서 927년 견훤의 군대가 신라 수도 경주를 침략했다. 신라 55대 경애왕은 견훤의 명령에 따라 자결해야 했다. 견훤은 닥치는 대로 사람들을 죽이고 재물을 약탈한 뒤 본국으로 귀환했다.

신라의 도움 요청을 받은 고려군이 급히 말을 달렸다. 그러나 이미 후백제 군대는 경주를 빠져나간 후였다. 고려와 후백제의 군대가 대구 공산에서 격돌했다. 이 전투는 왕건의 판단 착오로 고려군의 대패로 끝났다. 견훤이 왕건의 전략을 꿰뚫어보고 있었던 것이다. 견훤을 포위하려는 왕건의 전략은 노출됐고, 오히려 고려군이 후백제군에 포위되고 말았다.

살아서는 탈출할 수 없는 분위기였다. 고려의 개국 공신이자 태조의 심복인 신숭겸이 목숨을 걸지 않았다면 왕건은 이 전투에서 죽었을 것이다. 신숭겸은 왕건의 갑옷을 입고, 왕의 행세를 했다. 후백제군의 이목이 신숭겸에게 집중된 사이에 왕건은 병졸의 옷을 입고 간신히 포위망을 뚫고 탈출할 수 있었다. 5,000여 명의 병사로 시작한 전투는 70명이 간신히 살아남는 선에서 끝났다.

이 공산 전투에서의 대패로 고려는 휘청거렸다. 그러나 이 전투가 왕건의 입지를 강화시켜주는 계기가 됐다. 그동안 왕건이 보여준 겸양의 리더십에 감동한 신라 호족들이 움직이기 시작한 것이다. 신라 호족들은 후백제의 무관용과 잔인함에 치를 떨었다. 반면 신라를 도와주려다 생명의 위기를 맞았던 왕건에 대해서는 우호적인 자세를 취했다. 이 정서는 3년 후 치러진 고창(안동) 전투에서 고스란히 드러났다.

930년, 고려와 후백제 군대가 고창에서 격돌했다. 이 전투에서는 견훤이 8,000여 명의 병사를 잃고 간신히 목숨만 구한 채 달아났다. 이 전투에서의 승리로 고려는 통일의 승기를 잡았다.

사실 태조 왕건은 이 전투의 승리를 확신하지 않았다. 그 승리를 안겨준 사람들은 다름 아닌 신라 출신 호족들이었다. 경주에서 견훤이 저질렀던 만행과 공산 전투의 소식을 들은 신라 주변의 군현 30여 개가 곧바로 고려에 복속을 청했다. 이어 110여 개의 성도 고려에 항복을 선언했다. 고창 전투에서는 그 지역 사정에 밝은 호족들이 물심양면으로 고려군을 도왔다.

고려의 전투력은 엄밀하게 따지면 후백제의 전투력보다 월등하지 않았다. 그런데도 고려가 승리했다. 통합의 리더십 덕분이라고밖에 달리 설명할 도리가 없다. 호족을 끌어들이지 못했다면 성공하지 못했을 것이란 이야기다.

통합의 리더십은 왕건의 겸양과 겸손이 함께 어우러지면서 더 큰 효과로 이어졌다. 그 사례는 후삼국 시대가 막바지로 접어들고 있을 무렵 여러 차례 나타났다.

후백제에서 내분이 일어났다. 어쩌면 이미 예정된 내분이었다. 내분의 원인이 바로 견훤의 리더십 부족이었기 때문이다. 모든 사태는 후계자 선정 과정에서 시작됐다.

견훤은 후계자로 금강을 선택했다. 문제는 금강이 장남이 아니었다는 데 있다. 그것도 모자라 금강은 후궁의 자식이었다. 정비 소생인 첫째 아들 신검과, 그의 형제들이 반발할 것은 불을 보듯 뻔하다. 신검 일당은 반란을 일으켰다. 이 반란은 성공했고, 견훤은 금산사라는 절에 갇혔다.

견훤은 하늘이 무너지는 비애를 맛봤다. 일생의 목표인 천하통일의 꿈을 접을 수밖에 없었다. 아니, 목숨이나마 부지할 수 있을까를 걱정해야 했다. 견훤은 고민 끝에 고려에 망명하기로 했다. 은밀히 태조 왕건에게 의사를 전달했다.

왕건에게 견훤은 어떤 인물이었을까? 그는 한때 적장이었다. 자신의 목숨을 앗아갈 수도 있는 인물이었다. 그러나 왕건은 과거에 연연하지 않았다. 기꺼이 견훤을 받아들이기로 했다. 나아가 후백제를 탈출해온 견훤을 극진히 모셨다. 자신보다 열 살 정도 나이가 많기 때문에 상부尚父라고 불렀다. 허름한 집이 아니라 궁궐로 견훤을 안내했다. 그것도 모자라 양주 땅을 식읍으로 내줬다. 견훤이 감동할 수밖에 없지 않겠는가. 자연스럽게 견훤을 따르던 이들도 후백제의 신검이 아닌, 고려의 태조 왕건에게 투항했다.

태조 왕건은 우월한 지위에 있었지만, 결코 거만하거나 교만하지 않았다. 그러자 겹경사가 찾아들었다. 이번에는 신라 조정이 통째로 고려에 귀의한 것이다. 신라의 마지막 왕 경순왕은 935년 고려에 나라를 바쳤다.

이때에도 왕건은 자신을 낮췄다. 최대한 예의를 다해 경순왕을 맞았다. 경순왕에게는 자신의 딸을 부인으로 줬고, 정승공이란 작위도 내렸다. 이와 더불어 경순왕이 경주 지역을 관장할 수 있도록 사심관의 직책도 내렸다.

이제 민심은 완전히 고려로 기울었다. 936년, 고려는 후백제에 대해 마지막 공격을 개시했다. 흥미로운 점은 이 전투에 견훤이 참전했다는 것이다. 견훤은 자신이 세운 나라를 기어코 제 손으로 무너뜨렸다. 견훤의 안내를 받은 고려군은 일선(구미 선산)으로 진격했다. 그곳에서 두 나라의 군대가 격돌했고, 고려가 최종 승리를 거뒀다. 마침내 고려가 후삼국 시대를 끝내고 천하를 통일하는 순간이었다.

이제 한반도는 고려라는 단일 왕조 시대로 접어들었다. 그러나 고려는 아직 불안한 왕국이었다. 바로 이 순간, 태조 왕건의 통합 리더십이 빛을 발했다.

태조는 한반도 백성은 한민족이란 점을 공고히 했다. 이에 따라 발해를 무너뜨린 거란을 철천지원수로 규정했다. 942년, 거란이 고려와 화친 조약을 체결하려는 목적으로 사신을 보냈을 때도 목전에서 쫓아냈다. 당시 선물로 가져온 낙타는 굶겨 죽였다. 태조 왕건은 죽을 때까지 북진 정책을 추진했다. 그 결과 청천강에서 영흥에 이르는 고구려 영토

일부분을 되찾을 수 있었다. 나아가 태조 왕건은 죽음을 앞두고 거란은 우리 민족의 원수이니 가까이 지내지도 말고, 풍습도 멀리하라는 유언까지 남겼다.

태조는 신라의 풍속을 멀리 하지 않았다. 오히려 더욱 우대했다. 대표적인 게 불교를 보호하고 장려한 것이다. 불교는 통일신라 당시 번창했다. 많은 민중이 불교를 믿었다. 태조는 불교를 국교로 정하고, 사찰을 짓거나 승려를 보호했다.

이와 동시에 민중 신앙도 적극 보호했다. 오늘날로 치면 미신에 불과할 수 있지만, 많은 백성이 따르고 있기에 굳이 막지 않았다. 태조 왕건은 또한 팔관회 행사를 중요하게 여겼다. 일종의 유언인 훈요 10조에서도 팔관회를 장려할 것을 권했을 정도다. 이 또한 통합의 리더십을 발휘한 대목이라 할 수 있다. 태조는 팔관회를 통해 백성을 하나로 통합하려고 했던 것이다. 그 후 고려는 한때 왕자의 난을 겪지만 번영의 길을 달렸다. 오늘날 대한민국의 영문 이름이 고려Korea인 게 전혀 이상하지 않은 이유다.

제7장

세계 최대 제국을 건설한 미래지향 리더십
—칭기즈칸

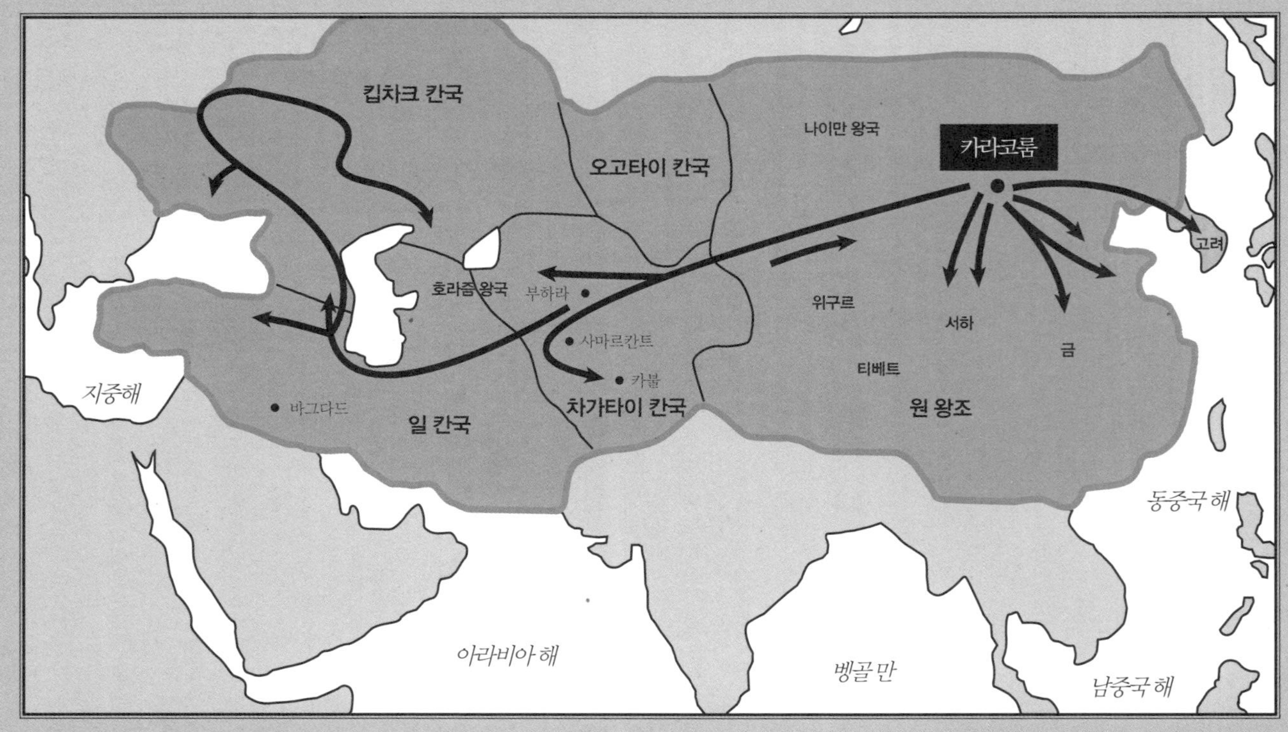

● 칭기즈칸의 원정로와 몽골 제국의 최대 영토 :
몽골을 통일한 칭기즈칸은 즉각 세계원정을 단행했다.
훗날 몽골 제국은 중국 원 왕조와 네 개의 칸국으로 분리됐다. 오고타이 칸국을 원 왕조에 포함시키기도 한다.

몽골 제국을 건설한 황제. 세계의 절반 이상을 정복한 영웅. 바로 칭기즈칸이다.

1991년 미국 시사주간지 「타임Time」은 칭기즈칸을 인류 역사상 가장 위대한 인물로 선정했다. 몇 년 후 미국의 일간지 「워싱턴포스트The Washington Post」 「뉴욕타임스The New York Times」도 잇달아 역사상 가장 위대한 인물로 그를 뽑았다. 새천년을 앞둔 1999년, 「타임」지는 20세기 전체 역사에서 가장 중요했던 역사적 인물로 다시 칭기즈칸을 선정했다.

칭기즈칸은 한동안 서방 세계에서 외면당했다. 동양의 작은 나라 몽골 출신이 아닌가. 유럽의 관문을 마음대로 부수고, 마음대로 휘저었던 인물이 아닌가. 불과 수십 년 만에 세계의 절반을 정복한 아시아인이 아닌가. 그런 인물은 그전에도, 그 후에도 존재하지 않았다.

그랬던 그가 21세기 들어 서양 세계에서 주목받고 있다. 굵직굵직한 글로벌 기업들이 칭기즈칸 배우기 열풍에 휩싸였다. 국내의 내로라하는 대기업들도 칭기즈칸을 연구하고 있다. 900여 년 만에 칭기즈칸이 제대로 된 대접을 받는 것이다.

왜 칭기즈칸을 공부하는 것일까? 바로 그의 리더십 때문이다. 저절로 세계 제국이 탄생한 게 아니다. 그는 삶의 맨 밑바닥에서부터 차근차근 정상을 향해 올라갔다. 삶의 전 과정이 하나의 거대한 리더십이다. 21세기에 다시 살아난 칭기즈칸의 리더십을 우리도 배워야 한다.

현실을 인정할 때 현실을 극복할 수 있다

1162년 몽골 초원의 오논 강. 이곳에서 한 아이가 태어났다. 그 아이의 아버지 예수게이는 한 부족의 족장이었다. 얼마 전 타타르족과의 전투에서 승리를 거뒀는데 아이까지 태어났으니 겹경사였다.

몽골족은 아이의 이름을 정할 때, 직전에 발생한 큰 사건에서 힌트를 얻는 풍습이 있었다. 예수게이는 타타르족 장군 테무친의 이름을 따 아이에게도 같은 이름을 붙였다. 이 아이가 훗날 칭기즈칸이 된다.

테무친은 족장의 아들이었지만 행복한 어린 시절을 보내지는 못했다. 전쟁의 시대였기 때문이다. 우선 400여 년 전인 840년경으로 올라가 보자. 당시 중앙아시아 초원 지대는 혼란, 그 자체였다. 그전까지만 해도 위구르족이 강성했는데, 키르기스에게 멸망했다. 절대 강자가 없는 채로 유목 민족 간의 대결이 100여 년 이상 지속됐다.

10세기 후반, 몽골족이 등장했다. 그러나 몽골족은 두각을 나타내지는 못했다. 여러 부족으로 분열되어 흩어져 있는데다, 공통으로 쓰는 문자도 없었다. 한마디로 미개한 부족에 불과했던 것이다. 반면 동북아시아의 거란족과 여진족은 급격히 성장하고 있었다. 거란족은 요나라

● 칭기즈칸(成吉思汗)
10만의 병사로 역사상 최대
영토의 세계 제국을 건설했다.
현재까지도 가장 위대한
역사적 인물로 뽑히며
리더십의 완결판이라 불린다.

를 세웠고, 여진족은 금나라를 세웠다.

금나라는 곧 요나라를 멸망시키고 중국 본토를 장악할 만큼 성장했다. 몽골족 또한 금나라의 지배를 받았다. 게다가 이웃 민족인 타타르족도 툭하면 몽골족을 공격했다. 타타르족은 투르크계 부족으로, 아주 호전적이었다.

예수게이는 금나라에서 벗어나 몽골족 전체를 통일하겠다는 원대한 야망을 갖고 있었다. 그러나 당장은 타타르족부터 물리쳐야 했다. 타타르족은 강한 상대였다. 게다가 같은 민족 안에서도 일인자를 노리는 부족장이 많았다. 예수게이는 늘 암살의 위협에 시달렸다. 어디 예수게이만 그랬겠는가. 전쟁이 흔했으니 당시 모든 지도자가 그랬을 것이다.

테무친이 9세가 되던 1170년, 아버지 예수게이가 타타르족에게 독살됐다. 테무친은 아버지를 잃은 슬픔에 젖어있을 틈도 없었다. 예수게이 반대파들이 즉각 권력 찬탈에 나섰던 것이다. 이 쿠데타는 성공했다. 테무친 가문은 몰락했다. 테무친은 버려졌다.

유목민은 늘 이동한다. 농사를 짓지 않는다. 그 때문에 양고기와 우유가 주식이다. 굳이 귀족 가문이 아니더라도 대부분의 몽골 유목민들은 양고기와 우유를 먹었다. 그러나 한때 부족장 가문이었던 테무친 가족은 이 음식을 먹을 수 없었다. 초근목피로 끼니를 때워야 했다. 그나마 목숨이라도 보전할 수 있는 걸 감사해야 했다. 몽골 귀족들은 후환을 없애려고 어떻게든 테무친을 제거하려 했다. 테무친의 도망자 생활은 한동안 계속됐다.

설상가상으로 테무친의 아내까지 납치당했다. 당시 북방에 살던 메르키트족은 테무친 가문에 대해 아주 반감이 컸다. 그의 아버지 예수게이가 메르키트족 여성을 납치해 결혼했기 때문이다. 메르키트족은 뒤늦게 이 복수를 감행했다. 테무친의 아내 보르테를 납치하는 게 바로 그 복수였던 것이다.

그러나 테무친은 낙심하지 않았다. 우선 아내를 되찾아오자! 테무친은 아버지의 의형제였던 친구를 찾아갔다. 그의 이름은 토그릴. 케레이트족의 족장이었다. 당시 유목민들은 여러 족장 가운데서도 특히 실력자를 칸이라 불렀다. 굳이 우리말로 번역하자면 왕이란 뜻이다. 몽골 부족도 예외가 아니라서 칸이라는 인물이 존재했다. 토그릴은 칸이라 불리는 인물이었다. 몽골의 왕과 다름없는 실력자였던 것이다.

테무친은 토그릴 칸에게 도움을 요청했다. 그의 환심을 사기 위해 결혼기념물로 받았던 모피까지 선물로 바쳤다. 모피가 중요하랴? 테무친은 어떻게든 토그릴 칸의 입에서 도와주겠다는 말이 나오도록 마음을 얻어야 했다. 다행히 토그릴 칸의 마음이 움직였다. "도와주마."

토그릴 칸은 자무카에게 병력을 일으켜 테무친을 도울 것을 지시했다. 자무카는 테무친과는 어린 시절부터 알고 지내던 친구였다. 2만 명에 가까운 병력이 모아졌다. 부족끼리 흩어져 유목 생활을 했던 상황을 감안하면 이 숫자는 과장이 아닐까 싶다. 어쨌든 대군이 테무친을 후원한 것은 사실이다.

테무친이 군대를 이끌고 메르키트족을 쳤다. 테무친의 승리였다. 테무친은 납치된 아내를 구출하는 데 성공했다. 아내는 메르키트족 장수의 아이를 임신한 상태였다. 그러나 테무친은 기꺼이 아내를 받아들였다. 아내의 탓이 아니기 때문이다. 그 대신 메르키트족을 몰살시켰다. 완벽한 복수였다. 잔인할 정도의 보복이었다.

테무친은 냉혈한에 가까웠다. 한때 동맹이었다 해도 배신의 기미가 보이면 즉시 제거했다. 주르킨족이 그런 경우였다. 테무친과 동맹을 맺었지만, 그가 타타르족을 공격하러 간 사이에 테무친의 부족을 공격했다. 용서는 없었다. 테무친은 주르킨족의 귀족을 모두 죽여버렸다. 평민들은 노예로 삼았다. 그들의 근거지는 완전히 폐허로 만들었다.

테무친은 급격하게 성장하고 있었다. 그러자 여러 부족들이 테무친을 칸으로 추대하려는 움직임을 보였다. 그 부족장들은 저항하는 부족을 몰살시켜버리는 테무친이 무서웠던 것이다. 그렇다고 해서 테무친에게 자신의 부족을 통째로 내어주지는 않았다. 그 부족들도 나름대로 전략이 있었다. 테무친에게 복종하는 대신, 테무친에게 보호를 받으려 했던 것이다. 칸의 자격으로 자신들을 지배할 것을 허용하지는 않았다.

테무친도 부족장들의 속내를 잘 알고 있었다. 섣불리 움직이지 않았다. 충성을 맹세했던 부족 가운데 몇몇이 배신했을 때도 즉각 복수하지 않았다. 그랬다가는 자신이 몽골의 왕이 되려 한다는 비판에 직면할 수 있지 않은가. 아직 토그릴 칸은 시퍼렇게 살아 있었다.

당시 몽골의 여러 부족들이 금나라의 지배를 받고 있었다. 금나라는 타타르족을 견제하기 위해 몽골족을 활용했다. 토그릴 칸은 테무친과 함께 타타르족을 공격했다. 결과는 승리. 이번에도 테무친은 타타르족을 초토화시켜 버렸다.

금나라 황제는 공로를 인정해 토그릴 칸을 몽골의 일인자로 인정했다. 그러나 테무친에게는 그보다 훨씬 낮은 지위를 부여했다. 테무친은 크게 부각되지 않았다. 테무친은 섭섭했을 수도 있다. 하지만 결과적으로 보자면, 주목받지 못한 게 천만다행이라고 할 수 있다.

테무친은 은밀하게 움직였다. 하나씩 정적을 제거하기 시작했다. 토그릴 칸은 테무친의 세력이 급속하게 팽창하고 있다는 사실을 깨닫지 못했다. 그의 의형제이자 친구인 자무카만이 그 점을 인식했다. 자무카는 테무친의 성장이 못마땅했다. 자무카가 반 테무친 연합을 결성해 맞섰다. 그러나 모든 싸움에서 테무친이 승리했다.

이제 토그릴 칸도 테무친이 어떤 존재인지를 깨달았다. 결국 둘 사이에 전투가 벌어졌다. 결과는 테무친의 승리. 테무친은 케레이트 귀족을 모두 죽여버렸다. 병사들만 살려뒀고, 모두 자신의 부대에 편입시켰다. 이런 과정을 밟으면서 테무친의 부대는 점점 커지고 있었다.

1189년, 테무친은 마침내 칸의 호칭을 얻었다. 일부 부족은 그를 '칸 중의 칸'이란 뜻에서 칭기즈칸이라 부르기도 했다. 그러나 아직까지 몽골족 전체를 통일한 것은 아니었다. 몇 차례의 전투에서 테무친에게 패배한 자무카 또한 칸의 자리를 노리고 있었다. 한 나라에 두 명의 칸은 있을 수 없는 법. 결국 둘 사이에 운명을 가르는 전투가 치러지게 된다.

당시 자무카는 몽골 서부에 있는 나이만 왕국과 연합 전선을 구축했다. 나이만족은 투르크족 계열로, 타타르족과 함께 이 지역의 강자로 군림하고 있었다. 몽골족이 중앙아시아를 제패하려면 반드시 넘어야 할 장애물이었다. 꼭 자무카를 의식하지 않더라도 나이만과의 전투는 피할 수 없었다.

이 전투에서 테무친은 나이만과 자무카 연합군을 격파했다. 자무카의 목숨도 앗아갔다. 1204년 나이만 왕국도 테무친의 손에 무너졌다. 테무친의 완벽한 승리. 이제 테무친을 능가할 영웅은 더 이상 없었다. 그렇다면 다음은? 대외적으로 대 칸이 됐음을 선포하는 일이었다.

1206년 오논 강변에서 부족장 회의가 열렸다. 물론 테무친이 소집한 회의였다. 몽골인들은 이 부족장 회의를 쿠릴타이라 불렀다. 중대한 사안은 모두 이 쿠릴타이에서 결정됐다. 이 날의 쿠릴타이에서도 중대 사안이 결정됐다. 테무친이 몽골 전체의 칸, 즉 대 칸인 칭기즈칸에 등극했음을 공식 인정했다. 칭기즈칸은 몽골 통일 제국이 수립됐음을 선포했다.

칭기즈칸 신화는 이렇게 시작됐다. 그 이후 그의 정복 전쟁은 전 세계를 놀라게 했다. 몽골은 세계 제국으로 성장했다. 그러나 젊은 칭기즈칸, 즉 테무친이 굴욕을 참고, 이빨을 숨기면서 와신상담하지 않았다면 그 성공은 없었으리라. 칭기즈칸에게서 배워야 할 첫째 덕목이 바로 이것이다. 그는 현실을 탓한 적이 없다. 그 대신 극복하기 위해 모든 것을 바쳤다. 바로 미래지향의 리더십이다.

이미 말했던 대로 칭기즈칸은 아홉 살이 되던 해 아버지를 잃었다. 그 후 칭기즈칸 가족은 거지와 다름없는 생활을 해야 했다. 귀족 계급에서 천민보다 못한 계급으로의 전락. 배고픔보다 더 서글픈 게 천대가 아니었을까 싶다. 그러나 칭기즈칸은 용기를 잃지 않았다. 토그릴 칸에게 고개를 숙일 때도 그는 먼 훗날 대 칸이 되겠다는 희망을 잃지 않았다. 모욕과 모멸, 천대를 받을 때마다 그는 속으로 외쳤다. 언젠가는 되갚아주겠노라고.

그는 집안이 나쁘다고 탓하지 않았고, 가난하다고 비관하지 않았다. 배운 게 없다고 투덜거리지 않았고, 도와주는 사람이 없다고 원망하지 않았다. 그 대신 그는 이렇게 자랑스럽게 말했다.

"나는 아홉 살 때 아버지를 잃었다. 집안이 나쁘다는 어리광은 부리지 마라. 가난? 나는 먹을 게 없어 초근목피로 연명했다. 나는 내 이름도 쓰지 못하지만, 다른 사람의 말에 귀를 기울여 더 많은 것을 알 수 있었다. 도와주는 이가 없다고? 나는 맨손으로 시작해 제국을 건설했다."

제국을 건설하기 전까지 칭기즈칸의 삶은 모든 것이 모험이었다. 오늘 하루 목숨이 붙어있다는 것을 다행으로 여겨야 할 정도였다. 그럼에도 불구하고 그는 늘 미래를 생각했다. 그는 결코 현실을 탓하지 않았다. 불만을 표시하지도 않았고, 분노의 이빨을 드러내지도 않았다. 그는 가장 큰 적은 밖이 아니라 자신의 몸 안에 있다고 늘 말했다. 결국 해법은 한 가지였다. 미래를 보고, 현실을 뛰어넘는 노력! 그 결과 그는 칭기즈칸이 될 수 있었던 것이다.

초토화와 잔인함을 전략으로 삼다

이제부터 칭기즈칸의 정복 전쟁을 본격적으로 따라가 보자.

첫 타깃은 서하였다. 서하는 중국으로 들어가는 길목에 있었다. 이 무렵 서하는 중국 송나라를 격파해 기세를 올리고 있었다. 1207년, 칭기즈칸은 대군을 이끌고 서하로 진격했다. 칭기즈칸이 어떤 인물인지는 이미 서하의 왕도 잘 알고 있었다. 빗장을 걸고 버텼다. 그러나 강력한 몽골군대를 막을 수는 없었다. 2년 만에 서하는 몽골에 항복했다.

칭기즈칸은 서하의 땅을 완전히 접수하지 않았다. 굳이 그럴 필요를 느끼지 못했다. 칭기즈칸은 유목민이었다. 원하는 재물을 얻으면 이미 전쟁에서 승리한 것이다. 전리품을 충분하게 챙기고 서하 땅을 떠났다. 공식적으로 서하는 이로부터 20여 년 후에 멸망한다. 그러나 사실상 이때 무너졌다고 해도 과언이 아니다.

다음 타깃은 예상대로 금나라였다. 당시 금나라는 중국 한복판을 장악하고 있던 이민족 왕조였다. 이를 정복 왕조라 부른다. 한족 왕조인 송나라는 금나라에 밀려 남쪽으로 달아났다. 다행히 그곳에서 새 조정을 세워 명맥을 유지하고 있었다. 금나라는 과거 몽골족을 지배했던 정복 왕조다. 그러니 칭기즈칸의 감정이 좋을 리가 없었다.

　1211년, 몽골군대가 금나라로 진격했다. 제아무리 중국을 지배하는 금나라라 해도 칭기즈칸에는 적수가 되지 못했다. 전투는 싱겁게 끝났다. 만주 땅이 순식간에 몽골로 넘어갔다. 금나라는 막대한 공물을 칭기즈칸에 바치겠다고 약속했다. 이번에도 칭기즈칸은 굳이 금나라를 멸망시키지 않았다. 원하는 재물을 얻었으니까!

　그러나 금나라는 기어코 수명을 재촉했다. 몽골의 재침략이 겁이 나 수도를 베이징에서 남쪽 카이펑으로 옮긴 것이다. 금나라는 비록 몽골의 직접 지배를 받진 않았지만 사실상 속국이나 다름없었다. 수도를 마음대로 옮길 수 없는 처지였다. 칭기즈칸은 금나라의 천도행위를 항명이나 배신으로 받아들였다.

　사실 금나라가 천도하지 않았어도 칭기즈칸이 언젠가는 금나라를 쳤을 것이다. 몽골에게 금나라는 철천지원수였으니까. 1215년, 칭기즈칸은 금나라의 남쪽에 있던 송나라와 연합해 금나라를 쳤다. 수도 베이징이 순식간에 몽골에 넘어갔다(금나라는 1234년 끝내 몽골에 의해 멸망하고 만다).

　이후 칭기즈칸은 서역 지방을 향해 정복 활동을 재개했다. 가장 먼저 타깃이 된 나라는 서요. 거란족의 요나라가 멸망하자 요의 왕족들이 달아나 세운 나라였다. 금나라만큼은 아니더라도 요나라 또한 몽골 사람들에게는 원수. 1218년, 칭기즈칸의 군대가 서요를 정복했다.

　칭기즈칸은 계속 서쪽으로 뻗어나갔다. 다음 목표는 호라즘 왕국. 셀주크 왕조 출신 장군이 11세기 후반 아무다리야 강 근처에 만든 왕국이었다. 개국 초기에는 세력이 약했지만 이 무렵에는 아프가니스탄을 넘어 이란까지 진출한 강국이었다. 칭기즈칸은 우선 사신과 상단을 보냈다. 원하는 바를 얻으면 굳이 전쟁을 할 필요가 없잖은가? 칭기즈칸이 원한 것은 무역이었다. 그러나 칭기즈칸의 요구는 묵살당했다. 호라즘 왕국은 칭기즈칸의 상단을 죽여버렸다. 칭기즈칸은 호라즘 왕국의 샤(왕, 황제) 알라 웃딘 무함마드에게 보상을 요구했다. 이 요구도 묵살당했다.

1219년, 칭기즈칸은 20만 대군을 이끌고 호라즘으로 진격했다. 아마 호라즘 왕족들은 뒤늦게 후회했을 것이다. 칭기즈칸의 군대가 그렇게 잔인하고, 그렇게 강할 줄은 생각지도 못했을 것이다. 호라즘에서 가장 중요한 도시인 부하라와 사마르칸트가 1년 만에 몽골군에 접수됐다. 호라즘의 왕족과 귀족들? 칭기즈칸은 여기서도 초토화 작전을 폈다. 모두 죽여버렸다.

이 전쟁은 피할 수도 있었다. 호라즘과 처음부터 싸우려 했던 것은 아니잖은가. 몽골이 서요를 정복한 후 호라즘과 국경을 맞대게 됐지만 굳이 전쟁을 할 처지도 아니었다. 당시 몽골은 금나라와 전쟁 중이었다. 그런 상황에서 호라즘과 또다시 전쟁을 치른다는 것은 큰 모험이었다. 바로 이 때문에 칭기즈칸은 우호적 관계를 유지하고 무역을 강화하기 위해 사신을 보냈던 것이다. 450여 명에 이르는 그 상단을 호라즘의 샤 알라 웃딘 무함마드가 죽이지만 않았더라도 호라즘의 명줄은 더 길었으리라.

이에 대해서는 다른 시각도 있다. 사실 칭기즈칸은 처음부터 호라즘을 치려했다는 분석이다. 그 때문에 처음에 사신을 보낼 때 일부러 호라즘 샤를 자극했다는 것이다. 실제 칭기즈칸이 호라즘에 보낸 서신에는 샤를 '아들'로 칭하는 등 오만한 표현이 있었다. 이런 시각에 따르면 칭기즈칸은 전쟁의 구실을 만들기 위해 상단을 보냈고, 상단이 몰살당하자 이를 구실로 즉각 전투를 개시한 셈이 된다.

어느 쪽이 진실일까? 어쨌든 이렇게 해서 전쟁은 시작됐다.

칭기즈칸은 호라즘 왕국의 내부 사정을 환히 들여다보고 있었다. '모든 적은 자신의 안에 있다!' 칭기즈칸의 이 생각은 틀리지 않았다. 호라즘 왕국은 파벌 싸움이 극에 달해 있었다. 칭기즈칸은 이 점을 이용했다.

우선 이간질 전략을 썼다. 호라즘의 귀족과 장수들과 접촉했다. 자연스레 이 사실이 샤의 귀에 들어가도록 했다. 샤는 몽골이 쳐들어오면 귀족과 장수들이 성문을 열어주기로 했다는 내용의 거짓 편지를 보고 화를 냈다. 귀족과 장수들의 마음이 흔들렸다. 이들에게 칭기즈칸은 투항할 것을 슬쩍 제안하기도 했다.

이 작전은 주효했다. 병사의 수만 놓고 보면 몽골군대는 호라즘의 상대가 되지 않았다. 그러나 사기에서 호라즘은 몽골의 상대가 되지 않았다. 우선 호라즘의 샤부터 불안을 감추지 못했다. 다급하게 수도를 부하라에서 사마르칸트로 옮겼다. 그래도 불안은 가시지 않았다. 호라즘 샤는 몽골군이 혹시라도 들어올 수 있는 모든 지점에 부대를 배치했다. 그렇게 하려면 병력을 쪼개야 한다.

군대를 분산하면 전력이 약해질 수밖에 없다. 그래서는 몽골을 이길 수 없다. 정말 그렇게 됐다. 몽골 부대는 호라즘의 이전 수도였던 부하라를 정복했다. 승승장구! 몽골군은 곧 샤가 숨어 있는 사마르칸트까지 정복했다. 샤는 성이 함락되기 전 탈출할 수 있었다. 그러나 숨을 만한 곳이 없었다. 샤는 카스피 해까지 달아났다. 샤는 몽골군에게 살해되지는 않았다. 그렇지만 카스피 해를 벗어나지 못하고 그곳에서 1220

년 죽음을 맞았다. 이로써 호라즘은 사실상 멸망했다. 샤의 아들 잘랄 웃딘이 저항군을 이끌고 몽골에 맞섰다. 그러나 그 역시 패했고 인도로 달아나 저항운동을 벌였지만 살해되고 말았다.

이 호라즘 정벌은 몽골 역사, 아니 세계사에 큰 의미가 있다. 이 전쟁이 없었다면 몽골 제국의 서방세계 진출은 불확실했다. 이 전쟁에서 자신을 얻은 몽골은 그 후 사방으로 세력을 뻗치기 시작했다. 칭기즈칸에 이어 그의 후계자들은 정복 전쟁을 계속 수행했다. 그 결과 훗날 몽골 제국은 중동은 물론 동아시아 일대까지 지배하는, 역사상 전무후무한 대 제국으로 성장한다.

자, 다시 이야기를 이어가 보자.

카스피 해까지 진출한 몽골군은 내처 카프카스 산맥을 넘어 러시아 남부로 진격했다. 당시 그곳에는 노브고로트 공국을 포함한 여러 공국들이 있었다. 노브고로트 공국은 오늘날 러시아의 근원이라고 할 수 있다. 그 공국들은 곧 연합군을 구성했다.

1223년 하르하 강변에서 몽골과 러시아 연합군이 격돌했다. 몽골을 꺾을 자는, 이 무렵 전 세계 어디에도 없었다. 당연히 몽골군의 대승이었다. 몽골군은 러시아 남부와 크림반도를 유린한 뒤 본대가 있는 중앙아시아로 돌아왔다.

이 원정을 끝으로 칭기즈칸은 본국으로 개선했다. 칭기즈칸은 1207년 대승을 거뒀던 서하를 상대로 또 한 번의 원정에 나섰다. 1226년의 이 원정이 마지막이었다. 칭기즈칸은 서하 정벌이 한창이던 1227년 8월, 세상을 떠났다. 그 누구도 이루지 못할 대업을 쌓은 칭기즈칸의 리더십은 어떠했을까.

칭기즈칸 하면 가장 먼저 떠오르는 이미지는 '잔인한 정복 군주'다. 이 평가는 틀리지 않다. 그는 무자비했다. 적어도 전쟁을 하는 동안에는 그의 사전에 자비나 용서라는 단어가 들어있지 않았다.

그는 대부분 초토화 전략을 폈다. 사실 이 전략은 이미 부족 통일 전쟁에서도 여러 번 드러났다. 타타르와 나이만을 정복할 때, 병사와 쓸 만한 아이만 빼고 모두 죽여버리지 않았던가? 병사는 당장 칭기즈칸의 군대에 편입시켰고, 아이들은 잘 다듬어 나중에 충성스런 부하로 삼기 위해서였다.

이런 전략은 어쩌면 어렸을 때의 배신 경험에서 나온 것일 수도 있다. 그러나 꼭 그렇게만 볼 수도 없다. 의도적으로 이런 전략을 썼을 수도 있다는 이야기다. 거친 유목민들을 제압하려면 부드러움보다 강인함이 더 필요했으리라. 인정을 봐주면 언제든지 보복당할 수 있다. 무자비할 정도로 강한 인상을 심어줄 필요가 있었을 것이다. 이런 관점에서라면 칭기즈칸이 정복 전쟁에서 보여준 잔인함은 계산된 전략이라고 할 수 있다.

물론 이 잔인함이 옳다는 뜻은 아니다. 실제 그의 잔인함 때문에 많은 목숨이 사라졌다. 서하의 경우 가장 큰 피해를 당한 민족 중 하나다. 칭기즈칸은 호라즘과 전쟁을 벌일 때 서하에 대해 참전을 요구했었다. 서하는 이미 몽골에 대패해 사실상 복속된 상태였기 때문에 응당 이 지시를 따라야 했다. 그러나 서하는 참전을 거부했다. 칭기즈칸의 심기가 불편해졌다.

서역 원정을 끝내고 돌아온 후 칭기즈칸은 마지막으로 서하를 완전히 정복하기 위해 2차 침략을 단행했다. 서하의 저항은 끈질겼다. 순순히 항복하지 않는 이 근성이 다시 한 번 칭기즈칸의 심기를 건드렸다. 칭기즈칸은 전투에서 승리한 뒤 대학살을 명령했다. 서하 사람들이 죽어나갔다. 당시 학살이 얼마나 심했느냐 하면, 오늘날 서하의 후손을 찾기가 어렵다는 말이 나올 정도다. 이 정도라면 훗날 유대인을 말살하겠다며 아우슈비츠에서 독가스로 학살극을 벌인 히틀러와 크게 다르지 않다.

그러나 시대 상황이 다르다. 칭기즈칸이 살았던 시대의 문명 수준과 히틀러가 살았던 20세기의 문명 수준이 같을 수 없다. 또한 히틀러는 게르만 민족만이 하늘의 선택을 받았다는 '선민사상'에 빠져 민족 갈등을 조장했지만 칭기즈칸에게는 그런 점이 없었다. 칭기즈칸은 우월한 민족과 열등한 민족을 구분하지 않았다. 그에게는 오로지 아군 아니면 적군뿐이었다.

요컨대, 칭기즈칸은 초토화 전략과 잔인함을 정복 전략의 하나로 활용했다는 이야기다. 정복 전쟁에서 보여 준 첫 번째 리더십이다. 이를 현대적으로 해석하면 어떻게 될까? 일종의 위상 정하기Positioning 전략이다.

당시 유럽 사람들은 '몽골' 소리만 들어도 기겁했다. 멀리서 몽골 병사가 오면 숨을 곳을 찾느라 정신이 없었다. 아랍, 중동, 유럽을 막론하고 몽골에 대해 느끼는 두려움은 오늘날 우리가 상상하는 이상이었다. 칭기즈칸이 의도한 게 이것이다. 적의 마음에 두려움을 심어줌으로써 정복 전쟁을 수월하게 하자!

실제 호라즘 정복 과정에서도 이 점은 입증됐다. 몽골 병력은 호라즘 병력에 크게 못 미쳤다. 그러나 호라즘 왕족과 귀족들의 두려움은 아주 컸다. 그 틈을 칭기즈칸이 정확하게 찔렀다. 칭기즈칸은 '그 누구도 몽골군대를 이길 수는 없다'는 이미지를 만드는 데 성공했다. 몽골은 정복 전쟁을 완료하기 전부터 이미 최고의 강대국 반열에 오를 수 있었다.

리더십의 완결판, '칭기즈칸 리더십'

칭기즈칸은 비참한 현실을 인정하고, 그것을 뛰어넘었다. 이어 잔인한 복수를 하며 경쟁국을 하나씩 정복했다. 이른바 초토화 전략을 구사하며 잔인함마저 전략으로 삼았다. 그러나 그의 리더십은 여기에서 끝나지 않는다. 만약 그랬다면 칭기즈칸은 세계 제국을 건설할 수 없었으리라.

칭기즈칸의 리더십은 몇 가지로 요약하기가 쉽지 않다. 그는 우리가 거론할 수 있는 리더십을 모두 구사했다. 행동 하나, 말 하나에도 리더십이 드러난다. 그렇다. 그의 삶 자체가 리더십의 완결판이었다. 지금까지 거론하지 않은 리더십 가운데 대표적인 것만 추려보자.

첫째, 칭기즈칸은 전통적인 강점을 극대화했다. 사실 그의 성공은 강력한 군대가 있었기에 가능했다. 칭기즈칸은 유목민의 강점을 군대 조직에 활용했다.

유목민은 삶 자체가 투쟁이었다. 이 때문에 공동체 생활이 발달했다. 위계질서도 확실했다. 칭기즈칸은 이 점을 극대화해 몽골군대의 기강을 강력하게 다잡았다. 철저한 상명하복! 대신 전투에서 이겼을 때 얻는 전리품은 공평하게 분배했다.

유목민은 항상 이동한다. 짐이 많아서는 안 된다. 늘 생존에 필요한 도구들만 최소한으로 챙긴다. 전쟁터로 떠나는 남자들도 마찬가지였다. 그들 또한 최소한의 무기와 식량을 몸에 지닌 채 길을 떠났다. 그들의 식량은 얇게 썬 뒤 말린 소고기였다. 유목민 병사들은 며칠간 굶는 데 익숙했다. 갈증도 잘 참았다. 참을 수 없을 만큼 갈증이 심하면 타고 있는 말에 대롱을 꽂고 피를 빨아 마셨다. 아사 직전까지 참았는데도 식량이 생기지 않으면 타고 있는 말을 먹었다.

유목민 병사는 이처럼 가벼우면서 유연했다. 신체 움직임도 날쌨다. 평생 말과 함께 살았기 때문에 말을 타고도 움직임이 자연스러웠다. 병사들은 고삐를 잡지 않고도 말을 달렸다. 자유로운 두 손으로 활을 쏘았다.

서역 원정을 단행하려면 신속해야 한다. 몽골군대가 그랬다. 불과 몇 년 사이에 멀리 유럽까지 진출했다. 만약 몽골군대가 여느 나라의 군대와 비슷했다면 불가능한 일이었다. 당시 중세 유럽의 기사와 비교하면 이 점을 쉽게 알 수 있다. 유럽 기사들은 철제 갑옷을 입었다. 말에게도 철제 투구를 씌웠다. 전투 장비만 무려 70킬로그램에 이르렀다. 반면 몽골 기마병은 활과 칼 같은 간편한 무기 외에는 착용한 게 없었다. 몽골 기마병의 전투 장비는 7킬로그램밖에 되지 않았다. 이러니 신속함에 있어 몽골 병사를 능가할 군대는 없었다.

지도자가 되면 으레 새로운 것을 추구하는 법이다. 오늘날에도 이런 경향은 여전하다. 변화와 혁신만이 진보이고, 전통은 고루하다는 인식이 적지 않다. 이런 인식은 틀렸다. 전통을 중요하게 여긴 칭기즈칸의 리더십이 이를 입증한다. 우리가 가진 강점이 무엇인가? 이것에 대한 분석에서부터 시작해야 일의 성공 확률을 높일 수 있다.

새로운 것을 배척하라는 얘기는 아니다. 아군의 전력에 도움이 된다면 주저하지 말고 새로운 것을 받아들여야 한다. 칭기즈칸도 그랬다. 그에게서 배울 두 번째 리더십이 바로 개방이다. 칭기즈칸은 결코 전통만을 고수하지 않았다. 필요한 것이라면 아군과 적군을 가리지 않고 리트머스처럼 빨아들였다.

몽골군대를 다시 보자. 몽골군대는 전통적으로 기마병으로 구성되어 있었다. 신속함을 따를 군대가 없었다. 그러나 전투가 많아지면서 기마병만으로는 곧 한계가 드러났다. 벌판에서의 전투는 그야말로 백전백승이었지만 큰 성곽을 공략하기가 쉽지 않았던 것이다.

칭기즈칸은 이 문제를 개방 리더십으로 해결했다. 성 안에 살던 사람들을 몽골 부대에 합류시켰다. 그들은 어떻게 해야 공성전을 잘 하는지를 알고 있었다. 적을 섬멸하더라도 기술자만은 죽이지 않았다. 그들에게 신무기를 만들게 하기 위해서였다.

그 결과 몽골군대도 투석기나 쇠뇌 같은 육중한 전투 병기를 사용하게 됐다. 이런 무기로 성을 흔들어놓은 다음에는 사다리를 타고 올라갔다. 화약 무기도 발전시켰다. 우수한 병법과 신무기를 즉각 받아들이는 전통은 칭기즈칸 후계자들에게도 이어졌다. 쿠빌라이는 동남아시아에서 코끼리 부대를 만들기도 했다.

열린 리더십은 인재를 고르는 데도 빛을 발했다. 적국의 사람이라 해도 유능한 인재라면 즉시 중용했다. 대표적인 사례가 야율초재였다. 야율초재는 금나라 사람이었다. 1215년, 칭기즈칸이 금나라를 공격할 당시 그는 26세였다. 그가 있던 곳은 베이징 주변의 중도라는 곳이었다. 칭기즈칸의 군대가 순식간에 중도의 성을 점령했다.

야율초재는 꽤나 박식한 학자였다. 유불선에 모두 정통했다고 한다. 그의 가문은 원래 요나라에서 귀족 신분이었다. 요나라는 금나라에게 멸망했다. 칭기즈칸이 그를 떠보았다. "내가 금나라를 물리쳤으니 네 원수를 갚았다."

야율초재는 웃지 않았다. 그는 오히려 "우리 조상 대대로 금나라의 녹을 받았고, 이미 신하가 됐기에 금나라를 배반할 수 없다"고 당당하게 말했다.

칭기즈칸은 저항하는 민족이나 나라에 대해서는 관용을 베풀지 않았다. 게다가 금나라는 철천지원수였다. 당연히 모든 사람을 몰살시킬 확률이 높았다. 그렇지만 야율초재만큼은 죽이지 않았다. 그의 지식과 기개에 감탄했기 때문이다. 칭기즈칸은 그 후 야율초재를 측근으로 삼았다. 야율초재는 훗날 칭기즈칸이 죽고 난 후에도 대를 이어 황제의 측근 역할을 수행했다. 훗날 몽골이 원나라로 변신하는 데도 그의 역할이 상당히 컸다.

칭기즈칸은 개혁이란 어떤 것인지, 그 개혁을 추진하려면 어떻게 해야 하는지를 명쾌하게 보여주기도 했다. 칭기즈칸은 곁가지를 건드리기보다는 시스템 자체를 고치는 데 신경을 썼다. 어쩌면 이 방법이야말로 가장 근본적일 뿐 아니라 효과도 클 것이다. 그만큼 저항도 강하리라. 그러나 강력하게 밀어붙였다. 칭기즈칸에게서 배울 세 번째 리더십. 바로 목표 달성에 필요한 최적의 시스템을 구축하는 것이다.

칭기즈칸이 몽골을 통일하기 전, 많은 부족들은 각기 자신의 관습에 따라 생활했다. 당연히 부족의 독립성이 강했다. 이런 상태로는 강력한 몽골 제국을 건설할 수 없다. 황제의 권력도 보잘것없어진다. 칭기즈칸은 이 점을 명확히 알고 있었다. 칭기즈칸은 시스템을 뜯어고치기로 했다. 유목민의 제왕을 넘어 세계의 제왕이 되는 것! 이 목표를 위해 부족 단위로 운영되는 몽골을 확 바꿨다. 사회 기반을 통째로 개혁하는 것이다.

당시는 정복 전쟁을 수행할 때였다. 그렇다면 국가 조직 또한 전쟁에 적합한 형태로 바뀌어야 할 것이다. 이른바 비상 조직 형태다. 오늘날 기업들이 구조조정을 단행하거나 새로운 프로젝트를 추진할 때 태스크포스TF를 꾸리는 것도 이와 비슷하다.

세계 제국을 건설하는 데 최적의 비상조직은 어떤 형태일까? 칭기즈칸이 내린 해답은 군대였다. 국가 자체를 하나의 거대한 군대로 만들면 된다. 그는 몽골의 부족을 모두 해체해버렸다. 그 대신 95개의 '군단'으로 재편했다. 이 제도를 천호千戶라고 불렀다.

천호 제도는 한 개 부대에 약 1,000명의 병사가 있다고 해서 붙여진 이름이다. 더 자세히 들여다 보면 그 안에 백호와 십호가 있다. 열 명의 병사가 모여 '소대'를, 소대 열 개가 모여서 '중대'를, 중대 열 개가 모여서 '대대'를 구성하는 식이다. 이들 95개의 천호 우두머리, 즉 천호장千戶長에는 아들이나 친척, 측근을 임명했다.

천호장은 모두 칭기즈칸에 절대 복종하고 충성하는 장수들이었다. 그들은 자기 부대에서는 절대 권력을 가지고 있었지만 칭기즈칸에 대해서만큼은 예외였다. 칭기즈칸은 설령 천호장이라 하더라도 군율을 어기면 엄하게 처벌했다.

칭기즈칸은 능력에 따라 인센티브를 주기도 했다. 천호는 총 95개였지만 천호장은 여든여덟 명이었다. 천호장 1인당 한 개의 천호를 거느린다고 치면 일곱 개의 천호장이 모자라는 셈이다. 칭기즈칸은 능력이 있는 천호장에게 천호를 더 주었다. 능력에 따라 세 개의 천호를 거느리는 천호장도 나타날 수 있었던 것이다.

시스템을 갖췄다. 그다음에는 시스템을 운영하는 방법이 필요하다. 칭기즈칸은 이 대목에서 네 번째 리더십을 구사했다. 바로 권력 이양이다. 천하의 칭기즈칸에게 어울리지 않는다고? 아니다. 칭기즈칸은 그 누구보다 권력을 부하들에게 나눠준 인물이다.

칭기즈칸은 호라즘 원정을 끝으로 귀국했다. 사실 칭기즈칸은 더 서쪽으로 진군하고 싶었을지도 모른다. 그러나 중앙아시아의 기후는 뜨거웠다. 그 열기를 견딜 수 없었다.

본국으로 귀환한 칭기즈칸은 광대한 정복지를 아들들에게 나눠줬다. 큰아들 조치에게는 러시아 남부 영토를, 둘째 아들 차가타이에게는 호라즘 왕국의 영토를, 셋째 아들 오고타이에게는 나이만 왕국의 영토를, 막내 툴루이에게는 몽골 본국을 떼어줬다. 이후 아들들은 그 영토에 칸 국을 건설했다.

이 대목에서 칭기즈칸의 권력 이양 리더십을 볼 수 있다. 아들에게 땅을 나눠주는 게 무슨 권력 이양이냐고 할 수도 있겠다. 그러나 당시 상황을 감안하면 그리 단순하게 볼 수만은 없다. 권력을 위해서라면 아들을 죽이고, 아버지를 죽이고, 가족을 죽이는 걸 개의치 않던 시절이 아니었는가?

칭기즈칸이 세계 제국을 통해 얻으려 한 것은 바로 무역이었다. 비록 정복한 정착 민족으로부터 많은 점을 배웠다고는 하지만, 변하지 않는 사실이 있다. 그가 유목 민족이란 점이다. 그는 땅에 집착하지 않았고, 몽골 민족의 이익을 원했다. 그 이익은 무역을 통한 상업적 이익이었다. 이런 '대원칙'만 지켜진다면 칭기즈칸은 일찌감치 후계자들에게 땅을 나눠줘도 상관이 없다고 생각했다.

그는 부하들에게도 권력을 나눠줬다. 이미 말했던 대로 부하 장수들, 즉 천호장들에게는 부대를 지휘할 수 있는 전권을 줬다. 그 자신은 한 걸음 뒤로 물러나 전체 모습을 머릿속에 그리며 전략을 세웠다. 일단 적국을 정복한 뒤에는 그곳의 왕의 자리에 측근을 임명한 뒤 또다시 전권을 줬다.

이런 권력 이양이 있었기에 칭기즈칸 부대는 신속하게 서방 세계로 진격할 수 있었다. 이를테면 호라즘 원정 때를 떠올려보자. 바로 이 전쟁을 계기로 칭기즈칸의 서역 원정대가 러시아, 중동, 동유럽으로 세력을 뻗을 수 있었으니까 말이다.

당시 각 부대의 천호장들은 모든 결정을 스스로 내렸다. 작전을 결정한 뒤 칭기즈칸에게 허락을 얻는 과정은 생략됐다. 만약 천호장이 칭기즈칸의 명령이 떨어질 때까지 기다렸거나 칭기즈칸의 허락을 얻을 때까지 머뭇거렸다면 몽골 부대의 신속함은 사라졌을 것이다. 칭기즈칸은 천호장들을 100퍼센트 신뢰했다. 천호장들도 군사적 신념에 따라 작전을 강행했다.

이런 칭기즈칸의 리더십은 정말 현명했다. 이런 리더십이 없었다면 몽골 부대의 상징인 스피드는 성립될 수 없었다. 칭기즈칸이 제아무리 머리가 좋고, 전략이 탁월한 천재라고 해도 현지에 주둔해 있는 천호장만큼 현지 사정을 잘 알겠는가? 칭기즈칸은 이 점을 솔직히 인정했던 것이다.

지금까지 살펴본 리더십은 전쟁을 수행할 때 칭기즈칸이 보여준 것들이었다. 이번에는 통치 차원에서 살펴보자. 의외로 여기서 볼 수 있는 덕목이 있다. 칭기즈칸에서 배울 만한 다섯 번째의 리더십. 바로 관대함이다.

관대함이라……. 얼핏 보기에 이 덕목 또한 칭기즈칸과 거리가 먼 것처럼 보인다. 그러나 이런 인상을 갖게 된 것은 칭기즈칸의 강인함이 너무 강조돼왔기 때문이다. 권력을 후계자와 부하 장수들에게 나눠줬던 것처럼, 정복지 백성에 대해서도 관대한 통치를 펼치려 했다.

특히 종교 분야에서 칭기즈칸의 관대함이 돋보였다. 그는 정복지의 종교를 결코 핍박하지 않았다. 서로 다른 종교끼리 비방하지도 못하게 했다. 칭기즈칸은 동아시아 끝에서 유럽의 동쪽까지 누빈 인물이다. 따라서 몽골의 피지배 주민들이 섬기는 종교만 해도 셀 수 없을 정도로 많았다. 기독교나 이슬람교 신도들도 있었다. 전투 중이 아니라면 정복지 백성들이 상업과 무역 활동을 해도 크게 제한하지 않았다. 기독교 상인과 이슬람 상인들도 몽골 상인 못지않게 왕성한 활동을 할 수 있었던 것이다.

칭기즈칸이 세상을 떠난 후 후계자들은 그의 리더십을 계승했다. 그러나 몽골 제국의 5대 대 칸 쿠빌라이가 나라 이름을 원나라(1271~1368년)로 개명하면서 이 리더십을 잃기 시작했다.

원나라가 탄생하기 전, 칭기즈칸의 후계자들은 대 칸 자리를 놓고 살육전을 벌였다. 쿠빌라이가 몽골 제국을 '중국 화化'하면서 유목민의 근성은 사라졌다. 몽골 민족은 중국 한족을 가장 열등한 민족이라며 차별했다. 고려를 지배하면서는 원에 대한 충성을 강요하면서 왕의 이름에 충성 충忠자를 넣도록 했다.

원나라는 채 100년도 버티지 못하고 무너졌다. 더불어 세계 제국도 흩어졌다. 물이 흐르지 않고 고이면 썩는다는 것을 몽골의 역사가 보여주고 있다. 리더십도 마찬가지다. 칭기즈칸이 몽골 제국을 건설하고, 세계 제국으로 확대하는 데 기여했던 리더십이 계속 이어졌다면, 오늘날의 세계 지도는 많이 달라져 있을 것이다.

제8장

에도 바쿠후 시대를 연 기다림과 인내
― 도쿠가와 이에야스

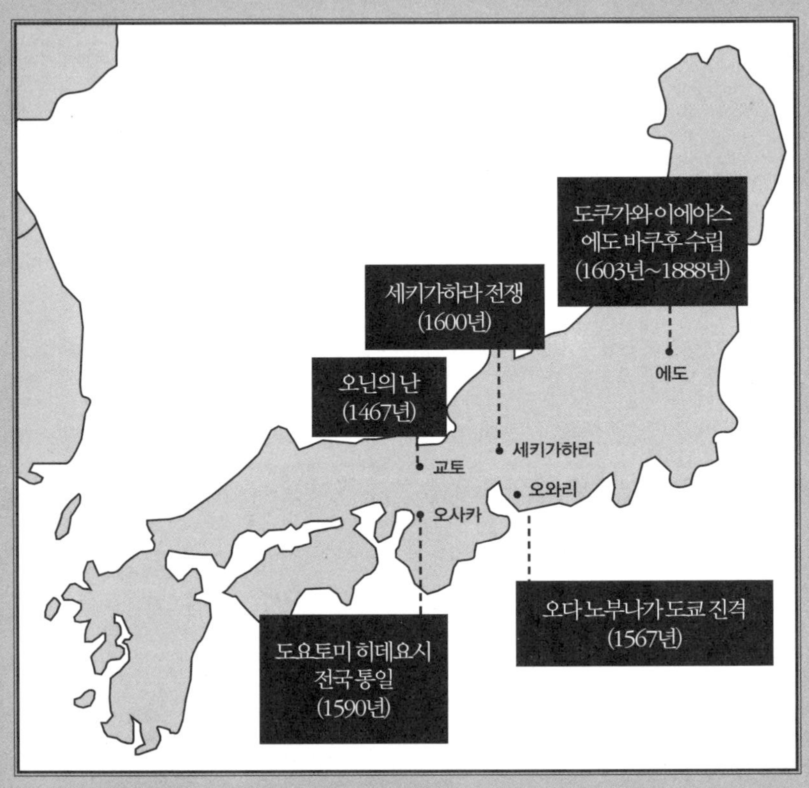

● 일본 센고쿠 시대와 영웅 3인의 활약 :
일본판 전국 시대인 센고쿠 시대는 1467년 오닌의 난과 함께 시작됐다.
오다 노부나가, 도요토미 히데요시에 이어 도쿠가와 이에야스가 일인자가 됐다.
이에야스는 세키가하라 전쟁에서 승리를 거두면서 사실상 일본 전역을 통일했다.

우리 민족으로 치면 시조時調와 비슷한 게 일본에 있다. '하이쿠'라는 것
인데, 우리말로 번역하면 단시短詩가 된다. 이 하이쿠 가운데 두견새를
소재로 한 게 있다. 두견새의 울음이 필요한데, 울지 않는다. 그렇다면
어떻게 해야 할까? 일본 센고쿠戰國 시대의 세 영웅은 각각 이렇게 하이
쿠를 읊었다.

> 울지 않는 새가 무슨 필요가 있는가? 죽여 마땅하다.
>
> 오다 노부나가織田信長

> 새의 울음이 필요하면 무슨 수를 쓰든 울게 해야 한다.
>
> 도요토미 히데요시豊臣秀吉

> 서두르면 안 된다. 두견새가 울 때까지 기다려야 한다.
>
> 도쿠가와 이에야스德川家康

사실 세 영웅이 실제 이런 하이쿠를 읊었는지는 불확실하다. 후세 사
람들이 세 명의 성격을 반영해 만든 이야기일 수도 있다. 분명한 것은,

이 짧은 시에 세 사람의 리더십이 고스란히 드러나 있다는 점이다.

이 세 사람은 일본판 전국 시대, 즉 센고쿠 시대를 끝낸 영웅들이다. 특히 최종 승자로 기록된 도쿠가와 이에야스는 에도 바쿠후를 건설했다. 에도 바쿠후는 중세 일본과 근대 일본의 매개체 역할을 한 정권으로 에도 바쿠후가 있었기에 근대 일본은 초 스피드로 발전할 수 있었다.

도쿠가와 이에야스의 리더십은 오늘날 많은 기업이 심층적으로 연구할 만큼 가치가 있는 것으로 평가받는다. 물론 나머지 두 사람의 리더십도 무시할 수는 없다. 이 세 사람의 리더십을 비교해보자.

일본, 영웅의 격전지로 변하다

일본 역사를 이해하려면 몇몇 용어에 대해 개념부터 정립해야 한다. 외래어표기규정에 따라 일본어에 대해 한자가 아닌 일본어 발음을 그대로 표기하고 있기 때문이다. 가령 일본의 수도를 동경東京이 아닌 도쿄로 표기하는 식이다. 여러 역사책들이 이 규정을 따르고 있다. 한자가 병기되지 않으면 뜻을 이해하기 어려운 용어들이 많다. 게다가 일본은 다른 문명권과 독립적으로 역사가 발전한 곳이다. 낯선 용어가 더욱 많을 수밖에 없다.

먼저 바쿠후(막부 · 幕府)와 쇼군(장군 · 將軍)부터 살펴보자. 바쿠후는 사무라이(무사 · 武士) 정권을 가리킨다. 쇼군은 그 무사 정권의 우두머리다. 물론 명목상의 최고 권력자는 따로 있었다. 바로 덴노(천황 · 天皇)다. 그러나 허수아비에 불과했다. 모든 정치는 바쿠후의 쇼군이 담당했다.

바쿠후 정치는 1192년 미나모토 요리토모(1147~1199년)가 문을 열었다. 그는 가마쿠라 지역에 군사 정부를 세웠는데, 이를 가마쿠라 바쿠후(1192~1333년)라 불렀다. 쇼군은 미나모토 가문이 독점 세습했다. 그러나 미나모토 가문의 세상은 영원하지 않았다. 아시카가 다카우지(1305~1358년)가 그들로부터 권력을 빼앗았다. 그는 교토의 무로마치에 바쿠후를 열었다. 물론 쇼군은 아시카가 가문의 차지였다. 이를 무로마치 바쿠후(1336~1573년)라고 한다.

쇼군은 지방의 유력자에게 충성 맹세를 받았다. 이 유력자들을 다이묘(영주 · 大名)라 불렀다. 다이묘들은 쇼군에 충성하는 대가로 자신의 영지에서 최고의 권력을 누렸다. 유럽의 중세 봉건제와 비슷한 정치 체제가 확립된 것이다.

그러나 쇼군의 입장에서는 지방을 오롯이 다이묘에게 맡길 수는 없었다. 방치했다가 다이묘들이 세력을 키워 반란을 일으킬 수도 있는 노릇 아닌가? 이 때문에 가마쿠라 바쿠후는 지방에 슈고(지방관 · 守護)를 파견해 감시토록 했다.

슈고는 자신의 영지가 없는 관직. 그러니 다이묘보다 권력이 강할지는 몰라도 경제적 실익은 적다. 시간이 지날수록 슈고의 불만은 커졌다. 이를 무마하기 위해 무로마치 바쿠후는 슈고도 영지를 가질 수 있도록 허용했다. 이로써 슈고는 슈고다이묘守護大名로 격상됐다.

슈고다이묘들이 무로마치 바쿠후 후반기부터 서로 영토전쟁을 벌이기 시작했다. 바쿠후의 권력은 과거만 못했다. 지방까지 쇼군의 명령은 전달되지 못했다. 물론 세력을 회복하려고 안간힘을 쓴 쇼군도 있었다. 그러나 부질없는 짓이었다. 어떤 수를 써도 쇼군의 지시는 슈고다이묘에게 먹히지 않았다. 심지어 연회에서 쇼군이 슈고다이묘에게 암살당하기도 했다.

1467년 무로마치 바쿠후 쇼군의 후계자 계승을 둘러싸고 슈고다이묘들이 두 파벌로 나뉘어 전쟁을 시작했다. 바로 '오닌의 난'이다. 오닌의 난 하나만 놓고 보면 전쟁은 2년 만에 끝이 났다. 그러나 실제 전쟁은 이제부터 시작이었다. 슈고다이묘들의 영토 따먹기 전쟁은 오히려 더욱 확산됐다. 이때부터 약 120여 년간 일본은 영웅들의 격전지로 변한다. 이 시기를 일본에서는 센고쿠 시대(전국 시대·1467~1590년)라고 부른다. 센고쿠 시대는 도요토미 히데요시가 전국을 통일하면서 끝이 난다.

센고쿠 시대의 쇼군은 있으나 마나한 존재였다. 그들을 몰락의 길로 내몬 것은 슈고다이묘들이었다. 자신을 임명한 상관을 덥석 물었다. 이런 모습을 곁에서 지켜보던 슈고다이묘의 부하들도 반란을 일으켰다. 상사인 슈고다이묘를 덥석 물었다. 하극상下剋上이 일본 전역에서 벌어지고 있는 것이다.

하극상을 통해 세력을 키운 사무라이들을 센고쿠다이묘(전국시대 영주·戰國大名)라고 불렀다. 센고쿠다이묘는 슈고다이묘와 비슷하면서도 달랐다. 둘 사이의 본질적인 차이는 군사력에 있었다. 슈고다이묘는 쇼군이 임명한 영주였다. 그러나 센고쿠다이묘는 힘을 키워 반란을 일으켜 스스로 권력을 장악한 영주들이었다.

수많은 센고쿠다이묘들이 천하를 다퉜다. 이 가운데 일본 통일에 결정적인 역할을 한 세 명의 인물이 있다. 오다 노부나가, 도요토미 히데요시, 도쿠가와 이에야스가 바로 그들이다.

오다 노부나가, 변화를 선도한 카리스마 리더십

오다 노부나가(1534~1582년)는 오와리 국(오늘날의 아이치 현)에서 태어났다. 그의 아버지 오다 노부히데는 후루와타리라는 작은 성城의 성주였다. 그러나 슈고다이묘는 아니었다. 당시 오와리 국을 지배하고 있던 슈고다이묘는 기요스 성의 오다 야마토나카미였다. 정확하게 말하자면 노부히데는 오다 야마토나카미 가문과 봉건제로 연결된 하급 벼슬 아치였던 것이다.

이런 상황이었으니 노부나가가 웅대한 뜻을 펼치기는 쉽지 않았다. 그는 바보 행세를 하며 목숨을 부지했다. 그러나 그가 대단한 인물이라는 사실을 알아챈 이도 있었다. 바로 미노 국의 사이토 도산이었다. 사이토 가문은 원래 오다 가문과 적대적이었다. 그러나 화친 조약을 체결하면서 노부나가를 사위로 맞아들였다. 그때 사이토 도산은 노부나가의 그릇이 대단히 큼을 알게 된 것이다.

1551년 오다 노부히데가 세상을 떠났다. 노부나가는 후계자의 자격으로 아버지의 뒤를 이었다. 이때부터 그의 야망이 세상으로 나오기 시작했다.

이때까지만 해도 오와리 국의 슈고다이묘는 여전히 오다 야마토나카미 가문이었다. 이 가문을 주군으로 모시는 '하위 가문'이 오다 노부나가의 타깃이 됐다. 몸통을 당장 상대하기는 벅차니까 가지들부터 차단하자는 전략이었다. 이 전략이 효과가 있었다. 하나둘씩 하위 가문들이 노부나가에 복속하기 시작했다. 주군격인 오다 야마토나카미 가문이 화가 난 것은 당연한 일. 주군은 오다 노부나가의 동생인 노부카쓰

● 오다 노부나가
(織田信長)
변화를 적극 받아들이는
열린 마음으로 센고쿠 시대의
영웅이 되어 일본 통일의
밑거름을 닦았다.

를 지원함으로써 내분을 조장했다.

권력을 두고 형제간의 투쟁이 시작됐다. 노부나가는 배후 세력인 주군을 향해 칼을 겨눴다. 그리고 결국에는 주군의 가문을 멸망시켰다. 형에 대해 반란을 일으킨 동생도 몸을 낮췄다. 어느덧 노부나가는 오와리 국 최고 권력자로 부상하고 있었다.

그러던 중 1556년 장인 사이토 도산이 자신의 아들 사이토 요시타쓰와 전쟁을 벌였다. 혈육도 언제든지 적으로 돌변하는 시대가 아닌가. 사이토 도산은 이 전쟁에서 패한 뒤 목숨을 잃었다. 노부나가로서는 든

든한 후원자 하나를 잃은 셈이다. 형에게 무릎을 꿇었었던 오다 노부카쓰가 이 틈을 노려 다시 반란을 일으켰다. 반란은 실패했다. 노부나가는 어머니의 만류로 동생의 목숨을 빼앗지는 않았다. 그러나 동생은 권력에 대한 욕심을 버리지 못했다. 1년 후 다시 반란을 기도했다. 노부나가도 이번에는 용서하지 않았다. 동생을 기어코 죽여버리고 말았다.

사실 그의 동생은 가장 큰 경쟁자였다. 그런 경쟁자가 사라지니 나머지 반대 세력들도 모두 무릎을 꿇게 했다. 1559년 노부나가는 오와리 국 전체를 통일하는 데 성공했다. 물론 한때 주군의 성이었던 기요스 성도 그가 차지했다. 이제 노부나가는 오와리 국을 이끄는 센고쿠다이묘가 됐다.

그러나 일본 전체를 보면 아직까지도 그의 존재는 미미했다. 그런 그가 '전국구 스타'로서 부상한 계기가 생겼다. 오와리 국을 통일한 이듬해 치러진 오케하자마 전투다.

이 전투는 스루가 국의 센고쿠다이묘인 이마가와 요시모토가 4만 명의 대군으로 선제공격을 개시함으로써 시작됐다. 당시 노부나가의 병력은 5,000여 명. 게다가 이마가와 요시모토는 최고의 무사로 알려진 인물이었다. 전세는 노부나가에 불리하게 돌아가고 있었다. 그의 성들이 하나씩 적군에게 넘어갔다.

노부나가는 침착했다. 부하들은 속이 탔다. 그래도 노부나가는 말을 아꼈다. 어느 날이었다. 노부나가가 "이제 반격할 때다"라고 말했다. 갑작스런 야습을 감행했다. 적의 본대로 쳐들어간 뒤 이마가와 요시모토의 목을 벴다. 장수가 사라지자 오합지졸로 전락한 적군은 철수할 수밖에 없었다. 결과는 노부나가의 대승이었다.

전쟁 결과는 곧 일본 전역에 퍼졌다. 센고쿠다이묘들은 오다 노부나가라는 이름을 주목하기 시작했다. 이제 노부나가도 쟁쟁한 센고쿠다이묘 가운데 한 명이 된 것이다.

노부나가는 본격적인 세력 확장에 나섰다. 1567년에는 미노 국도 정복했다. 원래는 장인의 나라였는데, 장인이 죽고 난 뒤 사이가 좋지 않았던 나라였다. 바로 그 미노 국을 정복한 후부터 노부나가는 야망을 만천하에 드러내기 시작했다. 우선 직인 내용부터 달라졌다. 그가 이 시점부터 사용한 직인은 '천하포무天下布武'였다. 군대를 동원해 천하를 통일하겠다는 야망이 보이지 않는가?

마침 무로마치 바쿠후는 급격히 추락하고 있었다. 미요시 가문이 권력을 장악해 쇼군을 조종하고 있었다. 미요시 가문은 13대 쇼군 아시카가 요시테루를 암살한 뒤 그의 사촌 동생 아시카가 요시히데를 14대 쇼군에 앉혔다. 후환을 없애기 위해 아시카가 요시테루의 동생 아시카가 요시아키를 제거하려 했다.

1568년 아시카가 요시아키가 노부나가에 도움을 요청했다. 고소원불감청不敢請固所願이라 했던가. 노부나가는 바쿠후를 보호한다는 대의명분을 내걸고 교토로 상경했다. 노부나가의 전투력은 대단했다. 6개월여 만에 미요시 가문을 싹쓸이해 버린 것이다.

노부나가는 아시카가 요시아키를 15대 쇼군에 임명했다. 쇼군은 감사의 표시로 오다 노부나가를 부쇼군에 임명했다. 당연히 그는 거절했다. 부쇼군의 자리가 성에 찰리가 없잖은가. 게다가 그는 더 이상 지방의 작은 센고쿠다이묘가 아니었다. 사실상 중앙 바쿠후의 일인자였다. 그러니 부쇼군 자리에 콧방귀를 뀌었던 것이다.

1569년 노부나가는 쇼군의 권력을 제한하는 규정을 반포했다. 사실 당연히 예상했던 조치였다. 무로마치 바쿠후를 없애고 자신의 바쿠후를 세우는 게 본심이었으니까! 무능한 쇼군은 그제야 노부나가의 야망을 알아챘다. 순수한 마음으로 쇼군을 도우려 했던 게 아니란 사실을 깨달은 것이다. 둘 사이에 갈등이 커지기 시작했다.

1570년 쇼군이 몇몇 센고쿠다이묘에게 도움을 요청하는 밀서를 보냈다. 이를 계기로 노부나가에 맞서는 다이묘 연합군이 결성됐다. 수많은 전투가 벌어졌다. 승전과 패전이 반복됐다. 가이 국의 다케다 신겐이 직접 움직인 것은 노부나가에겐 치명적이었다. 다케다 신겐은 노부나가가 두려워할 정도로 강력한 사무라이였던 것이다.

하늘이 노부나가를 도왔다! 1573년 다케다 신겐이 병으로 사망한 것이다. 이야말로 최고의 기회. 노부나가는 즉시 아시카가 요시아키 쇼군을 공격했다. 결과는 노부나가의 대승! 결국 요시아키는 추방됐다. 더불어 무로마치 바쿠후도 역사 속으로 사라졌다.

아직 새 정권은 등장하지 않았다. 그렇다면 일인자를 노리는 센고쿠다이묘들의 패권 경쟁은 더욱 치열해질 수밖에 없다. 아무래도 노부나가가 가장 유리한 위치에 있었다. 다케다 신겐도 사라지지 않았는가?

하지만 꼭 그런 것만은 아니었다. 새로운 강자는 언제든 등장하기 마련이다. 다케다 신겐에 이어 노부나가와 겨룰 최고의 경쟁자가 또 나타났다. 바로 우에스기 겐신이었다. 그러나 이번에도 하늘이 노부나가의 걱정을 해결해줬다. 우에스기 겐신도 갑자기 병사했다.

강력한 두 세력이 사라졌지만 여전히 버티는 세력은 많았다. 특히 이시야마 혼간지라는 사원은 무려 11년이나 노부나가에 저항하고 있었다. 마침내 그 벽도 넘었다. 이시야마 혼간지의 주지 겐뇨는 노부나가에게 항복을 선언했다.

이로써 노부나가에 저항하는 세력은 크게 줄어들었다. 일본 통일을 목전에 둔 것이다.

1582년 노부나가는 혈맹이었던 도쿠가와 이예야스를 자신의 아즈치 성으로 초대했다. 노부나가는 도쿠가와 이예야스를 접대할 인물로 아케치 미쓰히데를 골랐다. 초대를 받은 이예야스가 성에서 환대를 받고 있을 때였다.

갑자기 전령이 당도했다. 도요토미 히데요시가 보낸 전령이었다. 히데요시는 노부나가에게 즉시 지원군을 파견해달라고 요청했다. 모리 가문이 대군을 이끌고 반란을 일으켰다는 것이다. 노부나가는 미쓰히데에게 히데요시를 도울 것을 명했다. 이윽고 그 자신도 출정 준비를 하기 위해 교토로 상경했다. 중간에 혼노지에서 하룻밤을 청하기로 했다.

음력 6월 2일, 히데요시를 도우러 간 줄 알았던 미쓰히데가 군대를 이끌고 혼노지를 급습했다. 반란이다. 노부나가의 병력은 호위군 100여 명이 전부였다. 이길 수 없는 싸움. 노부나가는 혼노지에 불을 지르고 자결했다.

노부나가가 일본 열도를 통일하지 못했으니, 실패한 영웅일까? 물론 그렇게 볼 수도 있다. 그러나 오늘날 일본인들에게 가장 좋아하는 센고쿠 시대의 영웅을 물으면 항상 1위를 차지한다. 일본인이 실패한 영웅을 좋아하는 건 아닐 것이다. 분명 그에게 남다른 '매력'이 있다는 얘기다.

물론 노부나가의 삶 자체가 드라마틱하기 때문에 일본인의 사랑을 더 받는 측면도 있다. 그렇지만 인기의 가장 큰 비결은 바로 그의 리더십에 있다. 무엇보다 그는 변화를 거부하지 않았고, 새로운 것을 적극 받아들였다. 가령 조총만 놓고 보더라도 그의 이런 리더십을 확인할 수 있다.

1543년 포르투갈 상선이 일본 규수 가고시마 남쪽의 한 섬에 상륙했다. 당시 포르투갈 사람들은 조총을 가지고 있었다. 그 지역의 다이묘는 조총을 선물로 받았다. 일본에 조총이 전파되는 순간이었다.

노부나가는 이 조총이 센고쿠 시대의 판도를 바꿀 수 있다는 사실을 직감했다. 즉각 조총을 대량으로 사들였고, 따로 조총 부대도 양성했다. 당시 많은 센고쿠다이묘들이 총을 무시한 것과 대조적인 점이다. 그들은 무사가 칼을 버려서는 안 된다고 생각하고 있었던 것이다.

그러나 아무리 실력이 좋은 사무라이라 해도 총 앞에서는 상대가 될 수 없었다. 실제 노부나가의 조총 부대는 여러 전투에서 맹활약을 했다. 그제야 다른 센고쿠다이묘들도 부랴부랴 조총 부대를 만들기 시작했다. 이후 센고쿠 시대 전투 양상은 칼에서 총으로 바뀌게 됐다.

새로운 것을 받아들여 전략으로 연결하는 스토리는 종교 분야에서도 볼 수 있다. 당시 일본에는 가톨릭이 본격적으로 전파되고 있었다. 노부나가는 즉각 가톨릭을 받아들였다. 가톨릭도 전략적인 측면에서 허용한 것이다. 바로 불교 세력을 억누르기 위해서였다. 이 무렵 사원들은 어마어마한 재산을 보유하고 있었고, 자체 군대를 가질 정도로 막강했다. 전국 통일을 위해서는 이 불교 세력을 어떻게든 억눌러야 했다.

노부나가는 서양의 종교를 받아들이면 서양 국가들로부터 경제적, 군사적 지원을 받을 수 있을 것이라 생각했다. 실제로 그렇게 되지는 못했지만, 어쨌든 변화를 적극 수용하는 그의 성격을 잘 알 수 있는 대목이다.

만약 노부나가가 새로운 것을 거부하고 낡은 것을 고집했다면 일인 자가 될 정도로 성장하지는 못했을 것이다. 변화를 적극 받아들이는 이 리더십이야말로 오다 노부나가를 센고쿠 시대의 첫 영웅으로 만든 성공 비결인 셈이다.

도요토미 히데요시, 난세의 영웅?

변화를 적극 수용한 노부나가의 리더십 덕택에 일본의 많은 부분이 바뀌었다. 이런 점을 반영하듯 많은 학자들이 그를 '일본의 중세 시대를 끝낸 영웅'으로 평가하고 있다. 군대가 달라졌고, 종교가 달라졌으며, 문화가 달라졌으니 충분히 그럴 법도 하다. 그렇다면 이제 노부나가의 사후 이야기를 계속 해보자.

그가 죽자 심복이었던 도요토미 히데요시(1536~1598년)가 전면에 나섰다. 히데요시는 즉각 군대를 일으켜 배신자 아케치 미츠히데를 제거했다. 주군 살해에 대한 복수를 마친 그는 곧 권력을 장악했다. 경쟁자들도 하나씩 없앴다. 그 결과 일본 전역을 통일할 수 있었다. 일단 그 과정부터 간략하게나마 알아두는 게 좋을 것 같다.

도요토미 히데요시는 오와리 국 아이치 군의 한 시골 마을에서 농민의 아들로 태어났다. 여러 다이묘를 주군으로 모시다 나중에는 오다 노부나가의 밑에서 일했다.

히데요시는 주군 노부나가의 눈에 들기 위해 궂은일을 마다하지 않았다. 맨 처음에는 화장실 청소를 담당하는 잡역부였다. 싫을 법도 하

● 도요토미 히데요시
(豊臣秀吉)
오다 노부나가가 죽은 뒤
모든 사무라이의 전쟁을
종결시키며 일본 통일의
대업을 이루었으나 임진왜란
도중 목숨을 잃었다.

지만 히데요시는 화장실이 거실처럼 느껴질 정도로 깨끗하게 만들어 놓았다. 주군이 자신의 생김새를 빗대 원숭이나 대머리, 쥐라고 부르며 빈정거려도 인상을 구기는 법이 없었다.

주군의 눈에 들 좋은 기회가 생기면 결코 놓치는 법이 없었다. 노부나가가 금 술잔을 우물 깊은 곳으로 떨어뜨렸을 때였다. 히데요시는 당장 물동이 수백 개를 구해오도록 했다. 이윽고 그것들을 한꺼번에 우물에 부었다. 그러자 술잔이 물 위로 떠올랐다. 노부나가가 깊은 인상을 받았음은 물론이다.

노부나가가 아시카가 요시아키를 쇼군으로 추대한 1568년, 히데요시는 주군을 따라 교토로 들어갔다. 그곳에서 처음으로 정무를 맡았다. 이제 그는 노부나가의 최측근 가운데 한 명이 됐다. 성을 하사받아 성주의 반열에도 올랐다. 주군의 명이 떨어지면 즉각 전쟁터로 출전했다. 혼노지의 변이 일어난 1582년에도 그는 주군의 명을 받들어 모리 가문의 반란을 진압하고 있었다.

바로 그때 전령이 왔다. 전령은 노부나가의 피살 사실을 전했다. 히데요시의 두뇌가 신속하게 돌아갔다. 우선 이 사실이 노출되어서는 안 된다! 그는 전령을 죽여버렸다. 이윽고 전투를 빨리 끝내고 교토로 회군했다.

가장 당황한 인물은 마쓰히데였다. 히데요시 한 명만 상대하기도 벅찬데, 많은 다이묘들이 주군을 배신한 그를 비판하며 히데요시 주변으로 몰린 것이다. 힘을 얻은 히데요시는 마쓰히데를 강하게 밀어부쳤다. 결과는 히데요시의 대승! 마쓰히데는 간신히 목숨을 건지고 달아났다. 그러나 곧 평민의 손에 살해당하고 말았다.

반란을 평정한 히데요시는 노부나가의 후계자를 정하기 위해 다이묘들을 기요스 성으로 불렀다. 회의는 형식적이었다. 이 회의는 히데요시가 일인자임을 확인하는 자리였을 뿐이다.

많은 다이묘들이 노부나가의 세 번째 아들 오다 노부타카를 후계자로 천거했다. 히데요시는 고개를 저었다. 그의 무릎 위에는 아직 어린 아이인 노부나가의 큰손자 오다 히데노부가 놀고 있었다.

후계자 문제가 복잡해진 것은 노부나가의 장남 오다 노부타다가 혼노지의 변 당시 피살됐기 때문이다. 다른 아들이 살아있기는 하지만 장

자계승의 원칙에 따르면 손자인 오다 히데노부가 더 적격일 수도 있다. 히데요시는 바로 이 점을 근거로 히데노부를 후계자로 앉힐 것을 주장하는 것이다. 물론 속셈은 따로 있다. 히데노부가 아직 어리니 자신이 배후조종을 할 수 있다는 계산이었던 것이다.

누가 일인자의 말을 거역하겠는가. 후계자는 어린 히데노부로 결정됐다. 노부나가의 아들을 비롯해 가신들이 히데요시에 반발하기 시작했다. 다시 전쟁이 시작됐다. 노부나가와 혈맹이었던 도쿠가와 이에야스도 그와 맞섰다.

그러나 이에야스와 연합 전선을 펴던 노부나가의 아들 오다 노부카스가 히데요시에게 항복하면서 상황이 달라졌다. 노부나가의 혈통이 항복한 이상 이에야스도 히데요시에 저항할 명분이 없지 않은가. 결국 이에야스는 히데요시와 강화 조약을 체결하고 전쟁을 끝냈다. 그 후 이에야스는 히데요시로부터 충성 맹세를 강요당했다. 거절할 수 있겠는가? 이렇게 해서 둘 사이의 서열이 정해졌다.

그 후 1585년 히데요시는 사실상 쇼군이나 다름없는 '간파쿠(관백·關伯)'가 되어 섭정을 시작했다. 그 이듬해에는 덴노로부터 도요토미라는 성을 하사받았다. 그전까지 그의 성은 하시바였다.

1587년 히데요시는 규슈를 정벌하는 데 성공했다. 이 후 몇 차례의 전투 끝에 반발하는 다이묘를 거의 대부분 제거했다. 1588년 자신감을 얻은 히데요시는 무기 몰수령을 내렸다. 모든 농민들은 무기를 내놓아야 했다. 농사는 농민만, 전쟁은 사무라이만 하라는 뜻이었다. 1590년, 마침내 전국의 모든 다이묘들이 그에게 항복했다. 일본 통일의 대업을 이룬 것이다.

그러나 일본이 완전한 평화를 찾은 것은 아니었다. 겉으로 복종하지만 반역을 꿈꾸는 다이묘들이 많았다. 그들의 불만을 잠재울 뭔가가 필요했다. 해법은 '전쟁'이었다.

1592년 히데요시는 조선을 침략했다. 목표는 중국 정복! 조선에게는 명나라로 가는 길을 빌려달라는 '정명가도征明假道'를 요청했다. 조선이 받아들일 수 없는 요구였다. 일본이 마침내 조선을 침략했다. 이 전쟁이 바로 임진왜란이다.

한국인에게 히데요시는 임진왜란을 일으킨 주범이나 전쟁 광狂 정도로 비춰진다. 그러나 일본인에게 그는 센고쿠 시대를 끝내 전국을 통일한 영웅이다. 비록 통치 기간은 짧았지만 그 사이에 노부나가에 의해 끝난 중세 일본의 다음 시대를 설계하기 시작했다는 평가도 받고 있다.

도요토미 히데요시의 리더십은 애매하다. 그는 오다 노부나가와 도쿠가와 이에야스의 중간 위치를 차지하고 있다. 내부 잡음을 줄이려고 당시 일본 전력으로는 불가능한 중국 정벌을 계획했다는 것은, 망상에 가깝다. 그는 임진왜란 도중에 사망했다. 일인자가 사라지자 일본은 다시 혼란 속으로 빠졌다. 다시 영웅이 등장한다. 그가 바로 도쿠가와 이에야스다.

기다림의 리더십

히데요시는 죽기 전에 다섯 명의 원로를 불렀다. 아들인 도요토미 히데요리를 잘 부탁한다는 유언을 남기기 위해서였다. 이 원로 중 한 명이 도쿠가와 이에야스였다. 생선을 고양이에게 맡기는 격이란 사실을 히데요시는 몰랐다.

도쿠가와 이에야스(1543~1616년)는 미카와 국의 마쓰다이라 가문에서 태어났다. 그의 아버지 마쓰다이라 히로타다는 아카자키 성의 성주였지만 이미 가문의 세력은 기울어 있었다. 동쪽 지역은 이마가와 가문에게 빼앗긴 상황. 서쪽도 오다 가문이 호시탐탐 노리고 있었다.

게다가 내부에서는 그의 아버지를 몰아내려는 음모도 진행됐다. 히로타다는 어쩔 수 없이 이마가와 가문에 도움을 요청했다. 이마가와 가문은 여섯 살밖에 되지 않은 이에야스를 인질로 보내라고 했다. 히로타다는 받아들일 수밖에 없었다.

두 가문의 거래사실을 알게 된 오다 노부히데가 가만히 있지 않았다. 중간에 이에야스를 가로채 인질로 삼았다. 노부히데는 히로타다에게 할복할 것을 요구했다. 히로타다는 거절했다. 가문을 살리기 위해 아들을 포기한 것이다. 이런 히로타다의 행동은 주군인 이마가와 가문을 움직였다. 이마가와 가문은 히로타다를 지원키로 했다.

이렇게 되면 이에야스의 목숨이 위태로워진다. 그러나 노부히데는 그 어린아이를 죽이지 않고 그냥 가둬놓기만 했다. 이에야스로는 천만다행인 셈이다.

2년이 지난 1549년, 이에야스의 아버지 히로타다가 피살됐다. 다시 혼란에 빠졌다. 그 와중에 이마가와 가문이 이에야스의 가족을 참살했다. 혹시 모르는 반란을 우려해서다. 8세가 된 이에야스는 오다 가문에서 이마가와 가문으로 끌려가 다시 인질 생활을 해야 했다.

이 무렵 미카와 국은 이마가와 가문으로부터 심한 착취를 당하고 있었

● 도쿠가와 이에야스
(德川家康)
도요토미 히데요시가
죽은 뒤 도요토미의
잔재 세력을 무너뜨려
일본 통일을 완성하였다.
이후 250년간 지속된
에도 바쿠후 시대를 열었다.

다. 그러나 이에야스는 저항할 수 없었다. 몸을 낮춘 채 재기의 날을 기다
렸다. 16세가 된 해에는 이마가와 가문에서 점지해준 여성과 결혼도 했
다. 혼인 관계로 꽁꽁 묶어두려는 속셈이란 건 알지만 어쩔 수 없었다.

이에야스는 이마가와 가문을 위해 여러 전투에 출전했다. 1558년 이
마가와 가문의 일인자인 이마가와 요시모토가 사망했다. 기회다! 이에
야스는 고향인 오카자키 성으로 달아났다. 비로소 인질 생활을 청산할
수 있게 된 것이다.

아직도 이마가와 가문의 힘은 막강했다. 이에야스는 몸을 낮추고 입

을 조심해야 했다. 두드러져서는 안 된다. 조용히 영토를 확장하기 시작했다. 어느 정도 힘이 복원됐다고 판단한 1561년, 이마가와 가문으로부터의 독립을 결심했다.

바로 이듬해, 노부나가가 미노 국 사이토 가문과 전쟁을 앞두고 이에야스에게 협력을 제안했다. 둘은 기요스 성에서 만나 동맹을 체결했다. 이게 바로 기요스 동맹이다. 이후로 노부나가와 이에야스는 끝까지 혈맹 관계를 유지했다.

이 소식이 이마가와 가문의 귀에 들어갔다. 이마가와 요시모토의 뒤를 이은 이마가와 우지자네는 이에야스를 성으로 불러들였다. 주군의 명령은 죽는 한이 있더라도 따라야 하는 게 법도였다. 그러나 이에야스는 병이 났다며 소환 명령을 거부했다. 분노한 이마가와 가문은 이에야스의 측근과 친척을 모두 죽여버렸다. 다만 그의 부인은 이마가와 가문과 막역한 사이라서 죽음을 면할 수 있었다. 이에야스가 가족을 찾아온 것은 그로부터 한참 지난 후의 일이다.

1563년 이에야스는 장남 노부야스를 노부나가의 딸 도쿠히메와 약혼시켰다. 물론 서로 혈맹을 어기지 말자는 약속에서다. 정략결혼인 셈이다.

이에야스도 센고쿠 다이묘로서 본격 두각을 나타내기 시작했다. 우선 본거지부터 정리할 필요가 있다. 당시 미카와 국에서는 사찰을 중심으로 반란이 자주 일어났다. 사찰의 세력은 막강했다. 그러나 이에야스는 밀리지 않았다. 모든 반란을 진압했다. 그 과정에 총을 맞아 죽을 위기도 넘겼다.

반란 주동자를 잡아 죽였다. 나머지는 모두 사면해줬다. 반란을 주도한 사찰은 모두 없애버렸다. 이렇게 해서 아버지가 지배하던 당시의 미카와 국 영토를 회복했다. 그러나 아직도 동부 지역은 이마가와 가문이 지배하고 있었다. 이에야스는 가신을 시켜 이마가와 가문의 거점인 요시다 성을 공격하도록 했다. 전투는 승리로 끝났다. 도쿠가와 이에야스는 미카와 국을 완전 통일할 수 있었다.

1566년. 이에야스는 성씨를 마쓰다이라에서 도쿠가와로 바꾸었다. 그가 도쿠가와 이에야스라는 이름을 얻게 된 것이다.

1568년 노부나가가 교토로 입성해 새로운 쇼군을 옹립했다. 이에야스는 반反 노부나가 연합군과 싸워 기세를 올렸다. 그 과정에서 영토도 넓어졌다. 그는 이제 명실상부한 서열 2위의 센고쿠다이묘가 됐다.

1582년 혼노지의 변이 발생하자 이에야스는 즉시 미쓰히데를 제거하려 했다. 그러나 선수를 히데요시에게 빼앗겼다. 이윽고 반反 히데요시 연합군의 대표 주자로 떠올랐다. 그러나 곧 무릎을 꿇고 1586년 히데요시에게 복종을 맹세했다. 그 후 이에야스는 자의 반, 타의 반으로 히데요시의 통일 전쟁을 수행했다. 마침내 일본 열도가 통일됐다. 이인자 도쿠가와는 어떤 상을 받았을까?

상은커녕 돌아온 것은 견제와 멸시였다. 히데요시는 이에야스가 차지하고 있던 지역을 빼앗았다. 그리고는 멀리 에도(오늘날의 도쿄)라는 시골로 보내버렸다. 이에야스의 가신들은 반발했지만 이에야스는 그들을 말렸다. 아직 때가 아니었던 것이다. 1590년 8월, 이에야스는 가신들을 거느리고 에도로 입성했다.

이에야스는 우선 백성들의 신임을 얻어야 한다고 생각했다. 그는 백성들에게 쌀을 무상으로 나눠주라고 명령했다. 이어 다이묘들을 다독거렸다. 이에야스는 다이묘를 등급별로 나눠 농지를 나눠줬다. 적대적인 다이묘나 지방 호족들에 대해서도 특권을 모두 인정해줬다.

시간이 흐르면서 에도는 번듯한 도시로 성장했다. 군사적인 측면에서도 에도는 최적의 도시가 됐다. 외부 지역과는 산을 경계로 두고 있어 적의 침략에 대처하기도 좋았다. 이에야스는 다이묘 사이의 갈등을 중재하는 역할을 자처하기도 했다. '주군'인 히데요시에 저항하는 다이묘를 설득하거나 히데요시에게 데려가 화해시켰다. 이에야스의 인기가 점점 치솟고 있었다.

1592년 히데요시가 임진왜란을 일으켰다. 히데요시는 전국의 다이묘들에게 나고야 성으로 집결하라고 명령을 내렸다. 이에야스도 이 명을 거절할 수 없었다. 그는 병력을 이끌고 나고야 성으로 향했다. 각지에서 모여든 군대들로 나고야 성은 인산인해를 이뤘다.

그러나 히데요시는 이에야스에게만큼은 출병 명령을 내리지 않았다. 아마도 이에야스의 성장세가 무서웠던 것이 아닐까? 만약 이에야스가 전쟁에서 큰 공을 세운다면? 이런 생각을 하며 그에게 재갈을 물렸던 것은 아닐까?

그러나 결과적으로 이 조치는 이에야스에게 유리하게 돌아갔다. 임진왜란에서 패했기 때문이다. 당시 출병했던 많은 다이묘들은 병사뿐 아니라 막대한 비용을 부담해야 했다. 그 피해를 이에야스는 피할 수 있었다. 그 결과 전쟁이 끝난 후 이에야스는 그 누구도 넘볼 수 없는 실력자로 부상할 수 있었다.

1598년 히데요시는 유력한 다이묘 5명에게 하나뿐인 어린 아들 히데요리를 잘 보호해달라는 유언을 남기고 죽었다. 이 유언은 지켜지지 않았다. 이에야스는 하나씩 다이묘들을 흡수했다. 노부나가가 사망한 후에 벌어졌던 일들이 재연되고 있었다. 이시다 미쓰나리는 반反 이에야스 연합군을 구성했다. 8만 명이 넘는 병력이 집결했다. 이들을 서군西軍이라 불렀다. 그러자 이에야스도 동군東君을 조직했다. 곧 두 군대가 격돌했다. 이게 그 유명한 세키가하라 전투다.

서군은 병력은 많았지만 다이묘들의 연합체에 불과했다. 통일된 지도자가 없었다. 반면 동군은 이에야스의 명령에 따라 일사불란하게 움직였다. 결과는 뻔하다. 동군의 압도적인 승리로 세키가하라 전투는 끝이 났다. 미쓰나리를 비롯해 서군에 가담했던 유력 다이묘들은 모두 참수됐다. 이제 이에야스에게 반기를 들 다이묘는 더 이상 없었다.

1603년 이에야스는 교토의 천황으로부터 쇼군에 임명됐다. 그러나 이에야스는 에도를 떠나지 않았다. 오히려 에도에 성을 대대적으로 건설하는 등 도시를 더욱 확대했다. 에도 바쿠후(1603~1867년) 시대가 열렸다. 오랜 기다림의 결실은 달콤했다. 드디어 이에야스가 일본의 확실한 지배자가 된 것이다.

2년 후인 1605년, 이에야스는 삼남 히데타다에게 쇼군 자리를 물려줬다. 그러나 정치에서 손을 뗀 것은 아니었다. 보이지 않는 정치. 여전히 일본은 이에야스의 손에 좌우되고 있었다. 칩거하는 듯했지만, 이에야스는 아들이 제대로 된 쇼군 노릇을 하도록 정적을 모두 제거하고 있었다.

이제 단 한 명의 정적만 제거하면 일본은 확실히 도쿠가와 가문의 것이 된다. 그 정적은 바로 히데요시의 아들인 히데요리였다. 물론 히데요리의 세력이 아주 강한 것은 아니었다. 그러나 히데요리는 아버지가 만든 오사카 성에서 막대한 부를 누리고 있었다. 게다가 그를 옹립하는 반란이 언제 일어날지 모를 일이었다. 이에야스는 음모를 꾸몄다.

이에야스는 히데요리에게 새로운 신사와 사찰을 짓자고 했다. 허물어진 사찰도 복원하자고 제안했다. 이에야스가 내건 명분은 '도요토미 가문의 부활'이었다. 자기 가문을 위해 사찰을 복원하자는데, 히데요리가 마다할 이유가 없다. 음모가 있을 것이란 생각은 하지 못했다. 덥석 제안을 받아들였다.

1614년 사찰 호코지의 수리가 완성됐다. 대불전에는 국가의 발전을 기원하는 축문이 걸렸다. 바로 이 축문에 이에야스가 시비를 걸었다. 그 축문의 내용은 '일본의 중흥'이었다. 그러나 이에야스는 히데요리가 공개적으로 도요토미 가문의 중흥을 선언했을 뿐 아니라 반란을 모의하고 있다며 억지를 썼다. 이 축문을 빌미로 이해 10월, 전쟁이 시작됐다. 이 오사카 성 전투는 1615년 5월 끝이 났다. 물론 이에야스의 승리였다. 더불어 도요토미 가문은 멸망하고 말았다.

그로부터 8개월이 흐른 1616년 1월의 어느 날, 이에야스가 배를 움켜쥐고 쓰러졌다. 당장 숨이 끊어지지는 않았지만 그렇다고 해서 훌훌 털고 일어나지도 못했다. 4월, 이에야스는 눈을 감았다. 이때 그의 나이 73세였다.

인내는 카리스마보다 강하다

이에야스가 에도 바쿠후를 열었을 당시, 그의 나이는 이미 60세를 넘기고 있었다. 쇼군 등극은 노부나가와 히데요시 밑에서 이인자로 오랜 시간 인내한 끝에 얻은 열매였다. 그가 인내하지 않았다면 에도 바쿠후는 성립하지 못했을 것이다.

에도 바쿠후는 그전의 바쿠후들보다 훨씬 장수했다. 사무라이 봉건제가 아닌, 중앙집권 통치를 했다는 점도 다른 점이다. 오늘날 일본의 수도가 도쿄, 즉 에도였다는 점은, 이에야스가 그만큼 에도를 키워놓았기 때문에 가능했다. 에도는 일본 상업의 중심지였다. 그렇기 때문에 에도를 중심으로 일본이 자본주의 국가로 발전할 수 있었던 것이다.

일본 역사에서 에도 바쿠후가 차지하는 비중은 이처럼 크다. 바로 이 대목에서 성공을 위해 꼭 갖춰야 할 리더십이 도출된다. 오다 노부나가의 카리스마, 도요토미 히데요시의 전투력, 그 어느 것도 이길 수 없는 리더십, 오로지 도쿠가와 이에야스만이 갖추고 있던 리더십, 바로 인내와 기다림의 리더십이다.

그러나 이에야스의 천하통일은 혼자만의 작품이 아니다. 노부나가가 입지를 다져놓지 않았다면 불가능했을지도 모른다. 그 때문에 실제로는 노부나가-히데요시-이에야스의 리더십이 연결되어 있다고 보는 게 타당하다. 세 명의 리더십을 함께 살펴볼 필요가 있다.

우선 오다 노부나가의 리더십부터 보자.

노부나가는 강렬한 카리스마 리더십을 구사했다. 노부나가는 항상 명쾌했다. 판단을 내림에 있어 주저함이 없었다. 부하들의 이야기를 하나하나 듣고 가장 좋은 판단을 내리는 식의 리더십은 그와 어울리지 않았다. 뭐든지 직감에 따라 즉각 결정했다.

매일 전투가 벌어지고, 자칫 방심하면 몰살할 수도 있는 시대였다. 공격할 타이밍을 놓쳤다가는 반격을 받을 수도 있다. 언제 일일이 의견을 조율하겠는가? 게다가 어제의 동지가 오늘에는 적으로 돌변하는 시대였다. 그런 상황이라면 부하라 해도 100퍼센트 신뢰하기가 쉽지 않다. 그보다는 자신의 직감을 믿는 게 현명할 수 있다. 물론 모든 면에서 솔선수범해야 한다.

이 강력한 카리스마 리더십은 노부나가였기에 가능했다. 그는 모든 것을 전면에 나서 해결했다. 꽉 막힌 인간이 아니었다. 그는 새로운 것에 대해 적극 받아들이는 자세를 취했다. 조총 부대를 가장 먼저 만든 이도 노부나가였고, 천주교를 수용한 인물도 노부나가였다.

결론적으로 노부나가의 카리스마는 단순 무식한 카리스마가 아니었다는 것이다. 노부나가 카리스마 리더십의 본질은 자신감이었다. 새로운 문화에 대한 열린 마음, 자신의 결단에 대한 믿음, 일단 결정되면 타의 추종을 불허하는 강력한 추진력……. 오다 노부나가 리더십에는 이 모든 요소가 포함되어 있었다.

만약 평화로운 시대였다면 이 리더십은 저항을 불렀을 것이다. 그의 리더십이 빛을 발한 것은 당시가 지독하게 혼란스러운 난세였기 때문이다. 이럴 때 많은 이들은 카리스마 있는 지도자를 그리워한다. 경제가 좋지 않으면 경제 이미지가 강한 지도자가 각광을 받는 것도 같은 이치다.

그러나 난세가 어느 정도 평정이 되면 카리스마만으로는 좋은 지도자라는 평을 받기 어렵다. 통일을 목전에 두고 측근 반란에 무릎을 꿇은 게 그 근거다. 노부나가에게 있어 2퍼센트 부족했던 요소, 그것은 바로 소통이었다.

히데요시가 권력을 잡을 무렵, 센고쿠 시대는 종말을 향해 가고 있었다. 히데요시는 일본 열도를 통일하는 대업을 이뤘다. 그러나 반대파의 저항과 불만은 여전했다. 히데요시 또한 노련한 리더십을 발휘했다. 노부나가와 다른 점이 있다면, 훨씬 계산적이었다는 것이다.

조선을 상대로 일으킨 임진왜란이 바로 그것이다. 내부가 혼란스럽고, 반발의 목소리가 크다면 외부의 싸움 상대를 찾아라. 그러면 내부가 단합할지니! 히데요시는 그렇게 생각했다. 과연 그의 예상대로 됐다. 만약 이 전쟁에서 그가 참패하지 않았다면 그 후의 일본은 도요토미 가문의 세상이 됐을 것이다. 그러나 그는 전쟁에서 패했다.

히데요시 또한 오늘날 일본인에게 존경을 받는 인물 중 하나다. 광인적인 요소가 있는 게 사실이지만, 그는 사무라이들의 전쟁을 종결시켰다. 에도 바쿠후에 이르러 사무라이를 근간으로 한 중앙집권 체제가 정착한 것도, 어느 정도는 히데요시의 공이라고 할 수 있다. 모든 사무라이를 제압한 인물이 히데요시가 아닌가.

히데요시에 이르러서는 카리스마 리더십이 많이 사라졌다. 히데요시는 노부나가가 막 갖추기 시작한 새로운 정치 체제를 이어받아 다음 주자인 이에야스에게 넘겨줬다.

이에야스가 권력을 잡았던 시점은 센고쿠 시대가 종결된 후였다. 물론 동군과 서군으로 갈려 세키가하라 전투를 치르긴 했지만 승패는 이미 결정되어 있었다. 이제 혼란의 시대는 갔다. 새로운 질서가 필요하다. 그 질서를 이에야스가 완성했다. 회사에 빗대어 말하자면, 노부나가는 창업자이고 이에야스는 회사를 번성시킨 인물이다.

이에야스의 리더십에서는 인내의 리더십을 빼놓을 수 없다.

이에야스는 어렸을 때 꽤 오랜 시간 인질 생활을 했다. 그뿐이 아니다. 강제로 어머니를 빼앗겼다. 어머니의 친정은 오다 가문과 가까웠다. 오다 가문은 당시 이에야스 가문의 주군 노릇을 하던 이마가와 가문의 경쟁자였다. 이에야스의 아버지는 이마가와 가문에 충성한다는 표시로 아내를 버렸다. 어머니는 친정으로 돌아갔고, 2년 후 재혼했다. 다시는 이에야스에 돌아오지 못했다.

이에야스도 이마가와 가문의 인질로 갈 뻔했다. 그러다 오다 가문에 의해 납치됐다. 이에야스의 아버지는 아들을 버리고 영지와 가문을 선택했다. 이마가와 가문에 충성을 맹세하는 아버지를 보는 이에야스의 심정은 어땠을까?

그러다 오다 가문의 정략에 의해 끝내 이마가와 가문에 인질로 보내졌다. 이렇게 해서 그는 8세 때부터 19세까지 무려 11년 동안 인질 생활을 했다. 자신의 가문에게는 철천지원수였던 주군 이마가와 요시모토로부터 이름의 일부를 하사받기도 했다. 그 가문의 여자와 결혼도 했다. 충성 의지를 보여주기 위해 주군을 위한 전쟁에서 목숨을 아끼지 않았다. 아니, 엄밀히 말하면 그렇게 해서 목숨을 부지했다.

이에야스의 인내심이 강하지 않았더라면 그 긴 세월을 견디지 못했으리라. 어머니와 생이별했고, 아버지는 암살당했으며 가문은 멸문직전까지 갔다. 오다 가문과 동맹을 맺자 이마가와 가문에 남아있던 그의 가신들은 모두 죽음을 당했다. 아내와 장남이 살아 돌아왔으니, 그나마 다행이었다.

그러나 그는 아직 최고 권력자가 아니었다. 말이 동맹이지, 이마가와 가문에서 오다 가문으로 주군이 바뀐 것이었다. 노부나가의 큰딸 도쿠히메를 며느리로 들여야 했다. 그 며느리가 자신의 부인과 갈등을 빚었다. 며느리가 음모를 꾸몄다. 노부나가는 이에야스에게 부인과 자식을

죽이라고 명했다. 이에야스는 눈물을 머금고 부인을 죽였다. 자식에게
는 할복할 것을 명했다.

인고의 시간은 쉬 끝나지 않았다. 혼노지의 변이 일어나자 히데요시
가 권력을 장악했다.이번에는 히데요시가 이에야스에게 자신의 여동
생과 결혼할 것을 명했다. 군사력만 놓고 보면 히데요시에게 결코 뒤지
지 않는 이에야스이지만, 달리 방법이 없었다. 또다시 기다릴 수밖에.

그 긴 기다림 끝에 결실을 맺었다. 마침내 모든 세력을 평정하고 이
에야스가 에도 바쿠후를 열었다. 인내와 기다림이 그 어떤 카리스마도,
그 어떤 전략도 능가하는 최고의 덕목이라는 것을 이에야스가 자신의
삶으로 증명했다.

제9장

해가 지지 않는 제국을 건설한 도전 정신

— 이사벨 1세

● 에스파냐 제국의 탄생 :
영국에 앞서 '해가 지지 않는 제국'을 건설한 에스파냐는 카스티야와 아라곤이 합병함으로써 탄생했다.
카스티야의 공주 이사벨은 연합 왕국의 공동 왕에 올라 에스파냐를 강대국으로 만들었다.

오늘날 '스페인(에스파냐)' 하면 가장 먼저 떠오르는 단어는 뭘까? 축구를 좋아한다면 아마도 세계 최고의 스타들이 활약하고 있는 프리메라 리가를 떠올릴 것이다. 정열과 열정의 상징인 투우를 거론하는 사람도 적지 않으리라. 또는 지중해의 낭만이 살아 숨쉬는 관광지로 스페인을 기억하는 사람도 있을 것이다.

그러나 역사적으로 스페인은 더 큰 의미를 가지고 있다. 처음으로 아메리카 대륙을 발견했고, 그곳의 거의 전부를 지배한 나라. 그 어떤 군대도 꺾을 수 없었던 무적함대를 지니고 있던 나라. 영국에 앞서 '해가 지지 않는 세계 제국'을 건설한 나라. 그 나라가 바로 스페인이다.

이 모든 영광은 이사벨 1세라는 걸출한 여제가 있었기에 가능한 일이었다. 그녀가 등장할 때까지만 해도 스페인에는 여러 가톨릭 왕국이 난립하고 있었다. 남부 그라나다에는 이슬람 왕국이 버티고 있었다. 이사벨 1세는 그 모든 왕국을 제압하고 스페인을 통일했다. 여자의 몸으로, 남자들도 어려운 대업을 이뤘다. 명분을 어기지 않으면서 실리를 추구하는 전략, 실패를 두려워하지 않는 도전 정신……. 그것이 바로 그녀의 성공 비결이다.

혼돈의 땅, 이베리아 반도

오늘날 이베리아 반도에는 스페인과 포르투갈, 두 나라가 있다. 그러나 15세기까지만 해도 여러 왕국이 난립하고 있었다. 비교적 큰 왕국은 가톨릭인 카스티야, 아라곤, 포르투갈과 이슬람인 그라나다 등의 네 개였다.

반도가 왜 이렇게 쪼개져있는지를 알려면 8세기로 거슬러 올라가야 한다. 당시 동아시아에서는 당나라의 찬란한 문화가 꽃피고 있었다. 한반도는 신라가 삼국을 통일한 직후였다.

바로 그 무렵인 711년, 이슬람 우마이야 왕조의 군대가 지브롤터 해협을 건너 이베리아 반도에 상륙했다. 우마이야 군대는 이베리아 반도의 서고트 왕국을 격파했다. 이베리아 반도는 이슬람의 땅이 됐다. 유럽에 발판을 마련한 우마이야 군대는 그 후 북상을 시도했다. 목표는 프랑크 왕국!

732년, 우마이야 군대와 프랑크 군대가 프랑스 투르 지방의 푸아티에 평원에서 격돌했다. 이게 유명한 투르-푸아티에 전투다. 이 전투를 지휘한 프랑크의 리더는 카를 마르텔이었다. 그는 프랑크 왕국을 장악한 궁재였다. 그의 요청에 유럽 전역에서 기사들이 몰려왔다. 일사불란하게 움직이는 프랑크 군대에 우마이야 군대는 무릎을 꿇을 수밖에 없었다. 유럽을 정복하겠다는 우마이야 왕조의 꿈도 사라져버렸다. 그러나 더 이상 후퇴하지도 않았다. 이슬람 세력은 이베리아 반도에 눌러앉았다.

물론 스페인 사람들도 가만히 있지는 않았다. 귀족들은 피레네 산맥과 칸타브리아 산맥으로 거처를 옮겨 레콘키스타(국토회복 운동)를 벌였

다. 이 운동은 이슬람 군대가 이베리아 반도에 상륙한 711년부터 1492
년까지 무려 700년 이상 계속됐다.

　변화의 계기는 이슬람, 가톨릭 양쪽 진영에서 모두 만들어졌다. 750
년 우마이야 왕조가 멸망함으로써 이베리아 반도의 이슬람 세력도 휘
청거렸다. 1년 후인 751년에는 프랑크 왕국의 메로빙거 왕조가 무너지
고 카롤링거 왕조가 들어섰다.

　756년 우마이야 왕조의 잔여 세력이 서아시아에서 이베리아 반도로
넘어왔다. 그들은 코르도바에 수도를 두고 후後 우마이야 왕조를 세웠
다. 그러나 과거의 이슬람 군대만큼 강하지는 않았다. 레콘키스타를 벌
이는 유럽 가톨릭교도들에게는 더할 나위 없이 좋은 기회. 마침 프랑크
왕국의 왕은 그 유명한 샤를마뉴였다.

　778년, 샤를마뉴의 군대가 이베리아 반도로 진격했다. 힘겨운 전투
였다. 그러나 최종 승리는 샤를마뉴가 거머쥐었다. 이제 이슬람 세력은
코르도바와 그라나다를 비롯해 이베리아 반도 남단의 일부 지역으로
제한됐다. 레콘키스타가 이대로 완성되는 것일까?

　그건 아니었다. 이슬람 세력의 생명력도 질겼다. 오히려 후 우마이야
왕조는 보란 듯 번영의 길을 내달렸다. 10세기에는 수도 코르도바를
세계 최대 도시의 반열에 올려놓기도 했다. 8대 칼리프는 이베리아 반
도를 사실상 재통일하기도 했다. 이 무렵 주변에 있던 가톨릭 국가, 즉
카스티야와 레온 왕국도 후 우마이야 왕조에 복속할 정도였다.

　그러나 번영은 거기까지였다. 8대 칼리프 아브드 알 라흐만 3세가
세상을 떠나자 왕국은 눈에 띄게 쇠퇴하기 시작했다. 지역의 작은 왕들
이 잇달아 반란을 일으켰다. 11세기로 접어들자 아프리카 북부 모로코

의 이슬람 왕조가 코르도바로 진격했다. 견고해 보이던 성은 무너졌다. 결국 1031년, 후 우마이야 왕조는 멸망하고 말았다.

이 무렵부터 이베리아 반도는 춘추전국 시대로 접어든다.

914년에는 레온 왕국이 들어섰고, 11세기 초반에는 레온 왕국 귀족 출신인 페르난도 곤잘레스(페르난도 1세)가 독립해 카스티야 왕국을 세웠다. 카스티야 왕국은 1037년 레온 왕국을 복속시켰다. 그 후 독립과 합병을 거듭하던 레온 왕국은 1230년, 끝내 카스티야 왕국의 페르난도 3세에게 흡수되고 말았다.

카스티야 왕국이 세워질 무렵인 1035년, 아라곤 왕국이 피레네 산맥 남부에 세워졌다. 아라곤 왕국은 그 후 세력을 확대했다. 피레네 산맥을 넘어 이탈리아의 나폴리, 시칠리아까지 진출하기도 했다.

아라곤 왕국과 카스티야 왕국은 이베리아 반도에 있는 가톨릭 국가들의 대표선수였다. 이 두 왕국이 중심이 되어 레콘키스타를 다시 전개했다. 레온 왕국을 합병한 카스티야 왕국의 페르난도 3세는 1236년 코르도바까지 정복했다.

그러나 이번에도 이슬람 세력이 완전히 멸망한 것은 아니다. 그들은 아직도 생존의 끈을 놓지 않고 있었다. 게다가 후 우마이야 왕조가 멸망하고 200년이 지난 1231년에는 또 다른 이슬람 왕조가 들어섰다. 수도를 그라나다에 둔 이 왕조를 나스르 왕국이라 부른다. 우리에게는 이보다 그라나다 왕국이란 이름으로 더 많이 알려져 있다. 북부 아프리카와 이베리아 반도에 살던 아랍계 민족을 무어인이라고 불렀다. 나스르 왕국은 바로 이 무어인이 세운 나라다.

그라나다 왕국은 1236년 코르도바를 빼앗긴 데 이어 1248년에는 세

비야까지 빼앗겼다. 가톨릭 왕국으로부터의 위협은 점차 현실이 되어 가고 있었다. 그래도 그라나다 왕국은 잘 버텼다. 나아가 14세기 초반 까지 번영을 누렸다. 오늘날까지 전해지는 알람브라 궁전 또한 이 무렵 만들어진 것이다. 그러나 14세기 중반 이후 카스티야와 아라곤 왕국의 협공이 거세졌다. 그라나다 왕국은 점점 궁지에 몰리고 있었다.

가톨릭 구세주 이사벨 1세 등장하다

이 혼돈의 와중에 가톨릭 진영에서 한 여성이 두각을 나타내기 시작했 다. 바로 이사벨 1세(1451~1504년)다. 훗날 스페인이 해가 지지 않는 제 국으로 성장할 수 있었던 것은 전적으로 이사벨 1세 덕분이란 게 역사 학자들의 평가다. 도대체 그녀가 어떤 인물이기에 이런 평가가 붙는 걸 까? 그녀의 삶을 들여다 보면 그 이유를 알 수 있다. 우선 그녀가 왕이 되기까지의 역사를 보자.

이사벨은 이사벨라라고도 부른다. 1451년 카스티야 왕 후안 2세의 막내딸로 태어났다. 그의 어머니는 동명의 이사벨이다. 포르투갈 왕족 출신이지만 카스티야 왕국으로 시집을 왔다. 포르투갈, 카스티야, 아라 곤 왕국 모두가 가톨릭을 국교로 삼고 있으니 이상할 일도 없다. 게다 가 왕족과 귀족 가문이 국경을 넘어 합종연횡을 맺는 게 다반사였던 시 절이었으니.

일단 시집을 온 이상 어머니 이사벨은 카스티야의 왕후다. 당연히 포 르투갈보다는 카스티야에 뼈를 묻어야 할 터. 그러나 카스티야 왕국은

● 이사벨 1세(Isabel I)
아라곤의 왕 페르난도와
결혼하여 에스파냐를
통일했다. 이후 콜럼버스의
신대륙 발견을 원조하여
에스파냐의 해외 발전
기초를 굳게 다졌다.

평화롭지 못했다. 재상인 루나가 모든 권력을 쥐고 있었고, 왕은 허수아비였다. 이사벨은 그런 남편에게 실망했다. 이사벨은 모든 것을 바로잡겠노라 결심했다.

이사벨은 후안 2세의 둘째 부인이었다. 왕은 첫째 부인과 사별한 뒤 이사벨과 재혼했다. 왕의 정처는 엔리케라는 아들을 남겨놓았다. 이사벨은 바로 그 엔리케와 손을 잡았다. 피가 섞이지 않은 모자母子는 재상을 없애기 위해 '반란'을 일으켰다. 성공이었다. 마침내 모자는 루나 재상을 사형에 처할 수 있었다. 이사벨 공주의 나이 두 살 때였다.

이제 정치질서가 정상으로 돌아왔다. 후안 2세에게 모든 권력이 돌아간 것일까? 안타깝게도 그렇지는 못했다. 병이 들어버린 것이다. 그 와중에도 이사벨 왕후는 아이를 가졌다. 이번에는 아들이었다. 그 아이의 이름은 알폰소라 지었다. 알폰소가 채 한 돌이 되기 전, 후안 2세는 세상을 떠났다.

당연히 적통인 엔리케가 뒤를 이어 왕이 됐다. 그가 엔리케 4세다. 배신과 변절의 드라마는 여기서부터 시작된다.

엔리케 왕은 이제 태후가 된 계모 이사벨이 늘 맘에 걸렸다. 비록 그녀의 도움을 받아 왕에 올랐지만, 그녀가 앞으로도 자신을 도와준다는 보장은 없었다. 권력은 비정한 것 아닌가? 이사벨 태후가 자신의 아들인 알폰소에게 왕위를 넘기기 위해 엔리케 왕을 해칠 수도 있다! 여기에까지 생각이 미치자 엔리케 왕은 이사벨 태후와 두 이복 동생을 멀리 시골로 유배 보내버렸다. 경제적인 지원도 모두 끊어버렸다.

세 가족은 천민과 다름없는 생활을 해야 했다. 날개가 없는 추락은 끝을 알 수 없다. 이사벨 태후는 자신에 대한 그런 대우를 참을 수 없었다. 궁궐에서 태어나고 자란 그녀가 아닌가? 가난은 참아도 모욕감은 견딜 수 없었다. 가슴속에서 끓어오르는 분노를 이기지 못한 이사벨 태후는 끝내 실성하고 말았다.

태후 이사벨의 딸, 리틀 이사벨은 그런 어머니와 징징대는 남동생을 챙겨야 했다. 이를 악물었다. 새벽에 일어나 늦은 밤 잠 자리에 들 때까지 하루 종일 일을 했다. 음식을 만들었고 빨래를 했으며 청소를 마다하지 않았다. 여느 평민, 여느 천민과 다름없는 생활을 견딜 수 있었던 것은 언젠가 궁궐로 돌아갈 수 있을 것이란 희망이었다. 그 희망의 끈을 놓지 않고 삶을 견뎠다.

마음이 간절하면 하늘에 닿는다 했던가. 궁궐에 있던 엔리케 왕의 마음이 봄눈처럼 녹기 시작했다. 엔리케 왕이 경계했던 인물은 태후 이사벨이었지, 이복 동생 이사벨이 아니었다. 태후 이사벨은 이미 실성한 상태. 그녀는 다시는 권력 세계로 돌아올 수 없는 강을 건넜다. 적이 사라졌다. 이복 동생에게 비정한 왕이 될 필요는 없다. 엔리케 왕은 이사벨의 집에 대학 교수를 보내 공부를 하도록 했다. 어린 이사벨은 비로소 교육의 혜택을 받을 수 있었다.

약 10년의 시간이 훌쩍 지나갔다. 그 사이에 이사벨은 가톨릭 신자가 돼 있었고, 사려 깊으며 당당한 10대 소녀로 성장했다. 그리고 마침내 이뤄진 환궁!

그러나 카스티야 왕실은 과거의 모습 그대로였다. 엔리케 왕은 그의 아버지가 그랬던 것처럼 허수아비였고, 귀족들의 권력다툼은 극심했다. 그런 귀족들에게 이사벨과 알폰소의 환궁은 아주 좋은 기회로 받아들여졌다. 일부 귀족들이 왕을 엔리케에서 알폰소로 갈아 치우자며 반란을 일으켰다. 내란이 일어난 것이다. 이사벨의 눈부신 활약은 바로 이 대목에서부터 도드라진다.

내전은 무려 3년 동안 계속됐다. 이사벨은 전쟁을 끝낼 묘안을 찾다 스스로 인질이 되기로 했다. 그렇게 하면 알폰소를 지지하는 귀족들도 무기를 내려놓을 수밖에 없다고 판단했던 것이다. 이사벨이 15세가 되던 해, 알폰소가 급사하고 말았다. 이제 전쟁을 계속 해야 할 이유가 없었다. 알폰소를 밀었던 귀족들이 왕으로 추대할 인물이 없지 않은가?

그래도 반란군의 세력이 강했다. 반란은 성공하는 듯했다. 1468년 반란군은 이사벨을 왕으로 추대했다. 그러나 이사벨은 "오빠 엔리케 4세가 살아있는 한 절대 왕위에 오르지 않겠다"라며 오빠를 왕위에 복귀시켰다. 동생의 의리에 감명 받은 엔리케는 이사벨을 공식적으로 자신의 후계자로 임명했다.

오누이의 관계가 원만해지는 듯했다. 하지만 이들 오누이의 관계는 겨우 1년 만에 악화되고 말았다. 귀족들은 왕을 비판하며 대안을 내놓았다. 대안은 바로 이사벨이었다. 귀족들은 이사벨을 여왕으로 추대하려 했다. 그때 이사벨은 냉정하게 말했다.

"이 나라의 왕은 한 명이지 두 명이 될 수 없다. 이 나라의 왕은 엔리케, 그 분뿐이다. 국왕의 자리는 하느님과 선왕이 내린 것이니 아무도 그 자리를 빼앗을 수 없다."

이사벨의 이 말로 사태는 일단락됐다. 내란은 중지됐고, 나라는 평온을 되찾았다. 이쯤에서 이런 의문을 품어볼 수 있다. 이사벨에게 엔리케는 이복형제이긴 하지만 어머니를 미치게 한 원수이기도 하다. 그런 왕을, 이사벨이 끝까지 지지한 것이 과연 진심이었을까? 물론 그랬을 수도 있다. 그러나 이사벨은 훗날 강력한 왕이 된다. 그런 인물이라면 이때의 태도가 진심이 아닐 확률이 높다. 그렇다면 이유가 있을 것이다.

첫째, 힘이 약했다. 엔리케 왕의 반대파들만으로는 나라를 제대로 이끌 수 없다. 그렇기 때문에 아직은 때가 아니라고 판단했던 것이다. 둘째, 명분이 없었다. 엔리케 왕의 실정에 반대하며 일어난 내란이다. 그러나 왕으로 추대하려는 동생이 급사하지 않았는가. 그 자리를 대신 차지한다는 것은 옳지 않다.

이사벨의 한발 후퇴 전략은 주효했다. 이사벨을 구세주로 여긴 엔리케 왕은 그녀를 그 누구보다 아꼈다. 이사벨은 한때 후계자 지위를 박탈당하긴 했지만 결국에는 왕이 됐다. 결국 명분을 잃지 않음으로써 이사벨은 더 많은 것을 얻은 셈이다.

명분은 대외적인 인정을 받기 위한 최적의 전략이다. 명분을 잃으면 신뢰도 잃는다. 결국 대외적인 명분에서 정당해야 사업의 성과도 극대화된다. 이사벨의 생존전략은 바로 이 명분을 얻음으로써 최고의 성과를 거뒀다. 결국 중요한 것은 정당성이다. 정당할 때 모든 것을 얻을 수 있다. 이사벨이 보여준 첫 번째 리더십에서 이를 알 수 있다.

스페인 제국의 서막을 알린 세기의 결혼식

그렇다고 해서 이사벨이 명분에 집착하는 성향은 아니었다. 그녀는 국제정세를 훤히 꿰뚫고 있었고, 확실하다 싶으면 주장을 끝까지 관철해 실리를 챙겼다. 남편인 페르디난트(페르난도)와의 만남에서 그런 그녀의 모습을 엿볼 수 있다.

이사벨이 18세가 되던 무렵 주목받는 신흥강국이 바로 포르투갈이었다. 포르투갈은 대항해 시대를 열었다. 세계로 뻗어나갔다. 반면 북쪽에 있는 프랑스는 전통 강국이었다. 엔리케 왕의 머릿속이 복잡해졌다. 두 나라 중 한 곳에 이사벨을 시집보내면 우군을 얻을 수 있을 것이라고 판단했다. 국경을 넘어 왕실 간에 정략결혼을 하는 게 예사였으니 엔리케 왕의 생각이 꼭 틀린 것은 아니었다.

이사벨의 생각은 달랐다. 그런 식으로 정략결혼을 한다고 해서 카스티야가 강해지지는 않을 거라 판단했다. 이사벨은 측근으로 있던 가톨릭 전도사를 사방에 풀어 정보를 가져오도록 했다. 두 나라의 신랑감은 모두 나이도 많고 무능하다는 사실을 확인했다. 그런 결혼이 내킬 리 없다. 그러나 엔리케 왕도 고집을 꺾지 않았다. 그는 왕국을 유지하기 위해 포르투갈과의 정략결혼이 절대 필요하다고 주장했다. 배우자감이 40대의 홀아비이긴 하지만 엔리케 왕은 "결혼은 명분이 우선이다"라며 이사벨을 설득했다.

이사벨은 고개를 저었다. 그녀는 이미 점찍어 놓은 남성이 있었다. 사람을 시켜 알아본바 아라곤 왕국의 왕자 페르디난트는 현명하고 유능하며 야심 찬 인물이었다. 게다가 이베리아 반도를 통일하기 위해서는 민족이 다른 두 나라보다 같은 왕조에 속해 혈통이 같은 아라곤 왕국과의 통합이 더 필요하다고 생각했다. 이사벨은 엔리케의 명령을 거부했다. 그러자 엔리케 왕은 강제로 포르투갈 왕에게 시집보내기로 하고, 그녀를 가뒀다.

이사벨과 페르디난트는 이미 인연이 있었다. 이사벨이 갓난아기였을 때 두 나라 왕실이 정략약혼을 했었지만 3년 만에 파혼한 적이 있다. 이 인연 때문에 더 끌린 것은 아닌 듯하다. 사실 이사벨과 페르디난트는 모두 트라스타마라 왕가 출신이었다. 카스티야 왕국 후안 1세 왕의 자손들이었다. 촌수로 따지면 6촌 관계였다. 가까운 혈족인 셈이다.

이사벨은 자신보다 한 살 어린 페르디난트에게 청혼 편지를 보냈다. 편지를 받아든 페르디난트는 흔쾌히 청혼을 수락했다. 페르디난트 생각도 이사벨과 크게 다르지 않았던 것이다. 이때 페르디난트는 17세, 이사벨은 18세였다.

둘의 결혼은 쉽지 않았다. 엔리케 4세 왕의 방해는 심했다. 그의 음모로 페르디난트는 몇 차례나 죽을 고비를 넘겨야 했다. 그래도 둘의 사랑을 막을 수는 없었다. 페르디난트는 변장한 상태에서 부하들을 이끌고 카스티야 중북부 바야돌리드 지방으로 향했다. 이사벨도 엔리케 왕의 감시를 피해 궁궐을 탈출해 그곳으로 향했다.

1469년 10월 19일, 마침내 결혼식이 거행됐다. 그곳은 초라한 시골 마을이었다. 당시 이베리아 반도의 최대 강국으로 손꼽히는 카스티야와 아라곤, 두 왕국의 법적인 왕위 계승권자가 결혼을 하기에는 적절치 않은 곳이었다. 유럽 각국의 왕실로부터 축하사절단을 기대할 수도 없었다. 하객이라고 해봐야 동료들 몇 명이 전부였다. 둘이 6촌의 혈족 사이였지만 로마 교황이 허락했기에 '종교적' 문제는 없었다.

조촐하고 초라한 이 결혼식은, 그러나 세기의 결혼식으로 꼽히고 있다. 이 비밀 결혼식은 스페인 제국의 탄생을 알리는 서막이었다. 그 후 스페인은 유럽과 전 세계의 운명을 좌우하는 대제국이 됐다.

바로 이 대목에서 이사벨의 또 다른 리더십을 엿볼 수 있다. 앞에서 얘기한 대로 이사벨은 명분을 중요하게 여겼다. 그러나 그 명분이 고리타분하며 시대를 역행한다면 과감히 거부했다. 그럼 수용할 수 있는 명분의 기준은 무엇인가? 바로 새 시대를 지향하는 것이냐, 그렇지 못한 것이냐다.

이사벨은 고리타분한 명분을 걷어찼다. 만약 그녀가 왕실의 명분에 무릎을 꿇고 현실에 안주했더라면 결혼식은 모두의 축복 속에 화려하게 치러졌으리라. 그 대신 강대한 스페인 제국은 탄생하지 못했다. 이사벨은 당장은 초라할지언정 미래를 꿈꿀 수 있고, 열매를 얻을 수 있는 데 모든 것을 투자했다. 이사벨은 미래를 내다봤고, 더 큰 실익을 노렸다. 이 세기의 결혼식에서 우리는 이사벨의 실리 추구의 리더십을 배워야 한다.

이 부부는 죽을 때까지 서로 사랑했다고 전해지고 있다. 물론 그랬을 수도 있다. 그러나 이 결혼식의 본질은 사랑이 아니다. 바로 실리다. 이사벨은 카스티야 왕국을 대제국으로 키우기 위해 아라곤의 도움이 필요했다. 페르디난트 또한 비슷한 생각이었다.

훗날 두 왕국이 합병한 후에도 이사벨은 여왕Reina이란 칭호를 쓰지 않고 왕Rey이란 칭호를 고수했다. 페르디난트와 대등한 위상이란 점을 강조하기 위해서다. 사실 이때의 스페인 제국은 일종의 연합 국가 형태였다. 두 명의 왕이 공동 통치를 한 셈이다. 이사벨은 카스티야를 아라곤에 빼앗기지 않기 위해 사망한 후에도 왕위를 남편에게 넘기지 않고 딸인 후아나에게 넘겼다.

다시 결혼식으로 돌아가서…….

비밀 결혼 사실을 알게 된 엔리케 왕은 격노했다. 당장 이사벨에게 내린 왕위 계승권을 박탈했다. 왕위 계승권은 자신의 늦둥이 딸 후아나에게 넘겨줬다. 이사벨은 왕실에서 쫓겨나는 신세가 됐다. 그렇지만 세상은 엔리케 왕의 뜻대로 되지 않았다. 5년 후인 1474년 엔리케 왕이 사망하자 왕위가 이사벨에게 넘겨진 것이다. 이때부터 그녀는 이사벨 1세란 이름으로 불리기 시작했다. 5년이 다시 흘러 1479년, 페르디난트도 아버지로부터 왕위를 넘겨받았다. 이때부터 그는 아라곤 왕 페르난도 2세도 불리기 시작했다.

세기의 결혼식이 치러지고 꼭 10년이 지난 바로 이해, 이사벨 1세와 페르난도 2세가 두 나라를 합병했다. 나라의 이름은 카스티야-아라곤 연합. 두 사람은 나란히 공동 왕에 올랐다. 낡은 명분에 사로잡히지 않았던 이사벨이 만들어낸 작품. 스페인 제국이 탄생한 것이다.

지칠 줄 모르는 도전, 레콘키스타

이사벨 1세는 카스티야의 왕에 오른 뒤 가장 먼저 왕권을 강화했다. 왕을 쥐고 흔드는 귀족 세력을 제거하고, 제도를 정비했다. 전국을 순회하며 민심도 어루만졌다. 이사벨 1세의 집무실에는 밤새 불이 켜져 있었다. 페르난도 2세도 대관식에서 국민에게 봉사하는 왕이 되겠다고 선서했다. 하나의 나라가 된 두 나라의 백성들은 그런 이사벨 1세와 페르난도 2세를 진심으로 존경했다.

이 무렵 이베리아 반도의 지도를 살펴볼 필요가 있다. 포르투갈이 서부에 포진해 있다. 남쪽에는 그라나다라는 이슬람 왕국이 있었다. 이사벨 1세는 가톨릭 지상세계를 건설해야 한다는 사명감을 떠올렸다. 그렇지만 711년 이후 계속됐던 레콘키스타의 열기는 시들한 상태였다.

이사벨 1세는 레콘키스타의 열기를 다시 고조시켰다. 아라곤 왕국과의 통합도 레콘키스타의 전초전이었다. 이사벨 1세는 물론 페르난도 2세도 독실한 가톨릭이었기 때문이다. 로마 교황도 스페인에게 이교도 집단을 유럽에서 몰아내줄 것을 바라고 있었다.

이제 선택은 명백해졌다. 1482년, 이사벨 1세와 페르난도 2세의 군대가 연합해 그라나다로 진격했다. 이로써 최후의 레콘키스타 전쟁이 시작됐다. 이 전쟁은 무려 10년을 끌었다. 1492년 1월 그라나다에 대한 총공격이 단행됐다.

이 최후의 전투에서도 이사벨 1세의 활약은 눈부셨다. 처음에는 페르난도 2세가 군대를 지휘했다. 이사벨 1세는 후방에서 전투를 지원했다. 이사벨 1세 또한 전장에 마련된 야전 병원에 뛰어들어 부상병을 직접 치료하기도 했다.

두 왕이 직접 전장에서 몸을 아끼지 않고 나서면서 가톨릭 군대의 사기는 높아졌다. 그러나 이슬람 군대의 저항도 만만치 않았다. 전쟁은 길어졌다. 페르난도 2세도 지쳐갔다. 곧 그의 군대가 기력을 다하고 말았다.

그러자 이사벨 1세가 직접 전투에 나섰다. 그녀는 백마를 타고 지원군을 이끌었다. 이사벨 1세가 나타나면 병사들의 사기가 하늘을 찔렀다. 그라나다 함락전이 개시되고 8개월이 지난 순간, 마침내 병사들이 그라나다를 정복하는 데 성공했다. 그라나다의 마지막 왕 보아브딜이 항복했다. 이로써 수백 년에 걸친 레콘키스타도 마무리를 지었다. 그로부터 4년이 지난 1496년, 로마 교황 알렉산드르 6세는 부부왕의 노고를 치하하며 '가톨릭 부부왕'이라는 칭호를 내렸다.

이 레콘키스타의 완성으로 이슬람 세력은 유럽 땅에서 완전 추방됐다. 오늘날 유럽의 토대가 된 근대 유럽의 골격이 만들어진 것이다.

이사벨 1세의 레콘키스타에 대한 열정은 우리가 상상하는 이상이었다. 그는 그라나다를 정복하는 것이야말로 하늘이 자신에게 내린 사명이라 생각했다. 물론 부작용도 있었다. 가톨릭 제국에 대한 욕망이 지나친 나머지 다른 종교인들을 모조리 숙청한 것이다. 이사벨 1세는 종교재판소를 세웠다. 살아가기 위해 어쩔 수 없이 이슬람교로 개종했다 다시 가톨릭으로 귀의한 사람들도 처형했다. 최고의 궁전 가운데 하나인 그라나다의 알람브라 궁전을 파괴하지 않은 건 그나마 다행이다.

당시 유럽은 철저한 종교 사회였다. 구교 가톨릭과 신교가 치열하게 갈등을 벌이던 시절이었다. 로마 교회는 전통적인 가톨릭 강국인 스페인에 의지하고 있었고, 스페인은 제국의 확대를 위해 로마 교회와 손을 잡았다. 이사벨 1세에게 로마 가톨릭은 신앙이자 궁극적인 삶의 목표였다. 그는 그 목표를 이루기 위해 모든 것을 바쳤다.

이사벨 1세가 레콘키스타를 완수한 후 자행한 '마녀사냥'은 이런 차원에서 이해할 필요가 있다. 그녀에게 레콘키스타는 목표 달성이 아니었다. 목표를 이루기 위한 하나의 과정일 뿐이었다. 영토는 가톨릭으로 만드는 데 성공했지만 아직 정신과 영혼까지 가톨릭이 된 것은 아니다. 완전한 가톨릭 세계를 만들려면 이교도를 철저히 벌해야 한다. 이사벨 1세의 생각이 이러했다. 물론 오늘날의 기준으로 보면 터무니없이 비정상적인 정책이지만…….

어쨌든 결국에는 모든 게 그녀의 뜻대로 됐다. 지치지 않고 10년간 달려온 길이 마침내 결승점에 도달한 것이다. 그러나 그녀는 여기에서 끝나지 않았다. 새로운 도전을 시작한 것이다.

실패를 두려워하지 않는 불굴의 도전 정신

이사벨 1세의 여러 업적 가운데 빼놓을 수 없는 게 신대륙의 발견이다.

콜럼버스의 아메리카 발견을 전적으로 지원한 인물이 바로 그녀였다. 이사벨 1세와 콜럼버스의 만남이 어떻게 이뤄졌을까?

콜럼버스는 이탈리아 제노바 출신이다. 그는 항해 지도를 만드는 일을 했고, 일찍부터 대서양을 건너면 바로 인도에 도착할 거라는 확신을 갖고 있었다. 당시 후추를 비롯한 인도의 향신료는 유럽에서 없어서는 안 될 필수품이었다. 콜럼버스가 대서양을 건너 최단거리로 인도에 도착하는 바닷길만 찾아낸다면 엄청난 돈을 벌 수 있는 것이다.

문제는 탐험 자금이었다. 1484년 콜럼버스는 포르투갈 왕실을 찾아갔다. 주앙 2세 왕은 퇴짜를 놓았다. 당시 포르투갈 함대는 아프리카 서해안을 따라 남하하고 있었다. 주앙 2세로서는 성공이 눈앞에 보이는데 따로 막대한 돈을 들여 새 모험을 시도할 이유가 없었다. 실제 4년 후인 1488년 포르투갈 왕실의 지원을 받은 바르톨로뮤 디아스 함대가 남아프리카의 희망봉에 도착한다.

포르투갈에서 퇴짜를 맞은 콜럼버스는 1486년 스페인 왕실로 건너갔다. 콜럼버스는 자신의 계획을 소상하게 설명한 후 요구 조건을 내걸었다.

"첫째, 새로 개척한 식민지에서 나를 왕의 다음 지위인 부왕으로 임명한다. 둘째, 식민지에서 난 수익의 10퍼센트는 내가 갖는다. 셋째, 이 특권은 내 자손 대대로 물려준다. 넷째, 내게 제독의 작위를 부여한다."

페르난도 2세 왕은 콧방귀를 뀌었다. 그는 콜럼버스가 미치광이이거나 사기꾼, 둘 중 하나일 것이라 여겼다. 게다가 그라나다와의 전쟁을 수행하느라 경황이 없던 시절이었다. 페르난도 2세 왕은 결국 주앙 2세가 그랬던 것처럼 퇴짜를 놓았다.

그 후 콜럼버스는 탐험 계획서를 들고 영국과 프랑스를 전전했다. 그러나 그 어느 나라에서도 그를 받아들이지 않았다. 그런 콜럼버스를 다시 받아들인 것은 바로 이사벨 1세였다. 이사벨 1세는 사재를 털어 콜럼버스를 지원하기로 결정했다. 남편이 결사 반대했던 일을, 이사벨 1세가 사재를 털어가면서까지 지원한 표면적인 이유는 신앙이었다.

이 무렵 포르투갈 선교사들은 아프리카로 들어가 포교활동을 하고 있었다. 바로 이 대목이 스페인 성직자들을 불편하게 했다. 스페인 성직자들은 신앙이 돈독한 이사벨 1세에게 신대륙을 개척할 것을 주문했다. 그래야 스페인 선교사들이 활동할 공간이 생기지 않겠는가. 세계 모든 영토에 가톨릭의 깃발을 꽂고 싶었던 이사벨 1세는 그 주문을 받아들였다. 이사벨 1세는 콜럼버스의 요구 조건을 받아들이는 산타페 협약을 체결했다.

다른 이유도 있었다. 스페인 제국의 영역을 확대하기 위함이었다. 당시 대항해는 포르투갈이 주도하고 있었다. 포르투갈은 1488년 남아프리카 희망봉을 발견함으로써 스페인과의 격차를 벌였다. 이베리아 반도에서 가장 세력이 약했던 포르투갈은 강해지는데, 스페인은 레콘키스타에 갇혀 있는 셈이다.

디데이는 그라나다 정벌이 끝나고 얼마 지나지 않은 시점으로 결정됐다. 1492년 4월 17일 탐험 계획이 완성됐다. 4개월 후인 8월 3일, 마침내 역사적 항해가 시작됐다. 콜럼버스는 2개월 후인 10월 12일 바하마 제도(서인도 제도)의 과나하니 섬에 도착했다. 그는 이 섬을 '거룩한 구세주'란 뜻의 산살바도르라고 불렀다. 그 이후 항해에서 쿠바와 히스파니올라(아이티와 도미니카공화국)가 발견됐다.

1493년 3월, 콜럼버스는 8개월 만에 스페인으로 귀항했다. 그의 손에는 금덩어리가 들려 있었다. 후추가 목표였지만, 그보다 더 좋은 금이었으니 이사벨 1세는 물론 스페인 국민들도 환호성을 질렀다. 신대륙에 금이 널려있다!

이듬해 2차 원정이 이뤄졌고, 본격적으로 스페인 식민지가 건설되기 시작했다. 그러나 원하는 금은 더 이상 발굴되지 않았다. 희망은 실망으로 바뀌었고, 콜럼버스는 인기를 잃어갔다. 콜럼버스에 반발한 부하들은 반란을 모의했다.

이사벨 1세도 어쩔 수 없이 그에 대한 신뢰를 거둘 수밖에 없는 상황이 됐다. 그래도 마지막 기회를 줬다. 1498년의 3차 항해. 이번에도 결과는 실망스러웠다. 이사벨 1세는 즉각 그를 본국으로 송환했다.

운 좋게 마지막 기회가 콜럼버스에게 찾아왔다. 포르투갈 왕실의 지원을 받은 바스코 다가마가 인도 캘리컷에 도착한 데 자극을 받은 이사벨 1세는 다시 콜럼버스에게 지휘봉을 줬다. 이 마지막 4차 항해에서도 콜럼버스는 금을 발견할 수 없었다. 이렇게 콜럼버스의 시대는 끝이 나버렸다.

그렇다면 이 도전은 실패였을까? 아니었다. 이사벨 1세는 금을 얻지는 못했지만 광활한 중남미를 얻었다. 라틴아메리카의 원주민은 이 대사건으로 인해 노예 신세로 전락했지만 스페인으로서는 제국 시대를 열었다. 해가 지지 않는 제국을 건설한 것이다.

이런 결과는 이사벨 1세의 도전 정신이 없었다면 나오지 못했을 것이다. 사실 콜럼버스를 지원하기로 한 이사벨 1세의 결정은 명분(천주교 전파)과 실리(스페인 세력 확대)가 절묘하게 조화를 이룬 전략이었다. 그러나 성공이 보장된 것은 아니었다. 이사벨 1세는 도전했다.

그렇다면 이 성공은 전적으로 이사벨 1세의 공이다. 아무도 지동설을 믿지 않던 때였다. 남편인 페르난도 2세와 많은 귀족들이 반대했다. 그라나다와 수년간 전쟁을 치르느라 국가 재정도 넉넉하지 않았다. 콜럼버스는 사기꾼으로 몰리고 있었다. 그렇지만 이사벨은 모든 역경을 물리치고 대 모험을 단행했다. 그 결과 스페인은 광활한 중남미를 얻었고, 단번에 포르투갈을 따라잡았다. 아니, 오히려 더 거대한 제국으로 성장했다.

만약 이사벨이 이베리아 반도를 가톨릭의 땅으로 만든 것에 감사하고 현실에 안주했다면? 스페인은 해외 식민지에서 막대한 이득을 얻지는 못했을 것이다. 머잖아 라틴아메리카에서는 금과 은이 무진장 쏟아졌다. 신천지를 얻은 셈이다. 이 재물은 고스란히 스페인 제국의 번영으로 이어졌다.

결국 해가지지 않는 스페인 제국은 이사벨 1세의 도전 정신이 없었다면 존재할 수 없었다는 결론이 나온다. 명분과 실리를 다 챙기면서도, 생명이 다할 때까지 이사벨 1세는 새로운 것에 도전했다. 바로 이 도전 정신이 우리가 배워야 할 세 번째 리더십인 것이다.

제10장

첫 민주공화국을 세운 헌신

― 조지 워싱턴

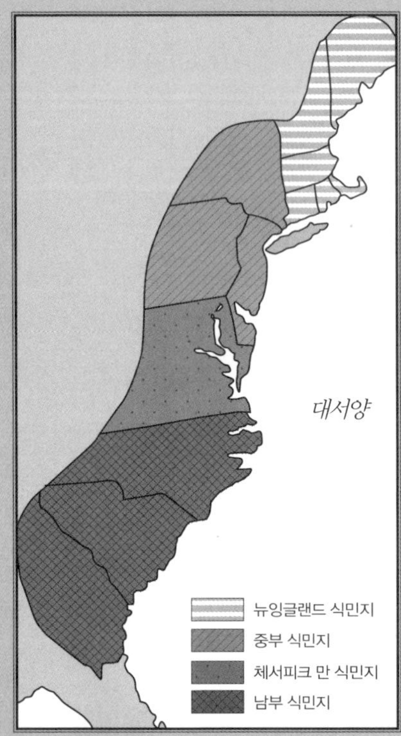

1단계 : 미국 독립 혁명 이전, 동부 13개 식민지
(참고: 동부 북쪽~플로리다 이전까지)

2단계 : 건국 직후 미국 영토(참고: 루이지애나 직전까지)

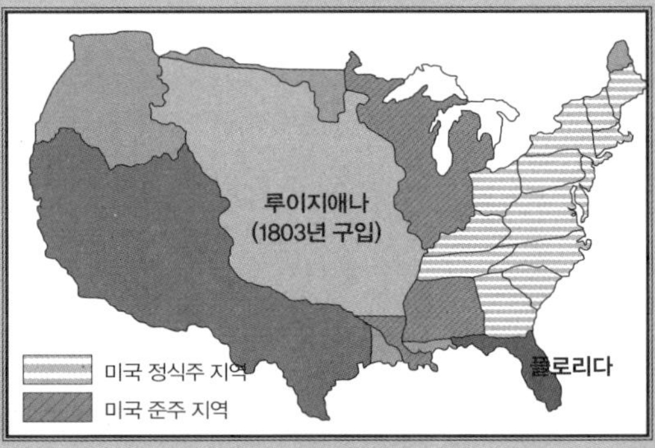

3단계 : 1820년 무렵 미국 영토(참고: 동부~루이지애나)

4단계 : 1850년 무렵 미국 영토(참고: 미국 전역)

● 미국의 탄생과 확대 :
미국은 북아메리카 동부의 13개 식민지에서 출발했다.
미국은 어느 한 명의 리더십이 아니라 개척자의 도전과 민주주의 가치로 탄생했다.
미국 혁명에 성공한 후 루이지애나를 프랑스로부터 사들였고, 서부 지역을 멕시코로부터 빼앗아 오늘날의 영토에 이르렀다.

미국이 세계 유일한 초 강대국이란 사실에 이의를 제기할 사람은 별로 없을 것이다. 유럽의 전통 강국인 독일, 영국, 프랑스도 국제 영향력으로는 미국을 이길 수 없다. 세계 2위의 경제 대국이라는 일본도 마찬가지다. 신흥 강대국인 중국이 미국과 양강兩强 체제를 구축했다고 해도 아직은 미흡하다.

이런 강대국 미국도 역사 자체는 그리 길지 않다. 건국 연도를 기준으로 하면 고작 200여 년에 불과하다. 그런 나라가 어떻게 해서 세계 유일한 초 강대국이 될 수 있었을까?

미국은 다른 나라의 역사와 궤적이 많이 다르다. 어느 한 영웅이 탄생시킨 국가가 아니다. 많은 민중이 목숨을 걸어 만든 국가다. 그들은 황무지보다 더 척박한 신대륙에서 성공을 일궈냈다.

미국의 초기 역사는 그 어느 왕조의 창업 스토리보다 더 드라마틱하다. 도전 정신에서부터 헌신과 타협 등 많은 덕목을 배울 최고의 리더십 교과서다. 또한 현대 민주주의의 기본 정신이 고스란히 드러나는 정치 교본이기도 하다.

도전하라. 목표를 이룰지니!

미국의 초기 역사를 이해하려면 16세기 후반의 영국 역사부터 알아야 한다. 당시 영국은 엘리자베스 1세 여왕이 통치하고 있었다. 그녀는 평생 독신으로 살았다. 그녀는 입버릇처럼 자신은 국가와 결혼했다고 말했다. 그런 그녀에게 '성 처녀'란 별명이 주어졌다.

엘리자베스 여왕 통치기, 영국의 최고 경쟁국은 스페인이었다. 스페인은 대서양 일대를 장악한 해상강국이었다. 스페인에는 그 어느 나라도 따라잡을 수 없는 해군이 있었다. 그 해군을 '무적함대(아르마다)'라고 불렀다.

스페인과 포르투갈은 중남미 곳곳에 식민지를 건설했다. 남아 있는 신대륙은 북아메리카뿐이었다. 그러나 프랑스와 네덜란드, 스페인이 모두 북미를 노리고 있었다. 여왕의 마음이 다급해졌다.

그러던 차에 기쁜 소식이 들려왔다. 1587년 월터 롤리 경의 탐사대가 오늘날 미국 노스캐롤라이나 동부해안 로어노크 섬에 상륙했다. 아메리카 대륙에 거점을 마련한 것이다. 그러나 신대륙에 상륙했다고 해서 식민지가 거저 만들어지지는 않는다. 도시를 건설해야 한다. 롤리 경은 117명의 이주민을 남겨두고 새 도시를 세우도록 했다. 필요한 물자는 본국에서 공수하기로 했다.

아직은 운이 트이지 않았던 걸까? 물자를 실은 보급선은 로어노크 섬에 가지 못했다. 스페인과 갑작스런 전쟁이 터졌기 때문이다. 보급선은 3년 후에야 섬에 도착했다. 황량한 벌판만이 남아있었다. 사람의 흔적조차 보이지 않았다. 이주민이 어디로 갔는지는 오늘날까지도 확인이 되지 않고 있다. 그래서 미국인들은 이 로어노크 섬을 '잃어버린 식민지Lost Colony'라고 부른다.

그로부터 20년이 흘렀다. 식민지 건설의 깃발이 다시 올랐다. 1607년, 104명의 영국 남자들이 미국 버지니아 해안에 도착했다. 이번에는 식민지 건설에 성공했다. 그들은 당시 영국의 왕 제임스 1세의 이름을 따서 정착촌을 제임스타운이라고 불렀다. 그곳은 강을 끼고 있었다. 늪지대도 많았다. 눅눅한 공기에 물도 좋지 않았다. 겨울은 혹독했다. 그해 겨울 70명이 목숨을 잃었다. 살아남은 자는 고작 34명에 불과했다.

다시 13년이 흘렀다. 1620년, 종교의 자유를 찾아 101명의 퓨리턴이 메이플라워호를 타고 미국에 도착했다. 그곳은 오늘날의 매사추세츠 보스턴 남쪽 지역에 있는 케이프 만이었다. 종교의 자유를 얻는 대가는 혹독했다. 해안 지대의 추위는 극심했다. 그해 겨울 절반 가까운 목숨이 사라졌다. 그러나 그들은 메이플라워호 선상에서 서약한 대로 공동체 질서를 따르며 착실히 도시를 발전시켰다.

미국, 그러니까 정식 명칭으로 미합중국은 최초의 식민지 정착 시점에서 약 200년이 흘러 탄생했다. 그러나 이 두 식민지에서 오늘날의 미국이 탄생했다고 봐야 한다. 동서양 역사에서 수많은 왕조들이 명멸했지만, 미국의 탄생 역사는 그런 왕조들과 본질적으로 다르다. 미국은 식민지로 시작했고, 식민지에서 해방되는 과정에서 탄생했다.

물론 오늘날 미국인들이 추앙하는 '건국의 아버지들'은 초기 식민지 시절의 인물이 아니다. 건국의 아버지는 초대 대통령을 지낸 조지 워싱턴, 3대 대통령을 지낸 토머스 제퍼슨, 4대 대통령을 지낸 제임스 매디슨 같은 인물들이다. 그러나 진정한 미국 건국의 주역은 이들보다 앞서 미국 땅에 상륙해 정착촌을 건설한 이주민들이라고 할 수 있다.

17세기 초반, 아메리카로 향한 사람들은 총칼을 들지 않았다. 전쟁터로 나가 적을 물리친 후 나라를 세운 게 아니다. 물론 정착촌 주변에 살던 아메리카 토착 인디언 부족과 전투를 치르기도 했다. 그러나 오히려 인디언 부족으로부터 과도하게 많은 도움을 받은 적이 더 많았다.

그렇다면 새로운 땅에 정착한 그들의 가장 큰 적은 무엇이었을까? 바로 미지의 세계에 대한 두려움이었다. 그곳은 유럽이 아니었다. 익숙한 곳이 아니었다. 자연 환경은 정말 혹독했다. 겨울을 지나면서 수많은 목숨을 잃지 않았는가? 잃어버린 식민지 사례에서도 알 수 있듯이 이주민 전체가 몰살하기도 하지 않았는가?

그래도 그들은 미지의 세계를 향해 나아갔다. 바로 여기에서 미국 창업의 첫 번째 원동력을 발견할 수 있다. 그것은 바로 도전 정신이다. 내 안에 숨어 있는 두려움을 떨치고 나서는 용기! 그 도전 정신이 없었다면 오늘날의 미국은 결코 존재하지 못했으리라.

사실 1607년 버지니아 제임스타운을 세운 이들은 뚜렷한 목표가 있었다. 그들이 미국으로 온 목적은 '황금'이었다. 황금 대박을 터뜨려 금의환향하겠다는 생각뿐이었다. 그러니 그들의 머리 속에는 온통 황금밖에 없었다. 물론 그 꿈이 얼마나 허무맹랑한 환상에 불과했는지 깨닫기까지는 오랜 시간이 걸리지 않았다. 그래도 미국행을 택한 그 순간만큼은 그들은 도전 정신으로 중무장한 모험가였다.

환상이 깨지면 털썩 주저앉기 쉽다. 더 이상의 도전, 더 이상의 모험도 없다. 그러고는 패배의 늪에 빠진다. 황금을 좇아 온 제임스타운의 정착민들이 그랬다. 대박의 꿈은 사라졌다. 아니, 이제 생존 자체가 위태로운 상황이 됐다. 공동체 내부의 혼란도 커졌다.

이 혼란을 종식시킨 인물은 지도자 존 롤프였다. 그는 더 이상 물러설 곳이 없다고 판단했다. 그렇다면 대안을 모색하자! 그가 찾은 대안은 담배였다. 버지니아의 자연 조건이 담배 재배에 적합하다고 판단한 것이다.

중남미에서 담배 씨앗을 가지고 와 버지니아에 심었다. 결과는 기대 이상이었다. 초우량 담배가 만들어졌다. 유럽에서도 버지니아의 담배가 큰 인기를 끌었다. 비록 황금은 아니었지만, 밭에서 황금을 찾아낸 셈이다. 버지니아는 부유한 식민지가 됐다. 유럽에도 이 소문이 퍼졌다. 더 많은 이민자가 건너왔다. 버지니아 식민지는 이렇게 해서 성장 가도를 달리기 시작했다.

매사추세츠에 정착한 퓨리턴(청교도의 한 분파)도 도전 정신으로 무장해 있었다. 그들은 완전한 신앙의 자유를 쟁취하겠다는 분명한 목표를 가지고 있었다. 새로운 세계를 신앙의 천국으로 만들겠다는 꿈이 없었다면 기나긴 항해를 견디지 못했으리라.

당시 그들은 영국에서 종교 탄압을 받고 있었다. 영국 왕실은 국교회 이외의 종교에 대해서는 온정을 베풀지 않았다. 그 탄압을 피할 방법이 전혀 없는 것은 아니었다. 종교의 자유가 보장된 신교 국가 네덜란드로 피신을 떠나면 될 일이었다. 실제로 그들은 네덜란드에서 공동체 생활을 하며 부분적이나마 종교의 자유를 누리고 있었다. 그렇지만 그들은 완전한 자유를 원했다. 그렇다면 방법은 하나뿐이다. 신세계를 개척하는 수밖에!

네덜란드에 살던 청교도들은 영국 플리머스로 돌아갔다. 그곳에서

버지니아 회사가 판매하는 신대륙 티켓을 샀다. 항해가 시작됐다. 목적지는 버지니아 인근이었다. 그러나 배는 예상과 달리 훨씬 위쪽인 코드 만에 도착했다. 다시 남쪽으로 항해를 이어갈 것이냐, 아니면 그대로 그곳에 정착할 것이냐를 놓고 고민에 빠졌다. 이미 계절은 겨울로 가고 있었다. 선택의 여지는 없었다.

퓨리턴들은 막 도착한 항구의 이름을, 출발지의 이름을 따 플리머스라 불렀다. 정착촌에서 그들은 엄격한 공동체 생활을 해나갔다. 식량을 재배하는 것도 힘든 억척스런 토양. 과연 그곳에서 몇 해를 넘길 수 있을까? 고단한 삶이 이어졌다.

다행히 인디언들이 평화의 손을 내밀었다. 인디언들은 퓨리턴 정착민들에게 옥수수를 재배하는 법을 가르쳐줬다. 정착민과 인디언은 평화롭게 공존할 수 있었다. 몇 해의 시행착오 끝에 정착민들도 드디어 풍년을 거뒀다.

정착민들은 자신들을 지켜준 인디언을 초청해 잔치를 베풀었다. 땅의 신에게도 감사를 드렸다. 이 잔치 전통은 오늘날에도 이어지고 있다. 그게 바로 추수감사절이다. 추수감사절은 도전 정신에 대한 값진 열매였다.

훗날 미국 건국 후 초기 역사에서도 이 도전 정신이 빛을 발했다. 이른바 '프런티어Frontier 정신'이 그것이다. 좁은 의미에서 프런티어는 서부 개척을 뜻한다. 그러나 넓은 의미에서는 개척 정신과 개척 문화를 총괄한다. 이 프런티어 정신을 통해 미국의 영토는 순식간에 오늘날 영역으로 확대됐다.

부당한 간섭에 맞선 자율의 힘

두 식민지를 시작으로 해서 1733년까지 북미 동부에 총 13개의 영국 식민지가 만들어졌다. 이 모든 식민지는 영국의 지배를 받았다. 그러나 식민지들 사이에는 뚜렷한 연대 의식이 없었다. 그도 그럴 것이, 식민지 거주민의 목표가 같지 않았다. 가령 플리머스 식민지는 종교 박해를 피해 넘어온 사람들이 만들었고, 버지니아 제임스타운 식민지는 일확천금을 노린 젊은이들이 만들었다. 메릴랜드나 펜실베이니아 같은 지역은 귀족의 개인 영지 형태로 식민지가 시작됐다.

그러나 식민지들의 공통점도 있었다. 미국의 건국 과정에서 나타난 두 번째 리더십이 이 대목에서 나온다. 바로 자치自治의 리더십이다. 외부의 부당한 간섭을 거부하고, 모든 일을 스스로 결정하며 책임진다. 만약 식민지 주민들이 이 리더십을 갖추지 않았다면, 그래서 본국인 영국의 방침에 의존했다면 최초의 민주공화국은 탄생할 수 없었다.

목적을 달성하기 위해 스스로의 규칙을 만드는 자치 리더십. 이 리더십의 시작은 이미 얘기했던 1620년 11월 11일로 거슬러 올라간다. 장소는 메이플라워호 선실. 퓨리턴(필그림 파더스)은 플리머스에 상륙하기 전, 서약서에 서명했다.

당초 이들의 목적지는 버지니아였다. 그들은 버지니아 회사로부터 받은 특허장을 가지고 있었다. 그 특허장은 식민지에 정착할 수 있는, 일종의 권리 문서였다. 그러나 그들의 눈앞에 보이는 땅은 버지니아가 아닌, 매사추세츠 해안이었다. 남쪽으로 행로를 다시 잡을 것인가? 문제는 날씨였다. 겨울이 다가오고 있었고, 항해를 계속할 수 없는 상황이었다. 결국 그들은 매사추세츠 해안에 상륙하기로 결정했다.

다만 특허장이 없었다는 게 고민이었다. 102명의 탑승자 가운데 성인 남자 41명이 모여 회의를 가졌다. 그들은 특허장이 없는 대신 식민지 정부를 세우기로 합의했다. 모든 사람들은 식민지 정부가 정한 규칙을 의무적으로 따르기로 했다. 41명은 내용을 문서로 남기고 서명했다. 이게 그 유명한 '메이플라워 서약'이다.

메이플라워 서약은 생존을 위한 조치였다. 그러나 그 이상의 역사적 의미를 지니고 있다. 그 내용을 요약하면 다음과 같다.

우리는 영국 왕 제임스 1세의 충성스런 신민이다. 우리는 새로 만드는 식민지에서 질서를 유지하고 하느님의 영광을 구현하며 국가의 명예를 유지하기 위해 엄숙하게 계약을 체결한다. 우리는 스스로 정부를 제정하며 누구에게나 평등하도록 법과 제도를 만들 것이다. 우리는 모두 이에 복종하고 순종할 것을 약속한다.

서약에서는 스스로를 영국 국민이라 표방하고 있다. 이때까지만 해도 새로운 국가를 건설하는 데까지 목표 의식이 성숙했던 것은 아니라는 이야기다. 영국 식민지로서 신대륙의 삶을 이어나간다는 서약인 셈이다.

서약에서 특히 눈에 띄는 것은 '누구에게나 평등하도록 법과 제도를 만들 것이다'는 대목이다. 현대 민주주의의 원리가 엿보인다. 당시 참정권은 성인 남자의 일부에게만 주어져 있었다. 이런 시대 상황을 감안하면 모든 남성이 참가한 서약은 현대 민주 선거와 조금도 다르지 않다. 실제 미국에서도 이 메이플라워 서약을 '문서화 한 최초의 헌법'으로 극찬하는 경향이 강하다.

10년이 지난 1630년, 오늘날의 매사추세츠 보스턴 일대에 새로운 식민지가 건설됐다. 영국 왕 찰스 1세가 특허장을 내어줌에 따라 만들어진 이 식민지를 매사추세츠 식민지라고 했다. 이 식민지는 에드워드 윈즐로라는 인물이 경영했다. 그는 냉정한 청교도였고, 식민지는 종교 국가처럼 운영됐다. 주민의 반발이 심했고, 인디언과도 잦은 마찰을 벌였다. 반란도 일어났다.

1684년 영국은 매사추세츠 식민지에 대한 특허장을 취소했다. 1691년에는 왕령 식민지로 개편했다. 이때 주변의 식민지들이 흡수됐다. 종교의 자유를 찾아 개척됐던 플리머스 식민지도 그중 하나였다.

플리머스 식민지는 사라졌지만 자치 전통은 오히려 확대됐다. 매사추세츠 식민지는 모든 식민지 가운데 자치 리더십이 가장 뛰어났다. 훗날 미국 혁명의 도화선이 된 보스턴 학살이나 보스턴 차 사건은 모두 매사추세츠 식민지에서 일어났다. 미국 최초의 대학인 하버드대학교도 보스턴에 설치됐다.

당시 영국 정부는 총독이나 지사를 식민지에 파견했다. 그러나 매사추세츠를 포함한 많은 식민지들이 따로 대표자 회의를 운영했다. 이 대표자 회의는 본국인 영국 하원과 같은 역할을 했다. 이를테면 세금을 부과하거나 민병대를 관리하는 일이다. 사실상 재정과 치안에 관한 전권을 가지고 있었던 셈이다. 식민지 주민들은 영국에서 파견 나온 관리들보다 대표자 회의 의원들을 자신의 대표라고 생각했다.

이 대표들은 영국의 간섭에 온몸으로 저항했다. 18세기로 접어들면서 영국은 식민지 운영에 따른 재정적자를 메우기 위해 각종 세금을 만들었다. 영국 정부는 "미국에서 벌어진 프랑스와의 전쟁(프렌치-인디언 전쟁)은 너희 식민지인들을 위한 것이었어. 그러니 너희들이 세금을 더 내야 해"라고 주장했다.

1765년 영국 의회는 인지세법을 만들었다. 식민지 주민들은 인쇄물을 만들 때는 돈을 주고 인세를 사서 붙여야 했다. 식민지 주민은 영국 의회에 식민지 대표자가 참여하지 않았으므로 이 법을 따를 수 없다며 저항했다. 이때 나온 말이 그 유명한 "대표 없는 곳에 과세도 없다!"이다.

영국 의회는 2년 후 더 무모한 법안을 내놓았다. 바로 타운센드법이다. 이 법에 따르면 식민지 주민들은 영국에서 수입하는 상품에 대해 관세를 내야 한다. 관세 수입은 식민지로 파견 나간 영국 관리들의 월급으로 지불한다는 것이다.

보통 관세는 통상을 조절하기 위한 목적으로 매긴다. 세금 수입을 늘리려고 비정상적으로 관세를 많이 부과하는 나라는 거의 없다. 당연히 식민지 주민들이 반발했다. 또다시 저항이 시작됐다. 결국 영국은 차를 제외한 나머지 상품의 관세를 철회했다.

분쟁은 끝나지 않았다. 아니, 오히려 최악으로 치닫고 있었다. 1773년 보스턴 항구. 식민지 대표자들이 영국 상선에 실린 차 상자를 모두 바다로 내던져버렸다. 이것이 바로 보스턴 차 사건이다. 격분한 영국 정부는 즉각 항구를 폐쇄하고 보복에 들어갔다. 새로이 탄압법을 만들어 영국 관리 권한을 크게 증가시켰다. 영국 군인들은 필요하다면 민가를 점령하고, 그 집 안의 식량들까지 차출할 수 있도록 했다.

이미 자치의 전통을 발전시키고 있던 식민지였다. 영국의 부속물이 아니다. 부당한 간섭을 참아서는 안 된다는 분위기가 확산됐다. 새 삶을 찾아 목숨을 걸고 도착한 신세계가 아닌가. 여기에서 주저앉으면 모든 것이 도로아미타불. 식민지 주민들은 외쳤다.

"부당한 간섭에 침묵하는 것은 여기까지다. 우리의 일은 우리가 책임진다. 더 이상 우리를 자극하지 마라. 행동으로 보여주겠다!"

1774년 9월, 55명의 식민지 대표가 필라델피아에 모였다. 영국에 공동으로 대응하기 위한 방안을 모색하기 위한 자리였다. 이름 하여 '제1회 대륙 회의'였다. 사무엘 애덤스, 존 애덤스, 존 제이, 패트릭 헨리, 조지 워싱턴 등 당시 식민지 사이에 명망이 높았던 인물들이 모두 이 회의에 참여했다.

사실 이 회의가 있기 전까지 식민지간 교류는 거의 없었다. 영국 정부가 식민지별 자치 관행은 어느 정도 존중하면서도 서로 교류하는 것을 탐탁치 않게 생각했기 때문이다. 영국 정부는 식민지 상황에 맞춰 대응했다. 매사추세츠 식민지에 대한 탄압이 특히 컸던 것도, 그 지역의 반발이 가장 강했기 때문이다.

일단 대륙 회의가 열리자 식민지들은 본격적으로 영국에 공동대응하기 시작했다. 대륙 회의는 '권리 및 불만 선언서'를 채택했다. 초안을 존 애덤스가 쓴 이 선언서에서 대륙 회의는 "영국의 부당한 간섭을 거부할 권리와 그 간섭에 대한 불만을 표출할 권리가 있다"라고 명백히 밝혔다.

사실 식민지들은 모두가 각각의 독립국을 건설할 마음을 품고 있었다. 물론 식민지를 하나의 국가로 묶을 수 있다고 생각하는 지도자가 있을 수도 있다. 그러나 대부분의 지도자는 그렇지 않았다. 자신이 속한 식민지의 이익을 더 중요하게 여겼다.

식민지들은 이 욕심을 버렸다. 대승적으로 협력했다. 대륙 회의는 영국 제품에 대한 불매 운동을 결의했다. 이 불매 운동은 '강압적'이고 '의무적'이었다. 불매 운동에 참여하지 않으면 제재를 가했다. 이를 위해 공안 위원회라는 새로운 기구도 만들었다. 협력 관계는 점점 끈끈한 혈맹 관계로 진화하는 것 같았다.

영국 정부는 식민지가 반란을 일으키려 한다고 결론 내렸다. 그렇다면 그대로 내버려둘 수 없다! 영국 군대가 속속 아메리카로 파견됐다. 일촉즉발의 긴장감이 감돌기 시작했다. 가장 민병대가 발달해 있는 매사추세츠 식민지 민병대가 준전시 상태로 돌입했다.

1775년 4월 19일, 영국군과 매사추세츠 식민지 민병대가 마침내 보스턴 근처의 렉싱턴과 콩코드에서 충돌했다. 첫 교전. 이로써 식민지의 독립 투쟁이 시작됐다. 역사는 이를 '미국 혁명'이라 부르고 있다.

그해 5월 10일, 제2차 회의부터 대륙 회의는 본격적인 혁명 정부 역할을 하기 시작했다. 아메리카 화폐를 발행하고 정식 군대(대륙군)를 창설했다. 조지 워싱턴을 대륙군의 첫 사령관에 앉혔다. 이제 영국과의 전면전은 피할 수 없는 운명이 됐다.

당시 미국인들은 크게 세 부류로 나뉘어 있었다. 첫 번째는 영국과 싸워 독립을 쟁취해야 한다는 유형이었다. 두 번째는 아직도 영국을 고국으로 생각하는 유형으로, 평화적 해결을 주장했다. 세 번째는 그 어느 쪽에도 속하지 않는 방관 유형이었다. 각 유형의 인구 비율은 거의 비슷했다.

첫 번째 유형은 피 끓는 열정으로 독립 전쟁에 뛰어들었다. 두 번째 유형은 전쟁을 막으려 했다. 전쟁에서 이기려면 세 번째 유형을 끌어들여야 했다.

1776년 1월 10일, 아직 탄생하지 않은 미국의 국민들을 피 끓게 한 책이 출간됐다. 2년 전 미국으로 건너온, 항상 주정뱅이 같았던 한 남성이 쓴 책이었다. 바로 『상식』이라는 책이었다. 책 제목 그대로 식민지들이 영국에서 독립해 완벽한 공화정을 건설하는 게 상식이라는 내용이었다. 책은 3개월 만에 12만 부가 팔려나갔다. 당시 출판 환경이나 인구를 감안하면 그야말로 초대형 베스트셀러라고 할 수 있다.

첫 번째 유형의 애국자는 이 책을 읽음으로써 전쟁 의지를 확고히 다졌다. 두 번째 유형은 적극적 반대에서 소극적 반대로 몸을 사릴 수밖에 없었다. 세 번째 유형은 새로이 애국자로 변신했다.

1776년 7월 4일, 대륙 회의는 독립선언서를 발표했다. 훗날 미국의 3대 대통령이 되는 토머스 제퍼슨이 초안을 작성한 이 선언서는 민주와 인권 이념이 담긴 최초의 근대 문서라고 할 수 있다.

헌신과 타협이 미국 정치를 완성했다

1783년 미국 독립 전쟁이 끝났다. 결과는 미국의 승리. 미국은 본격적으로 독립 정부를 건설하기 위한 과정에 돌입했다.

1789년 4월 30일, 조지 워싱턴이 미국의 첫 대통령으로 선출됐다. 선거인 모두가 찬성표를 던졌다. 역사상 이런 만장일치는 없었고, 그 후로도 발생하지 않았다. 워싱턴은 오늘날 미국인들이 가장 많이 쓰는 1달러 지폐의 모델이다. 또한 미국인들이 가장 존경하는 인물 가운데

● 조지 워싱턴
(George Washington)
미국 독립 전쟁을 이끌어
승리한 뒤 미국의 초대
대통령이 되었다.
이후 두 번의 임기 동안에
미국의 민주주의를 확립하는
데 큰 기여를 했다.

한 명이다. 그가 초대 대통령이라는 이유 때문일까? 혹은 그가 미국 혁명 당시 군대의 총사령관이었기 때문에?

물론 이런 업적이 대단한 것은 사실이다. 그러나 조지 워싱턴이 시간을 초월해 오늘날까지도 존경을 받는 진짜 이유는 따로 있다. 바로 그가 보여준 헌신의 리더십 때문이다. 만약 조지 워싱턴의 헌신이 없었다면 미국은 민주공화정 체제를 지속적으로 유지할 수 없었을지도 모른다.

오늘날의 정치를 돌이켜보자. 국민을 진심으로 걱정하는 지도자가 얼마나 있을까? 대다수의 정치인들은 권력을 잡는 데만 혈안이 되어 있다. 특권 의식은 절대 내려놓지 않는다. 그 때문에 진정한 정치인은 얼마 없고, 정치꾼만 난무한다는 이야기를 듣는 것이 아닌가? 사실 기업들도 헌신과는 거리가 있다. 소비자를 위한다는 내용의 광고는 대부분 허상에 불과하다. 기업이 노리는 것은 소비자의 주머니. 직장에서 일하는 동료들은 어떤가? 진정으로 동료의 성공을 기원하며, 그것을 위해 헌신적으로 도와주는 이들이 얼마나 있는가? 물론 조지 워싱턴도 자신의 이익을 추구했다. 그래도 그는 공동체를 먼저 생각하려 했다. 공동체의 이익을 위해서라면 자신의 불편을 감수했다.

전쟁이 끝나자 조지 워싱턴은 미국 독립군 총사령관으로서의 할 일을 다했다고 생각했다. 국가에 대한 의무를 끝낸 그는 고향인 버지니아 마운트 버넌으로 돌아가 농장 일이나 하며 생을 마감하겠다고 말했다.

워싱턴의 소박한 소원을 들은 사람들은 귀를 의심했다. 미국인의 영웅이 아닌가? 그런 인물의 꿈이 고작 농장지기 정도라니! 이 말을 전해 들은 영국 왕 조지 3세는 코웃음을 쳤다. 조지 3세는 "워싱턴이 정말로 그렇게 한다면 아마 이 세상에서 가장 훌륭한 사람일 것이다"고 말했다.

조지 3세의 분석은 상식적으로 보면 타당하다. 당시 워싱턴은 원하는 직책은 다 얻을 수 있는 상황이었다. 워싱턴의 발언을 국민의 인기를 얻으려는 술수라고 보는 게 그리 이상하지 않다. 그러나 워싱턴의 발언은 진심에서 나온 것이었다. 그는 실제 고향으로 내려가 농장을 지켰다.

그를 다시 정계로 불러들인 세력은 미국 국민이었다. 비록 영국으로부터 독립을 얻는 데는 성공했지만 난관은 많았다. 특히 개별 독립국가 행세를 하던 13개 주를 하나의 연방으로 묶는 것은 정말이지 어려웠다. 국민은 그 일을 워싱턴이 해주길 바랐다.

먼저 연방 헌법부터 만들어야 했다. 1787년, 워싱턴은 제헌 의회를 주재했다. 법이 완성됐다. 연방 헌법에 따라 1789년 대통령을 뽑아야 했다. 국민은 워싱턴이 대통령 자리를 맡아줄 것을 원했다. 워싱턴은 고사했다. 그러나 국민이 원하고 있었다. 결국 워싱턴은 대통령직을 수락할 수밖에 없었다.

취임식이 열리는 날. 당시 수도였던 뉴욕으로 가는 길은 그를 보려는 국민들로 인산인해를 이뤘다. 먼발치에서나마 워싱턴을 보려는 국민의 마음이 느껴지지 않는가? 워싱턴은 그들 앞에서 취임사를 낭독했다.

"조국의 부름을 받고, 난 의무를 먼저 생각했습니다. 난 그 어떤 보상도 바라지 않습니다. 제게 주어지는 보수도 사양합니다."

미국 정부는 워싱턴에게 유럽의 국왕에 준하는 호칭Highness을 선사하려 했다. 그러나 워싱턴은 이를 거절했다. 호칭은 대통령Mr. President으로 결정됐다.

대통령이 된 후에도 워싱턴은 도덕성을 잃지 않았다. 의사 결정에 있어서도 독단적이지 않았다. 연방의 권력을 강화시켜야 한다는 연방주의자와, 주의 독립성을 보장해야 한다는 반연방주의자들이 갈등을 벌일 때도 모두 수용하는 열린 리더십을 보여줬다. 가장 중요한 국무장관과 재무장관에 각각 반연방주의자인 토머스 제퍼슨과 연방주의자인 알렉산더 해밀턴을 임명해 균형을 이뤘다.

4년의 임기가 끝났다. 워싱턴은 대통령의 자리에서 내려오고 싶었다. 이번에도 국민이 연임을 원했다. 워싱턴은 또다시 대통령의 자리에 올라야 했다. 다시 4년이 지났다. 국민은 또다시 워싱턴에게 대통령이

돼 줄 것을 요청했다. 심지어 워싱턴을 종신 대통령으로 추대하자는 얘기도 나왔다.

국민의 뜻을 늘 따라왔던 워싱턴이 이번만큼은 단호하게 요청을 거절했다. 물론 그도 처음에는 국민의 뜻을 좇아 3선 대통령직을 수용했었다. 그러다가 고민 끝에 생각을 바꾼 것이다. 그의 생각을 살짝 엿보자.

'민주주의 원칙에 따라 처음 시행된 대통령제가 중대 기로에 섰다. 내가 또 대통령이 된다면 민주공화정이 붕괴할 수도 있다. 정치체제가 봉건 왕정으로 돌아간다면 역사의 퇴보다. 권력이 특정인에게 계속 집중된다면 우리가 피를 흘리며 싸워 얻은 민주주의는 사라질 수 있다. 내가 삼선 대통령이 되면 파멸로 이어질 수 있다.'

결국 1796년 9월 17일, 조지 워싱턴은 대통령 선거에 출마하지 않겠다고 선언했다. 그의 고별 연설은 한 신문에 게재됐다.

> 모든 사람이 조국의 이익을 위해 일해주길 바란다. 파벌 싸움은 조국에 해롭다. 미국의 이익보다 자기 이익만을 생각하는 정치인들을 조심해야 한다. 국민 여러분. 국가를 위해 정당함과 선의를 중시해 달라. 모두가 평화를 일궈내야 한다.

이 연설을 끝으로 그는 정계를 떠났다. 더불어 조지 워싱턴의 시대도 종말을 고했다.

그에 대한 비판이 없는 것은 아니다. 무엇보다도 왕에 버금가는 권력을 누렸다는 점이 지적된다. 직책은 대통령이었지만 실제로는 왕과 다름없었다는 이야기다. 실제 조지 워싱턴은 "국민은 정부에 복종해야 한다!”고 스스럼없이 말하기도 했다.

그러나 이런 비판을 하기 전에 당시 역사적 상황을 충분히 감안해야한다. 대통령은 미국이 탄생하면서 생겨난 새로운 직책이었다. 따라서 대통령에게 어느 정도의 권력을 줘야 하는지는 큰 논란거리였다. 반연방주의자들은 대통령이 머지않아 절대 권력을 누리는 왕이 될 것이라고 전망하기도 했었다. 요컨대 시행착오의 단계였다는 얘기다.

현재의 미국인들도 이 점을 인정한다. 그래도 워싱턴의 장기 집권을 비판하기보다는 그의 무한한 애국심을 더 존경한다. 미국 국민은 그가 독립군 사령관 시절부터 두 번의 대통령을 거치며 보여준 헌신의 리더십을 높게 평가하는 것이다.

워싱턴은 절대 권력자였지만, 그 절대 권력을 남용하지 않았다. 풍요롭고 한가로운 노후를 위해 시골 고향에 머물기를 원했으면서도 국민의 염원을 거절하지 못하고 복잡한 정계로 나왔다. 권력을 잡는 데 혈안이 되어 있는 요즘의 정치인들과는 차원이 다르지 않은가.

워싱턴의 헌신이 없었다면 신생국 미국이 그토록 빨리 안정을 찾지는 못했으리라. 워싱턴은 모든 것을 국가에 바쳤으며 자신이 떠나야 할 때를 정확히 알고 있었다. 욕심을 자제하고 헌신으로서 미국 정치민주주의를 지켜냈던 권력자 워싱턴은 1799년 12월 14일 세상을 떠났다. 자신의 시중을 들었던 노예를 해방한다는 유언장을 남기고……

이제 토머스 제퍼슨과 알렉산더 해밀턴의 이야기를 해보자.

두 인물은 정책을 놓고 여러 차례 갈등을 벌였다. 제퍼슨은 초대 국무장관, 해밀턴은 재무장관. 아직 신생 국가인 터라 많은 정책이 필요한 시점이었다. 정책을 만들고 집행하는 데는 돈이 많이 든다. 정치권에서, 또는 정부 부처간에 정책을 놓고 옥신각신하는 것은 요즘에만 있는 일이 아니다. 또한 서로 타협하거나, 밀실에서 야합하는 것도 어제 오늘의 일이 아니다.

다만 이 둘의 갈등에서 짚고 넘어가야 할 게 있다. 바로 타협의 리더십이다. 타협은 민주주의 정치에서 필수 요소다. 여당이 야당을, 또는 대통령이 행정부처를 일방적으로 누르는 것은 타협이 아니다. 정책에 대한 난상토론을 벌이고, 그 토론의 결과물을 바탕으로 타협을 하는 게 옳다. 논쟁과 타협, 이것이야말로 민주정치를 지속시키고 발전시킬 수 있는 핵심 요소다.

반면 밀실 야합은 정략적 이득이 전제로 깔려 있다. 밀실 야합 또한 외형상 타협의 얼굴을 한다. 그러나 타협의 결과물이 몇몇 세력에게만 돌아간다. 대다수의 국민은 배제되고, 밀실 야합을 한 당사자들만 이득을 보는 것이다. 이 때문에 밀실 야합에는 활발한 토론이 없다. 은밀한 거래만 있을 뿐이다.

미국의 초대 워싱턴 정부 출범 후에도 정치세력별로 이해관계가 많이 달랐다. 워싱턴 대통령은 그들이 밀실 야합 대신 토론과 논쟁을 거쳐 타협하기를 원했다. 그 논쟁의 선두에 선 두 인물이 제퍼슨과 해밀턴이었다.

이 두 인물은 양 극단에 서 있었다. 해밀턴은 연방주의자의 보스, 제퍼슨은 반연방주의자의 보스였다. 해밀턴은 일반 민중의 무지함을 약간 경멸했으며 영국의 귀족주의를 추종했다. 반면 제퍼슨은 계몽주의의 영향을 많이 받았고, 프랑스 혁명을 적극 옹호했다.

이런 인물들이 핵심 요직인 국무장관과 재무장관이 됐으니 갈등이 없다면 그게 이상한 일이다. 둘은 돈 문제로 전격 충돌했다. 미국 독립전쟁을 치를 때 외국에서 많은 돈을 빌렸는데, 그 부채를 어떻게 갚을 것이냐에 대한 의견이 달랐던 것이다.

문제는, 각 주마다 부채 액수가 달랐다는 데 있다. 재무장관 해밀턴은 연방주의자의 보스답게 부채를 각 주별로 균등하게 나눠 갚게 하자고 제안했다. 그러나 반연방주의자인 국무장관 제퍼슨은 각 주의 살림은 그 주에 맡겨야 한다는 생각이었다. 당연히 각 주별로 알아서 자기 부채를 갚게 하자고 맞섰다.

제퍼슨이 연방 정부의 국무장관이면서도 이처럼 반연방주의의 목소리를 내는 데는 이유가 있었다. 그는 독립전쟁 시절 버지니아의 주지사였다. 버지니아는 독립전쟁 당시 많은 빚을 지지 않았다. 버지니아뿐 아니라 노스캐롤라이나와 사우스캐롤라이나도 비슷한 상황이었다. 그러니 이들 주는 자기가 꾸지도 않은 돈을 갚아야 한다는 게 황당할 따름이었다.

반면 해밀턴은 북부의 뉴잉글랜드 출신이었다. 북부 지역은 독립전쟁 당시 많은 부채를 얻었다. 아무래도 공업 지역이다 보니 전쟁 당시 돈을 더 써야 했기 때문이다. 해밀턴은 연방주의자가 아니었더라도 어쩌면 부채를 똑같이 나누자고 했을 것이다. 자신의 출신지를 무시할 수 있겠는가.

이 부채 문제는 미국 전역을 갈등으로 몰고 갔다. 방치하면 자칫 연방이 해체될 수도 있는 상황이었다. 해밀턴이 먼저 제퍼슨에게 타협안을 제시했다. 미합중국의 연방 수도를 뉴욕에서 남쪽의 워싱턴 D.C.로 옮길 테니 모든 주가 부채를 똑같이 분담하자는 제안이었다. 재정 문제를 해결하면서, 동시에 남부 지역의 자존심을 세워주는 타협안이었다. 마침내 제퍼슨이 이 타협안을 받아들임으로써 오랜 시간을 끌었던 부채 문제는 해결됐다.

연방은행을 세울 때도 제퍼슨은 "헌법에 연방은행을 세울 수 있는 법적 근거가 없다!"라고 맞섰다. 그러자 해밀턴은 "국민이 필요로 하는 것을 연방 정부가 행사할 수 있다는 수정헌법 10조를 적용하면 연방 정부를 세울 수 있다"라고 주장했다. 당시 대통령 워싱턴은 해밀턴의 손을 들어줬다. 이렇게 해서 1791년 미국에 연방 은행이 들어설 수 있었다.

그 후로도 연방주의자와 반연방주의자의 갈등은 좀처럼 해소되지 않았다. 결국 반연방주의자들이 민주 공화당을 만듦으로써 미국 정계는 연방파와 공화파로 양분됐다. 3대 대통령 선거에서 공화파의 보스인 제퍼슨이 당선됨으로써 연방파는 소멸하기 시작했다. 그러자 이번에는 공화파가 다시 민주 공화파와 국민 공화파로 분열했다. 민주 공화파는 오늘날의 민주당, 국민 공화파는 오늘날의 공화당의 모태가 됐다.

미국 정치가 반드시 우리의 모범일 수는 없다. 그러나 적어도 미국 국회에서는 몸싸움과 주먹질을 벌이지 않는다. 국가적으로 중대한 사안이 발생하면 일시적이나마 정쟁을 중단한다. 경쟁자의 정책이라도 기꺼이 받아들인다. 이 모든 현상의 근원이 바로 건국 초기의 정치 풍토에서 비롯됐다. 당시 보여줬던 활발한 논쟁과 타협의 문화가 전통이돼 오늘날까지 전해져 오고 있는 것이다. 이 타협의 리더십이 오늘날 미국을 지탱하는 힘이다.

영웅, 남자에게 답하다

초판 1쇄 인쇄 2012년 12월 3일　**초판 1쇄 발행** 2012년 12월 10일

지은이 김상훈　**펴낸이** 연준혁

출판 2분사 분사장 이부연
편집 정지은
디자인 이세호
제작 이재승

펴낸곳 (주)위즈덤하우스　**출판등록** 2000년 5월 23일 제13-1071호
주소 (410-380) 경기도 고양시 일산동구 장항동 846번지 센트럴프라자 6층
전화 031)936-4000　**팩스** 031)903-3893　**홈페이지** www.wisdomhouse.co.kr
종이 월드페이퍼　**인쇄·제본** (주)현문

값 13,800원　ISBN 978-89-6086-574-7　13320

* 잘못된 책은 바꿔드립니다.
* 이 책의 전부 또는 일부 내용을 재사용하려면 반드시 사전에
　저작권자와 (주)위즈덤하우스의 동의를 받아야 합니다.

국립중앙도서관 출판시도서목록(CIP)

영웅, 남자에게 답하다 / 김상훈. -- 고양 : 위즈덤하우스, 2012
　　p. ;　　cm. -- (김상훈의 히스토리텔링 ; 01)

ISBN 978-89-6086-574-7 13320 : ₩13800

영웅[英雄]
세계사[世界史]

909-KDC5
909-DDC21　　　　　　　　　　　　　　　CIP2012005426